# ALTIN KİTABIN SIRLARI

23/11/2018

MELİS'E,

DESTEK
yayınları

DESTEK YAYINLARI: 607
KİŞİSEL GELİŞİM: 148

**ALTIN KİTABIN SIRLARI / NEVŞAH**



*İmtiyaz Sahibi:* Yelda Cumalıoğlu
*Genel Yayın Yönetmeni:* Ertürk Akşun
*Yayın Koordinatörü:* Özlem Esmergül
*Editör:* Devrim Yalkut
*Kapak Tasarım:* Burak Türkyılmaz
*Sayfa Düzeni:* Cansu Poroy
*Sosyal Medya-Grafik:* Tuğçe Budak

Destek Yayınları: Kasım 2015 (2.000 Adet)
3.-5.Baskı: Aralık 2015
6.-7.Baskı: Kasım 2017
Yayıncı Sertifika No. 13226

ISBN 978-605-311-038-5


Abdi İpekçi Caddesi No. 31/5 Nişantaşı/İstanbul
Tel.: (0) 212 252 22 42
Faks: (0) 212 252 22 43
www.destekdukkan.com
info@destekyayinlari.com
**facebook**.com/DestekYayinevi
**twitter**.com/destekyayinlari
**instagram**.com/destekyayinlari
www.destekmedyagrubu.com

Deniz Ofset – Nazlı Koçak
Sertifika No. 29652
Maltepe Mah. Gümüşsuyu Cad.
Odin İş Mrk. B Blok No. 403/2
Zeytinburnu / İstanbul

Nevşah

# ALTIN KİTABIN SIRLARI

DESTEK yayınları

# İÇİNDEKİLER

## UYANIŞ



## NEFES

# ÖNSÖZ

Kendini iyi hissetmek...

Mutlu yaşamak...

Zengin olmak...

Başarılı olmak...

Bugünlerde herkes bu saydıklarımızı gerçekleştirebilmek için çeşitli kişisel gelişim eğitimlerine gidiyor.

Bu kitap sizin kendinizi iyi hissetmeniz, mutlu, zengin ya da başarılı olmanızla ilgili değil. Yaşadığınız hayat ve olduğunuz insan ile ise hiç ilgili değil.

Bu kitap yaşamın gerçekte ne olduğunu anlamanızı...

Çok az insanın bildiği, kabul edebildiği, erişebildiği "hakikat bilgisi"ne sahip olmanızı...

Olduğunuzu zannettiğiniz "insan"dan özgürleşmenizi...

Hakiki benlik ve Yaradan ile bütünleşmenizi sağlayacak.

Bu kitapta yer alan bilgiler, yüzyıllardır gerçeğe uyanan bilinçlerin çoğunun söylemeye cesaret edemediği, insanlık tarihinin bilinen bilinmeyen bütün kadim kitaplarında yazan ama açıklanmayan, saklanan ve çoğu zihnin algılayamayacağı kadar basit ve "hakiki"dir.

Bu kitap size "daha iyi bir kadın veya daha iyi bir erkek ve hatta daha iyi bir insan olmayı" öğretmeyecek. Bir kadın veya bir erkek olmadığınıza, bir beyne ve bedene sahip otomatik bir robot olmadığınıza uyanmanızı, hakiki benliğiniz ile hizalanmanızı sağlayacak.

Bu kitap kendinizi iyi hissetmenizi değil, uyanmanızı sağlayacak.

Bu kitap size yaşamda nasıl başarılı olacağınızı değil, yaşam olarak algıladığınız döngünün gerçekte ne olduğunu görmenizi sağlayacak.

Bu kitap, bu dünyada mutlu olmanızın yollarını değil, "ebedi huzur"a ulaşmanızın yollarını gösterecek.

Bu kitapta sıkça "birbiri ile çelişiyormuş gibi gözüken" kelimeler ve cümleler fark edeceksin. "Bu kadının da bir dediği bir dediğini tutmuyor!" dediğin elbet olacak. Bu, özellikle yapıldı. Tüm çelişkili kelimeler ve cümleler özellikle, "hakikat"i dünyanın çelişkisini ve düalitesini kullanarak, onun içinde, sen halen rüyanın içindeyken algılayabilmen için kullanıldı. Bil ki bu kasten kullanılmış çelişkili ifadeler sayesinde "dünyanın çelişki ve düalitesinin arkasındaki hakikat"e ulaşacaksın. Düaliteden kaçarak hakikate uyanamazsın. Önce onunla yüzleşmen, sonra onunla el ele çalışman gerekir.

Dünyanızın içerdiği sorunlarla uğraşıp durmaktan hakikati göremiyorsunuz.

Dünyevi arzu ve isteklere o kadar çok vakit-enerji harcıyorsunuz ki "hakiki yaşam"a ulaşmanız neredeyse imkânsız hale gelmiş.

İsmi ve cismi olan "beyin beden"i öylesine benimsemişsiniz ki gerçekten var olmadığını duymaya hazır değilsiniz.

Yaradan'ı, bu hayatta merak edip ilgilendiğiniz, vakit harcadığınız "şey"ler kadar bile merak etmediniz. Her şeyi sorgularken ve araştırırken O'nu sorgulamaya vakit harcamadınız. O'nu tanımaya uğraşmadınız. O nedenle çoğunuz için şu an Yaradan'ın hakikati uzakta bir yerde duruyor.

Yine de tüm din kitaplarında yer alan bir gerçeği hatırlatmak isterim:

*Hakikati bilmek isteyen herkes bilecektir.*

*Yaradan'ı gerçekten, yürekten tanımak ve bilmek isteyen herkes bilecektir.*

*Uyanmak isteyen herkes uyanacaktır ve uyanış kaçınılmazdır.*

O nedenle, yazıma şükrederek başlıyorum.

***

Okuyan herkesin, burada yazan tüm bilgileri çoktan bildiğine, her insana bu bilgilerin Yaradan'ı ile ve bütün "vicdan"ı aracılığıyla verildiği için gönlü ve bilinci açık herkesin burada yazan her kelimeyi anlayacağına, bileceğine ve teyit edeceğine emin olduğum için, bana bu fırsatı veren Yaradan'a şükrediyorum.

O her zaman yanımda. Beni hep seven, kollayan, destek olan, kucaklayan, isteyip isteyebileceğim her şeyi ve daha fazlasını veren Allah'a, O'nunla bir yaşadığım "hakiki ve tek yaşam"a şükrediyorum...

Burada bulunan bilgileri okurken lütfen şu gerçeği hatırlayın: Hakikat, ona tepki vermeyi ve onunla savaşmayı bıraktığınız anda, içinizde yankılanan bir sestir.

Okuduklarınıza tepki veriyorsanız, bana kızıyor ve hatta zihninizde saldırıyorsanız bilin ki tepkiniz bana değil, hiçbir zaman olmadı.

Tepkiniz, hakikatedir. Elbet her bilincin uyanacağı "tek hakikat"e...

O'nunla savaşabilirsiniz, ama "uyanış"ınızı engelleyemezsiniz.

İnandıklarınızı sorgulamayı reddedebilir, bugün saklanabilirsiniz ama gerçeklerden sonsuza kadar kaçamazsınız.

Her bilinç hakikate elbet uyanacaktır.

Eğer hakikati bilmeye hazırsanız, size yüz binlerce kez emredildiği üzere "oku"yun. Burada yazan bilgileri beyninizle anlamaya çalışmayın. Hakikat beynimizin algılayabileceği yerde değil, Allah ile bir olan hakiki bilinç içinde mevcuttur. Oraya ulaşmanın en kestirme yolu da açık bağlantılı nefes ve meditasyondur.

Vakit ayırabilirseniz, bu kitabı okurken ara ara gözlerinizi kapatın, derin bağlantılı nefesler alın ve dinlenin... İçinize dönün, "gerçeğin ışığı"nın üzerinizden akarak size gerçeği hatırlatmasına izin verin. Zihninizi, yaptığı yorumları, algıyı, yargıyı kenara bırakın ve bağlantılı nefeste, "şu an"da kalın. Hakikate giden yol sadece nefesimizden geçer.

Bu kitapta çok fazla tekrar göreceksiniz. Hakikat tekrarlandıkça, farklı kelimelerle anlatılınca tam olarak özümseniyor, derinleşiyor, içselleşiyor çünkü. Tekrarlamaları hem sizler hem kendim için kasıtlı ve bilinçli olarak yapıyorum. Tekrarların amacı zaman döngüsü, bir başka deyişle ölümlü dünya içinde girdiğiniz "unutma rüyası"ndan uyanabilmenizi sağlayacak hatırlamaları sağlamaktır. Hatırlama periyodunuzu sıklaştırmak, illüzyonlardan özgürleşme sürecini hızlandıracaktır. Tekrarladıkça ezberler, özümseriz.

Hakikati unutmak ancak zaman döngüsü içinde mümkündür. O nedenle uyanış da öyledir.

Ancak hakikati unutmuş zihinlerin uyanışa ihtiyacı olur. Hakikatle bir bütün olan bilinç, zaten varoluşu itibariyle "uyanık"tır.

O nedenle din kitapları sadece uyuyan, Allah'ı tanımayan, ego bilincinde olan ve karanlık-kaybolmuş zihniyetler içindir. Uyanış, uyuyorsak gereklidir.

Zaman illüzyonu, yani bu dünyanın ötesinde, Allah ile bir olduğumuz hakiki yaşam içinde, O'nun hakikati seviyesinde biz kendimizi ve gerçeği hiç unutmadık.

Ölümlü dünyadan özgürleşmenin tek yolu, gerçeği hatırlamaktır.

Bu kitap özümüzün çok derinliklerinde hepimizin bildiği, paylaştığı gerçekleri ortaya serecek. Okuduğunuz her sayfada kendinizle yüzleşiyor olacaksınız. İnandığınız her şeyi sorguluyor, gerçek zannettiğiniz her şeyi sınıyor olacaksınız. Böylelikle "hakikat bilgisi"ne ulaşacaksınız.

Allah'ın hayrı, ışığı ve sevgisi üstümüzde olsun.

***

Bu kitapta yer alan bilgiler herhangi bir öğreti, din, inanç sistemi veya felsefeye dayanmıyor. *Hakikat bilgisi* öyle bir bilgi ki yüzyıllardır O'nunla bağlantıya geçen her bilinç aynı şeyleri anlatıyor, aynı şeyleri yazıyor... Ve yine hakikat bilgisi öyle bir bilgi ki en saf hali ile algılanabilmesi, alınabilmesi için bilincin gerçekten açık olması veya hakikati bilmeyi gerçekten istiyor olması gerekiyor. Yoksa, zihnin yüklediği anlamlar ile anlatılan hakikat, anlaşılmak istenildiği şekilde yorumlanabiliyor, algılanabiliyor. Şu an tüm dinlerin ve çoğu felsefenin başına gelen bu.

Tüm bunlara rağmen bir de ben deneyeyim diyerek başladım yazmaya. Belki net ve öz tarzım, hakikatin en saf haliyle algılanması konusunda insanlığa daha büyük bir ışık tutar, hakikati bilenlerin ve paylaşanların, yani "kardeş"lerin sayısı artar.

Kitapta bazı örnek bilgiler bulacaksınız. Bu bilgilerin hiçbiri kendime yandaş toplamak veya yazdıklarımı ispatlamak amacıyla konmadı. Tamamı "Bunu böyle yazdım ama şöyle de yazarsam belki daha iyi anlarlar..." düşüncesi ile yazıldı. Hakikat öyle bir bilgi ki ne ispata, ne bir dayanağa, ne de bir araştırmaya gerek var O'nunla ilgili. "Öz"ünüze döndüğünüz an, O'nunla bağlantı kurmaya niyetlendiğiniz ve bildiğiniz her şeyi bir kenara bırakmaya karar verdiğiniz an kendiliğinden ortaya çıkan bir olgu...

*Hakikat hep var, hep var olacak. Hakiki olmayan ise hiç yoktu, hiç olmayacak.*

Lütfen bu kitabı okurken, zihninizde, eğer varsa, hakiki olmayan düşünceleri ve düşünce tarzını kenara bırakmaya hazır olun. Yıllardır öğrendiğiniz kalıpları bu kitabı okurken de devam ettirmek isterseniz yazdıklarımı kavramakta zorlanabilirsiniz. Bunu neden yazıyorum? Çünkü durumun böyle olduğunu, seminerlerime katılan on binlerce kişi ile yaşadığım tecrübelerimden biliyorum.

Hakikati gerçekten bilmek istiyorsanız, önce tüm kalıpları kenara bırakmanız, burada yazan her şeyi açık bir zihin ve kalple okumanız, sonra da tam olarak anlamak ve kavramak için kendinize vakit ayırmanız gerekiyor.

Tavsiyem, her şeyi sindire sindire, yavaş yavaş okumanız. Ve tavsiye edilen şekilde algılarınızı açık tutmanız, hakikatin zihninize yavaş yavaş akmasına izin vermeniz.

Zihninizi açık tutun, sadece buna izin verin. Hakikat dünya zemininde alıştığınız kurallarla işlemiyor. Üzerinde çabalayarak öğrenebileceğiniz bir şey değil, izin vermeniz gereken bir durum. Çabaladıkça kavramanız zorlaşır, hırslandıkça daha da uzaklaşırsınız, o nedenle sadece izin verin. Bu yeterli.

Bu süreçte size sessizlik içinde ve tüm kalbimle destek vereceğimden emin olabilirsiniz.

Bu kitap aracılığıyla çıkacağınız içsel yolculukta her an yanınızda, elinizi sımsıkı tutuyor olacağım. Her gözünüzü kapattığınızda beni ve nefesimi yanı başınızda hissedeceksiniz.

Birazdan okuyacağınız bilgiler, daha önce de yazdığım üzere herhangi bir öğreti, felsefe, din veya inanç sistemi ile bağlantılı değil.

Hakikat bilgisi, dünyayı geride bıraktığınız an adım atacağınız bir alan sadece. Sonsuz şifa ve açılımlar barındıran bir durum. Sadece hazır olun, bekleyin, mutlak "gerçek"leşecektir. Çünkü hakikat, tek mutlak "gerçek"tir.

Burada yazan bilgileri sadece yazmam değil, ifade edebilmem bile yıllarımı aldı.

Kitabın her sayfasında hakikat ile ilgili bir adım atacaksınız.

Ben bu adımları çocukluğumdan beri beni kovalayan ses olarak tecrübe ettim... Ondan yıllarca (hatta neredeyse yaşamımın büyük bölümünde) kaçtım. Önce beni kovalayan bu "şey"in ne olduğunu anlamadım. Sonra onun beni yönettiğini ve benim onun üzerinde hiçbir gücüm olmadığını idrak ettim. Ve uzun yıllar onunla savaştım. Durdurmaya çalıştım, duymamak için elimden geleni yaptım... Ancak ben ne yaptıysam olmadı ve o ses her geçen gün güçlendi.

O sesin en önemli özelliği, insanlığa öğretilen her şeyin tersi olmasıydı. Annemin, babamın, öğretmenlerimin, büyüklerimin doğru olarak gösterdiği ne varsa tam da onların tersini yapmaya, en olmadık zamanda en olmadık şeyi söylemeye, en yapılmayacak veya "kolektif bilincin doğrularına göre doğru olmayan" şeylere yönlendiriyordu beni. Ben dış dünyanın doğrularına göre yaşamaya çalıştıkça ve adımlarımı bu doğrulara göre attıkça, o sessizlik beni başka uçlara yönlendiriyordu.

Beni yönetenin ne olduğunu bilmediğim ve benimle sürekli konuşup duran sessizliğin ne işe yaradığının farkında olmadığım için, en önemlisi de kimse bana benzer bir tecrübesinden bahsetmediği için kendimi sürekli acayip, farklı algıladığımı hatırlıyorum. Bu dünyaya uyumlu hale gelemiyordum sanki ve dünya zeminindeki o hep hatalı tip bendim. Sanki her davranışım bir yanlışa, olmaması gereken bir şeye sebebiyet veriyordu ve ben sürekli insanların damarına basıyordum. Bunu yapmak istemediğim halde etrafımda kim varsa, varlığımda hepsi biteviye bir sürece giriyordu! Ben ise tüm gün "Bilmiyorum, tüm bunlar neden oluyor bilmiyorum..." diye dolaşan bir tiptim.

Yıllarca beni yöneten bu içimdeki ses ile debelenip durduktan sonra nihayet bunu yapmaktan yorulduğumu fark ettim. Kendime "Ne olacaksa olsun, yeter artık!" dedim. İşte tam o noktada açılımlar yaşamaya başladım. İçimdeki sesten kaçamadığımı kavradım önce. Kaçıp kovalamacayı bıraktım. O ses ile daha çok baş başa kalmaya, meditasyon yapmaya, onu dinlemeye başladım. Bir bakıma hakikate yenik düştüm. Yaşadığım tecrübeyi en iyi böyle anlatabilirim sanırım.

Hakikatin sesine yenik düştüm. Duymamaya çalıştıkça o daha da yükseldi ve sonunda beni benden aldı. Ona, artık yaşamak bile istemediğim bir noktada teslim oldum. Yorulmuştum çünkü. Kendimi kenara itmekten yorulmuştum.

Oysa hep "Bende bir yanlışlık var!" diyerek büyümüştüm. Tıpkı senin gibi.

Çünkü bana öğretilenler ve dünyanın algısı ile hep ters düşüyordum. Tıpkı senin gibi.

Çevremdekiler insanları iyi-kötü, doğru-yanlış, melek-katil olarak ayırırken ben bunu yapamadım. Bana göre herkes aynıydı; insandı işte ve hata yapabilirdi. Hata dediğimiz şeyde abartılacak ne vardı ki? Birini öldürmek ile arabanın anahtarlarını evde unutmak arasında hata olarak bir fark yoktu bence. İnsanlar hata yapabiliyordu ve bu düzeltilebilirdi. Aynı şey benim için de geçerliydi. Yirmili yaşlarda, ne yapmış olursam olayım, kendimi hiçbir şey için suçlayamadığımı gördüm ve bunu sorgulamaya başladım. Bende bir gariplik vardı. Kendime neler dediğimi tahmin bile edemezsiniz: "Arsızsın sen, yüzsüzsün sen, hiç utanma yok mu sende, ne biçim insansın?" Ama daha o anda bu suçlamalarımı unutuyor, yoluma devam ediyordum.

İnsanlar kendilerini ve birbirlerini suçlarken, yaşamı önemserken, olup bitenlerle ilgili saatlerce konuşurken ben bunu yapamıyordum. Hakikatimi ifade etsem garip karşılanıyor, bu defa ben eleştiriliyordum. O nedenle susmaya başladım. Sustum. Sustum. Olay benim kendi hakikatimi ifade etme konusuna gelince iyice sessizleştim. Yıllarca. Her geçen yıl kelimenin tam anlamı ile içime kapandım. Dışarıdan bakıldığında bu içe kapanma gibi görülmüyordu belki, yapmam gerekenleri yapıyor, kendi doğrularımı kenara itip toplumun doğrularına göre yaşamaya çalışıyordum. Ama içsesim beni asla bırakmıyordu. O farklı şeyler söylüyordu, ben farklı şeyler yapıyordum ve nihayetinde bu içimde inanılmaz bir savaşa dönüştü.

O zamanki durumumu şöyle ifade edebilirim: Kendinden kaçamayan ama kendinden kaçma çabasını da bırakmayan, öz gerçeğini ifade etme cesareti olmayan ve kendi doğruları ile örtüşmediği halde toplumun doğrularına göre yaşamaya çalışan bir yabancı madde.

Tahmin edeceğiniz üzere, bu film uzun sürmedi. Nefessiz kaldım, hatta intihar etmeyi düşünecek kadar dibe vurdum! Kendimi, öz gerçeğimi o kadar ifade edemiyordum ki artık ölsem daha iyiydi. İçimde bildiğim hakikat ile dış dünya arasında hiçbir bağlantı kalmamıştı.

Dünya zemininde her şeyin anlamsız, boş ve değersiz olduğunu görebiliyor ama anlatamıyordum. Eh, herkesin her şeye anlam yüklemiş durumda olduğu bir ortamda da bunu anlatamazsınız zaten.

Hakikati ifade edemiyor olmak beni öyle gerdi, öyle yordu ve öyle çıldırttı ki sonunda ipler koptu.

Tek bir nefes seansı aldım. Yazmaya, konuşmaya, bildiğim her şeyi paylaşmaya başladım. Şu anda yaptığım da bu.

Bu kitapta dünyayı tecrübe etmeye başladığım günden beri gördüklerimi, hatta dünyaya gelmeden çok öncesinden bildiğim ve hep hatırladığım hakikat bilgisini bulacaksınız. Çocukluğumda kaçmaya çalıştığım, sonra savaştığım, en sonunda varlığına teslim olduğum hakikat bilgisi kırk yıllık yaşam tecrübem içinde, her geçen gün okuduklarım, gördüklerim ve deneyimlerimle "kesin"leşti. Size bu bilgiyi "emin"lik sürecimdeyken yazıyorum.

Size komik veya garip gelecek şimdi ama dünya platformunda varoluşumun, din kitaplarında anlatılan kıyametin başlangıcı olduğunu düşünüyorum. Neden mi? Çünkü varlığım, birçok kişinin yaşamında, kelimenin tam anlamıyla kıyamet kopmasına neden oluyor. Bu hep böyle oldu. Kendimi bildim bileli, etrafımdaki insanların anlam yükledikleri, önemsedikleri, takıldıkları, değerli zannettikleri ne varsa (tabii hepsi dünyevi olgular) tamamını altüst eden ve kıyamete neden olan bir gerçekle yaşıyorum.

Çocukken bile annem babam tartıştığında, bir yerlerde yangın çıktığında veya biri öldüğünde içimden bir ses, "Bu durumu değiştirebilirsin, farklı bakmalarını sağlayabilirsin..." gibi şeyler söylerdi.

Bana, "Bize bu yaşına kadar kendinle olan tecrübeni anlat..." deseniz size tek diyeceğim şu olur: Yaşamı etrafımdaki insanlar kadar ciddiye almıyorum, hatta alamıyorum. İnsanların değer verdiği hiçbir şeyin benim gözümde değeri yok. Onların hakikati ile benim hakikatim birbirine tamamen zıt.

Şimdi biliyorum ki tüm bu karmaşanın, insanların "ben" dediklerinde "ölümlü bir beden"i kastettikleri, oysa ben "ben" dediğimde sonsuz ve sınırsız bir hakikati kastettiğim için olduğunu biliyor, anlıyorum. Ancak genç yaşlarda bu, içinden çıkılması zor durumlara yol açabiliyordu. İşin ilginci, etrafıma "kendim gibileri" değil, ilgi alanım sebebiyle her zaman anlayamadığım, bağlantı kuramadığım tipleri seçiyordum. Sonuç: Benim tecrübemde sürekli devam eden bir "anlam verememe ve dışlanmışlık" hissi, onların tecrübelerinde ise kıyamet.

0-7 yaş dönemim, diğerlerinin görmeyip benim sürekli gördüğüm ve varlığını hissettiğim, başında kocaman şapkası olan yaşlı ve çirkin bir kadının beni takip etme tecrübesiyle geçti. Evet, yanlış okumadınız, daha 1-2 yaşındayken yatağımın başucunda duran, evin her yerinde benimle dolaşan, diğerlerinin görmediği bir yaşlı kadın vardı. Ne olduğunu anlamadığımı ve çok korktuğumu hatırlıyorum. Hatta ondan o kadar korkuyordum ki 1-2 yaş dönemim (annemin anlattığı kadarıyla) her akşam yataktan "Anne, geldi, burada!" diye sıçrayarak kalkmam, bu nedenle de ağır psikiyatrik ilaçlar kullanmamla geçmiş. Annem ve babam sürekli olmayan bir varlık gören 2 yaşındaki kız çocuklarıyla ne yapacaklarını bilememiş olmalılar! İlerleyen yaşlarda o yaşlı kadına biraz alıştım, en azından onu her yerde görmeye alıştım. Yine de hâlâ korkuyor ve gitmesini istiyordum ama o beni asla bırakmıyordu. Bu tecrübe 7 yaşından sonra okula başlamamla birlikte sona erdi.

İlkokulda benim için en önemli günün, sınıfımızın önünde piyes yaptığımız gün olduğunu hatırlıyorum. Piyesi biz yazmıştık ve ben *Hakikat Bilgisi* kitabının tek sahibi "iyi cadı"yı canlandıracaktım. Babamdan kalın siyah ciltli bir kitap bastırmasını istedim (babam halen matbaacı), ben de o kitabı elime aldım, "Ey insanlar, ben size *Hakikat Bilgisi*'ni getirdim, dinleyin..." gibi konuşmalar falan yaptım. Bu arada içi iyilik ve güzellikle dolu olan ama kafasında şapkası ile çirkin, yaşlı bir cadıyı canlandırıyorum... Hemen belirteyim: Bebekken sürekli yanımda duran yaşlı kadını tamamen unutmuştum o zamanlar. O kitap hâlâ yatak odamda durur. Bugüne kadar içi boştu, şimdi burada yazdıklarımla doluyor, çok şükür.

İçdünyamda bildiğim ve deneyimlediğim hakikatin diğer insanların bildiklerinden ve deneyimlediklerinden farklı olduğunu 7-14 yaş aralığında fark etmeye başladım. Anneannemin ölümü ile uyandım. Bana bir gün, çok sevdiğim ve şu anda geriye dönüp baktığımda inanılmaz derin bir boyutta ruhen bağlantıda olduğum, adeta "öz"ünü deneyimlediğim kadının öldüğünü söylediler. Etrafımdaki herkes ağlıyordu, annem ise perişandı.

Ben mi? İçimde en ufak bir hüzün veya keder duymuyordum. İşin ilginci kendimi "ondan ayrı hissetmiyordum". Hâlâ da hissetmiyorum. O gün birçok insanın, tanımlayamadığım ve bilmediğim bir "ayrılık" hissi yaşadıklarını, kendilerini birbirlerinden ve en önemlisi olaydan (varoluştan) ayrı gördüklerini öğrendim. O birkaç günlük tecrübe, yaşamımda her şeyi netleştirdi. İşte o olay "Bende bir gariplik var!" dememe neden oldu.

Dünyaya baktığımda bütünün parçası olduğumu bilen ben, bütünün parçası olduğumu deneyimleyemiyordum. Bu çok garip bir histi. Kendi içimde her şeyle, herkesle bir ve "bütün"düm, hiçbir şeyi benden ayrı görmüyordum ve hatta "Tamamı benim kontrolümde ve emrimde!" diyordum. Ama parçam olan insanlar bu hakikati paylaşmıyorlardı. Bu çıldırtıcı bir durumdu! Sorun, kesinlikle onlarda değil, bende olmalıydı! Asıl hakikat onların içinde bulundukları hakikatti, benimki saçmalıktı. Ama nasıl içinden çıkacağımı bilemiyordum!

Yaşamımın kalan dönemi kendimi "sorunlu" görmemle sürüp gitti. Bir yandan insanların düşündükleri gibi düşünemiyorum, değer verdiklerine değer vermiyorum, neden bu kadar çabalıyorlar, üzülüyorlar, debeleniyorlar anlamıyorum; diğer yandan diğerleri gibi olamadığım için kendime kızıyorum...

Bundan 12 yıl önce, bir sabah uyandığımda kendi içimde bildiğim ve deneyimlediğim hakikat ile dünya gerçeği arasında öyle büyük bir uçurum oluşmuştu ki kendimi "Allahım, buna bu şekilde devam edemeyeceğim, ne olur bana yardım et!" derken buldum. İntihar mı etsem ne yapsam da buna bir son versem diye düşünürken karşıma "nefes" çıktı.

"Bağlantılı nefes" almaya başladığım o kutsal anda her şey çözüldü. O seansta içimde benimle beraber gelen hakikatin, kutsal benliğin değerini o kadar güçlü idrak ettim ki onu bir daha asla bırakmadım. O gün bugündür dünyanın doğrularına uymaya çalışma çabamı bıraktım ve kendi doğrularımı ifade etmeye başladım.

İşte bu kitapta, aslında hepimizin bir ve tek olan "benliğimizin hakikat"ini bulacaksınız. Bu hakikat sizleri bazen çok sarsacak, içinizde adeta "kıyamet"ler kopacak... Bazen kafanızı karıştıracak, bazen de içinizi rahatlatacak... Bilin ki hepsi doğal, hepsi normal ve hakikat tek.

Onunla bunca yıllık deneyimimde tek bir şey öğrendim: Hakikat öyle bir şey ki siz onu kabul etseniz de etmeseniz de o orada öylece duruyor. Değiştirmek isteseniz de değişmiyor, yamultmak isteseniz de yamulmuyor, herkesten ve her şeyden bağımsız-özgür olarak sadece duruyor ve var.

En güzeli de şu an ister kabul ediyor ister etmiyor olun, her bilinç zaten varoluşu itibariyle hakikatte. Bunu değiştiremezsiniz. Sadece kabul edebilirsiniz.

Hayırlı olsun.

***

Hikâyemle ilgili son bir detay daha vermeliyim: "Nefes" ile olan ilişkim içinde, çok derin bir seansta, çocukken kaçtığım o yaşlı kadınla tekrar karşılaştım ve ilk kez onun gözlerinin içine, en derine bakıp bana ne söylemek istediğini sordum. Önce siyah ciltli kalın bir kitabı bana uzattı. Sonra da aynen şunları söyledi: "Ben senim. Diğer yaşamlarında yaptığımız anlaşmayı devam ettiriyorum, sen hazır olana kadar *Hakikat Bilgisi*'ni korumak benim görevimdi, şimdi artık hazırsın, bu bilgiyi sana veriyorum. Önce oku ve anla. Sonra yaz."

Elinizdeki bu kitabı kafamdaki tüm soruları cevaplamış bir bilinç içinde yazdım. Bu kitabı yıllardır yazmak istiyordum, ama bu bilgileri "yazmayı istemek" yetmiyormuş... Önce beklemek, yazmadıkça, anlatmadıkça, kâğıda dökmedikçe yanmak, kavrulmak, ağlamak, acı çekmek gerekiyormuş. Şimdi, kırk yaşımda öyle bir dönemdeyim ki bunları yazmazsam nefes bile alamıyorum. Artık bildiklerimi yazmak istemek değil bu, yazmaktan başka **çarem** kalmadı. Bu kitap önce bana, sonra eminim sizlere

**çare** olacak. Okuduğunuz her cümlenin önce yüreğinizi yakacağına, sonra onu Allah aşkı ile dolduracağına eminim.

Dünyaya inişimin ve gereken "kıyamet"in, bir başka deyişle "değişim"in gerçekleşmesini sağlayan "nefes"e, "hakikat"i yazan, kelimeye, kitaba döken herkese minnettarım.

Hakikat bilgisi Yaradan'ın sevgisi ve ışığı içinde hakikatte ve değişmeden kalsın ve gereken değişimi gerçekleştirsin.

Bugün bu kitap elindeyse, bir şekilde isteğinle veya isteğin dışında okuman için önüne çıktıysa sen çağrıyı "duyan"sın. Burada yazanları oku ve hatırla. Sonra da tüm insanlığa hatırlat.

***

*Bizler sonsuz, sınırsız, ebedi bir gerçeğin parçasıyız. Bu dünyadaki hiçbir "şey" bu gerçekle kıyaslanamaz.*

*İnsanoğlu kendisinin bedenden, gerçeğin de yarattığı illüzyondan ibaret olduğunu düşündüğünde hayatının en büyük yanlışını yapıyordur.*

Allah'tan ayrı olduğumuzu düşündüğümüzde, bu rüyayı gerçek zannettiğimizde panik ve korku başlar. Bu kaçınılmazdır.

Korku, insanların kendini savunmasına neden olur. Korku; kavganın, savaşın tek sebebidir.

Allah'ın ebediyen yanında olduğunu bilen, sonsuz potansiyele, güce, bolluğa, berekete, inanca, sevgiye, güvene sahip olduğunu hatırlayan kişi asla saldırmaz, kendini savunmaya gerek görmez. Bu dünya realitesinde kendini koruması gereken bir şey olmadığını, burada üstlendiği "süreli rol"ün savunulması gerekmediğini bilir.

Rüyadan uyanmak demek, basit bir rüyanın içinde olan bitenin bize zarar veremeyeceğini bilmek demektir.

Rüyanın içinde rüyaya uyanmak mümkün.

Yaşadığımız hayat, koşullar, durumlar ne olursa olsun, rüyada da olsak, Allah her zaman yanımızda. O'nu istediğimiz zaman duyabilir, O'nunla istediğimiz zaman bağlantı kurabiliriz. Nefesini, sesini duyabiliriz, varlığını hissedebiliriz...

Sürekli bağlantılı nefesimizle ve sürekli bağlantıda kalarak Allah'la birlikte, el ele olabilir, yarattığımız bu rüyayı O'nun güveni, desteği, sevgisi, bolluk ve bereketiyle bir cennete dönüştürebiliriz.

"Gerçek"te tek amaç, tek yol var. Tüm aydınlanmış ruhların bildiği ve paylaştığı amaç: O'nun aracılığıyla yaratmak.

Tek gerçek var.

Bu dünyada çoğu kişinin ruhsal amacı yeniden Allah'a dönmek. Çünkü O'ndan hiç ayrılmadık.

Yaşamımızdaki diğer amaçlar, hedefler bizleri tatmin etmedi, çünkü gerçekte tek amacımız O'ydu. O'nunla olmak, O'nunla kalmak, O'nunla yaratmak, O'nunla yaşamak, O'na dönmek... O'nunla birlikte olduğumuzu, O'ndan hiç ayrılmamış olduğumuzu hatırlamak...

Tüm aydınlanmış ruhların bildiği ve paylaştığı amaç: Tek yol... O'nun yolu.

Allah'la bir olmak, rüyada bile olsak O'nunla birlikte yaratmak, bunu tecrübe etmek ve tüm insanlığa anlatmak...

İşte hepimizin tek amacı bu.

Biliyorsunuz, doğal nefes, nefesimizin en doğal hali. Allah'ın bize hediye ettiği nefes, bizi O'na götüren yol, O'nu bize hatırlatan ses, O'nun varlığı ile bağlantıya geçmemizi sağlayan rehber. Aynı zamanda kutsal ruhumuz.

Bu nefesi çoğumuzun 2-3 yaşlarından itibaren bozmaya başladığını biliyoruz. Ego'nun gelişmeye, tüm korkuların belirmeye başladığı, "Allah'tan ayrı olabilirim, O'ndan ayrı yaratabilirim" düşüncelerinin başladığı yaşlarda nefesimizin de bozulmaya başladığını görüyoruz.

0-7 yaş döngüsü anlam yükleme sürecinin, madde dünyasının başladığı döngü... Kaybolduğumuz, gerçekten koptuğumuz dönem... Acının, korkunun, sevgisizliğin, güvensizliğin başladığı zaman dilimi...

Ve bizler, 7 yaşımızdan beri aynı gerçekten kopma döngümüzü yaşıyoruz.

Farklı yerler, farklı insanlar, farklı olaylar gibi görünüyor olabilir, oysa gerçek başka: 7 yaşından beri hiçbir şey değişmedi. Aynı döngü, aynı durumlar tekrar ve tekrar ve tekrar yaşanıyor.

Bizler şu an dışında sadece geçmişi yaşıyoruz. Bu döngünün dışına çıkmanın tek yolu var: Nefes.

Nefes, Allah'a doğrudan giden yol. Allah'ın bizimle sürekli bağlantıda kalmasını, kendini hatırlatabilmesini sağlayan kutsal ruh.

0-7 yaşlarımız arasında kendimizi limitlemek, duygularımızı bastırmak için nefesimizi çarpıtmaya, değiştirmeye, Allah'ın bize verdiği o doğal, kutsal nefesi çarpıtmaya başladığımızda kendimizi O'ndan ayrılmış, kopmuş, korunmasız, sevgisiz, eksik, kısıtlı, ölümlü hissediyoruz. Ölüm korkusu başlıyor. Ayrıca başarısızlık ve sevgisizlik korkusu, endişeler, huzursuzluklar, sıkıntılar ve tabii ki hastalıklar...

Bir insanın kendini hasta edebilmesinin en kısa yolu, nefesini bozmaktır.

Nefesimizi bozduğumuzda kaynak ile, Allah ile, hepimizin ait olduğu tek yer, tek evimiz, sonsuzluğumuz, bereketimiz, sevgi, anlayış, tatmin ile bağlantımız kopuyor. Kim olduğumuzu unutuyoruz ve kendimizi kaybolmuş hissediyoruz.

Yaşam, basit bir rüya olarak ilerlemeye devam ediyor. Özümüz, burada yaşıyor gibi göründüğünün, aslında burada bulunmadığının, Allah'ın yanında dinleniyor olduğunun farkında.

Dinlenme, huzur, sükûnet dolu kutsal ruh hepimizin tek gerçeği.

Yaşanan olayların gerçek anlamda bir önemi yok. Bunu hatırlamayı başardığımız zaman kurtulduk demektir!

*Herkes bir gün kendini Allah'a adayacak, çünkü başka gerçek yok.*

*Hepimiz zaten O'nunla biriz, yapabileceğimiz başka seçim yok.*

*Gidilecek başka yol yok.*

*Bu hayatta O'na hizmet etmek dışında bizi tatmin edebilecek hiçbir şey yok.*

*Başka amaç yok.*

Bir süreliğine O'ndan ayrılmış gibi, başka hedefleriniz, amaçlarınız varmış gibi yapabilirsiniz. Bu kopma ve yabancılaşma sürecini uzatabilir, kısaltabilirsiniz, önemi yok. Önünde sonunda herkes O'na dönecek. Çünkü O'ndan hiç ayrılmadık.

Hakikat bilgisi herkesin ulaşabileceği bir yerdedir. Hakiki benliğimizde mevcuttur. Ancak çok az insan o hakiki benliğe ulaşabilmiştir, çünkü çok az insan hiç olduğunu, var olmadığını ve hiç var olmayacağını kabul edebilmiş, olmayanı bırakmış, "hakiki varoluş"un olmasına izin vermiştir.

# HAKİKAT BİLGİSİ

## Dışarıda Kimse Yok

Uyanış ancak, yaşamın kendisiyle uğraşmayı bırakıp, yaşanan tüm tecrübelerin o andaki bilinç durumumuzun yansıması olduğunu kabul edişimizle başlar.

"Yaşamımdan ben sorumluyum..." kuracağınız ilk "uyanık cümle"dir.

Yaşadığımız her tecrübe bilinç seviyemizin etkisindedir. Dışarıda kimse yok. Yaptığınız her şeyi kendinize yapıyorsunuz.

"Diğeri" olarak algıladığınız kişide gördüğünüz her şey, kendi suçlamalarınızın, yorumlarınızın, inanışlarınızın yansıması. İçinde bulunduğunuzu zannettiğiniz ve şu anda gerçek olarak algıladığınız bu dünya, kendinizle ilgili yargılarınızın, suçluluklarınızın yankısı.

Baktığınız her yerde sadece kendinizle olan ilişkinizi görüyorsunuz. İzlediğiniz haberlerde, sokakta yürürken karşınıza çıkan insanlarda, aynaya baktığınızda gördüğünüz yansımanızda, en yakın arkadaşınızda, patronunuzda, iş arkadaşlarınızda, eşinizde... Tamamı, size, kendinizle ilgili yargılarınızı gösteriyor.

Kimi yargılıyorsanız bilin ki aslında yargıladığınız her şey kendinizi suçladığınız özellikler.

O nedenle ne yaparsan kendine yaparsın. Ve zaten önce kendine yapıyorsun, sonra bir diğerine yansıyor.

Deneyin! İnsanlarda yargıladığınız, sevmediğiniz, beğenmediğiniz özellikleri, davranışları, olayları yazın. Yazın, yazın,

yazın... Uzun uzun yazın. Sonra en başa dönüp okuyun. Tamamının aslında kendinizde yargıladığınız, kendinizi suçladığınız durumlar, olaylar ve davranışlar olduğunu göreceksiniz!

Dışarıda kimse yok.

Hatta "kimse" dediğin bedenli varlıkların hiçbiri gerçekte yok. Hiç olmadı. Bu bilgi, senden, birçok seviyede yüzyıllardır saklandı. Bir yandan da birçok seviyede ifade edildi.

Albert Einstein evrenin atomlardan oluştuğunu, atomun yüzde 99'unun boşluk olduğunu ispatlamıştı. Ve sen bunu bilmene rağmen hâlâ dışarıda bir şey (madde) olduğunu düşünüyorsun! Gerçekten şaşırtıcı!

Dünya dediğin yer "toz bulutu"ndan başka bir şey değil. Zihninde inandığın ve yüzyıllardır ısrarla devam ettirdiğin düşüncelerin yansımasından başka bir şey değil. İnanmadın mı?

Dünyanın nasıl olduğuna inanıyorsan, senin dünyan tam olarak öyle.

Sen dünyanın kendi kendine ve senden bağımsız bir şekilde var olduğuna inanıyorsun. Oysa dünya dediğin şey, senin düşüncelerinin etkisinde ve hatta düşüncelerini yansıtan holografik bir görüntü. Öyle olmasaydı atomun yüzde 99'u boşluk olmazdı!

Dünya dediğin yer gerçekte yok. Ve bu konu, senden yüzyıllardır saklanıyor. Belki de saklanmıyor, bir taraftan da herkes bunu anlatmaya çalışıyordur. Çünkü saklansa da hakikat elbet ortaya çıkacaktır.

Gerçek ebediyen saklanamaz.

*Matrix* filmini hatırla. Einstein'ın teorilerini ve evrensel kanunları incele. Düşüncelerine bak, birkaç deneme yap, mesela değiştir o düşünceleri yaşamının nasıl değiştiğini seyret!

Her an kendi iradenle karar aldığını zannediyorsun. Oysa sadece beyninde yerleştirilmiş bir çipte yer alan filmdeki rolünü oynuyorsun. En komiği de gerçek bile olmayan toz bulutu bir yaşamın, sadece beş duyunu uyardığı için anlamlı olduğunu düşünüyorsun!

Bizler hata yaptık.

Allah'tan ayrıldığımıza ve bu psikopat dünyaya geldiğimize inandık! Bu dünyanın gerçek olduğuna ve gerçekten yaratılmış olduğuna inandık! Sadece inanmakla kalmadık, bu dünyanın gerçek olduğunu ispatlamak için binlerce yıldır sahip olduğumuz küçücük beyinlerle epey yatırım yaptık.

Bu hata tek bir şekilde yapılabilir: Ancak "hakiki yaşam"ı tanımayan bilinç bu yaşamı gerçek zannedebilir.

Bizler hakikat ile illüzyonu birbirine karıştırdık... Hakikati bilmediğimiz için. O nedenle yeniden hatırlamalıyız... Sorgulamalıyız...

Düşüncelerimizi, sürdürdüğümüz yaşamı, bu yaşamın gerçek olup olmadığını... Hakikati aramalı, Allah'ı tanımaya çalışmalı, böylelikle O'nun yaratıcı enerjisini, yaratımını, O'nun ne yaratmayı seçtiğini bulmalıyız. Bulmalıyız ki var olmayan şeylere "Var!" demeyi bırakalım... Yaratılmamış bir dünyaya "Yaratıldı!" demeyi bırakalım...

***

Tüm din kitapları yüzyıllardır aynı bilgiyi içeriyor: Bu dünya Allah katında tek bir salise ve tek bir düşünceden ibarettir.

Yaradan tektir. O tek yaratıcıdır. Sadece Allah yaratabilir. *Allah'ın yaratmadığı hiçbir şey yaratılmış değildir.*

Bu dünya tek bir düşünceden, tek bir fikirden ibaret ise gerçekte yaratılmış mıdır?

Yaratılan her şey yaratıcısının tüm özelliklerini taşır.

Allah ölümlü bir beden yarattıysa bu "Allah da ölümlüdür!" demek değil midir?

Ölümü deneyimlemeyen, ne olduğunu tecrübe etmeyen, ölümü nasıl yaratır?

Allah acıyı yarattıysa bu "Allah da acı çeker!" demek değil midir?

Acıyı bilmeyen, acıyı nasıl yaratır?

Allah her şeyi bilendir.

O her şeyi bilense "tesadüfler"i nasıl yaratmış olabilir?

Bu dünya ve içindeki her şey, o yaratmadıysa gerçekten yaratılmış mıdır?

Dünyaya, etrafınıza bakın. Gerçekten bakın. Bu dünyanın özelliklerini "gör"ün. Birlikte bakalım etrafımıza. Dünyevi pencereden:

Bu dünyada ölüm var, acı var.

Çocuklar hastalanıyor, ölüyor, acı çekiyor...

Bu dünyada kan akıyor, bedenler bedenleri kesip biçiyor, doğruyor...

Savaşların yaşandığı yer burası. Hastalıkların olduğu yer.

Bu dünyada hiçbir şey kalıcı değil. Her şey geçici.

Mutluluk geçici, huzur geçici, sessizlik geçici, acı geçici...

Her şey ölümlü. Hepimizin sonu ölüm.

Bu dünyada birlik, bütünlük, tamlık hiçbir yerde yok, yaşanmıyor.

Böylesine psikopat bir dünyayı "Allah yarattı" demek O'na da "psikopat" demek değil midir? İnsanoğlu yüzyıllardır nasıl böyle bir yanılgı içinde olabilir ki?

Ölümlü bir dünyayı, ölümsüz ve sonsuz Allah mı yarattı yani?

O yaratmadıysa bu dünya yoktur. Çünkü Allah tek yaratıcıdır, O'nun yaratmadığı bir şey yaratılmamıştır, o Yaradan'dır.

***

Tüm bu yazdıklarıma "ego"nun karşı tezi elbette var, olacak... Ego size şu an diyecek ki: "Allah her şeyi bilir, o ölümü deneyimlemese de yaratabilir, o acıyı deneyimlemez ama bilir." Deneyimlemez, tanımaz ama bilir! Bunlar nasıl yaman çelişkili inançlar?

Allah her şeyi yaratandır, bu dünyayı tecrübe ediyorsak o da yaratılmış demektir.

Kardeşim, sen tecrübe ediyorsun diye, beş duyunla deneyimliyorsun diye bu dünya mutlak var mı demek? Nereden varırsın bu kanıya? Beş duyundan başka kim ispatladı sana dünyanın gerçek olduğunu? Beş duyun gerçek mi peki? Hislerin gerçek mi? Düşüncelerin gerçek mi?

Dokunduğun maddenin yüzde 99'u boşluk, yani gerçekten yok, toz bulutu... Hani nerde gerçek olduğunu düşündüğün yaşam?

Konuyu bambaşka bir noktadan ele alalım:

Tüm dinler bize Allah'ın sevgisini anlatıyor. Buna rağmen böylesine psikopat bir dünyayı Allah'ın yarattığına inanıyorsunuz ama bir yandan da O'nun sizi sevdiğine de inanıyorsunuz!

Sevgi öldürür mü? Sevgi acı çektirir mi? Sevgi hasta eder mi?

Sonsuz sevgi ve ışık olan Allah sana nasıl acı verir?

Ego buna cevap verecektir eminim... Bu dünyanın bir sınav, öğrenme yolculuğu olduğunu anlatacaktır.

Tabii ya doğru, Allah seni kendinden ayırıp bu psikopat dünyaya acı çekmen, kan akıtman, savaş görmen, saldırman ve ölmen için yolladı. Seni o kadar seviyor ki tüm bu baş belası tecrübeleri verdi! Olgunlaşman ve büyümen için!

Öldürüyor ama seviyor... Hasta ediyor ama seviyor... Bunlara nasıl inanıyor olabilirsiniz?

Bu dünyanın bir illüzyon, bir rüya olduğunu ve gerçekte hiç var olmadığını idrak etmediğiniz müddetçe Allah ile bir olmanız mümkün değil.

Neden mi? Allah tarafından yaratıldığını düşünen bir bilinç, "canını alan Allah"a teslim olamaz da ondan! O'ndan sadece çekinir, O'ndan sadece korkar ve hatta eğer Allah yakınlarının, en sevdiklerinin canını alıyorsa o zaman da ondan nefret eder, ona öfkelenir, kızar!

Bu dünyada olan rezillikleri Allah'a mal etmeyi bırakmadığınız müddetçe Allah'ın sevgisini hissedemez, bilemezsiniz!

Dünyada olan her şeyin; savaşların, ölümlerin, hastalıkların, öksüz kalan çocukların, genç yaşta ölenlerin, tüm bu tecrübelerin sadece bir düşünce olduğunu, gerçekte var olmadığını idrak etmek, uyanmak mecburiyetindesiniz.

Dünyayı gerçek zanneden insanların yarısı Allah'a için için öfkelenerek ateist olmuş durumda, diğer yarısı da Allah'tan korkarak O'na ibadet etmekte! İbadet Allah ile bir olmak için yapılmalıdır. O'ndan korktuğun için yaptığın şeyin adı ibadet değildir!

Şu soruyu sormama izin ver: Hiç korktuğun birini ya da bir şeyi kucakladın mı? Bu duyguna rağmen onun yanına bilerek ve isteyerek yaklaştığın oldu mu hiç?

Olmadı değil mi? Böyle birine yaklaşmaz, aksine ondan kaçar, saklanırsın.

Allah sana bir beden verip sonra da alıyorsa, yani seni öldüren Allah ise, ona ulaşabilir misin? Mümkün mü bu? Yanına gidebilir misin? Kendini O'na teslim edebilir misin? O'nu sevebilir misin? O'na gerçekten, gönülden şükredebilir misin?

Bu dünyanın gerçek olduğuna inanarak, içindeki her şeyin de yaratılmış olduğunu ve hatta Yaradan tarafından yaratılmış olduğunu düşünerek nasıl şükrediyorsunuz, çok merak ediyorum!

Ne diyorsunuz mesela? "Allahım, bize bu Soma felaketini verdiğin için, çocuklar hastalanıp öldüğü için, tüm bu hastalıklar için sana şükürler olsun..." mu? Gönülden?

Gerçek şükrediş hakikatin idraki ile mümkündür.

Dünya yok. Hiç olmadı. Hiç yaratılmadı. Dünya Allah katında sadece bir düşünce, bir fikirden ibaret. "Allah'ın yaratmadığı bir şey yaratılmış olsaydı nasıl gözükürdü?" fikrinden başka bir şey değil. İşte buna şükredilir!

"Allahım, çok şükür ben yanılmışım. Böyle psikopat bir evreni sen yaratmamışsın, o nedenle de hiç yaratılmamış. Çünkü senin yaratmadığın bir şey yaratılmamıştır. Bir fikir gerçekte yaratılmamış, sadece bir fikir olarak kalmıştır. Bu dünyadaki her şey geçici bir rüyaymış (hatta kâbusummuş). Sana şükürler olsun!"

## İletişim Dünyanın Algıladığı Şekilde "Limitli" Değildir

Gerçek iletişim ve "gerçek bağlantı"nın limiti, şekli şemaili, sistemi, yolu, yöntemi yoktur. O kendini her şekilde belli edebilir. Her an her yerdedir. O'ndan dolayı bizler de birbirimizle her an, her yerde iletişim kurmaktayız ve bu gerçeği değiştiremeyiz. Herhangi biriyle, herhangi bir şeyle iletişim kurmamız için ona dokunmamız, onun yanında olmamız gerekmiyor. Bizler sürekli, her şeyle iletişim halindeyiz.

Kuantum fiziği, bizden milyonlarca kilometre uzaklıkta olan bir yıldızın bile, biz ona baktığımız anda değiştiğini söylüyor. Henüz bilim ve ruhsallık tam olarak buluşmadığı için bundan bir adım ileriye gidip "zaman döngüsündeki her şeyi bilinç yarattı, dışarıda kimse yok, sadece ben varım..." şeklinde açıklamalar yapılmadı ama çoğu bilimadamının ruhsallığa adım atıyor olması çok sevindirici. Hakikat bilgisinin yeryüzünde daha geniş kitlelere yayılma zamanı geldi. Zaten bu olmasaydı bu kitap da olmazdı. Ve hatta ben şu anda yaşıyor olmazdım.

Bir yıldız, biz ona milyonlarca kilometre uzaklıktan baktığımız ve hatta düşündüğümüz an neden değişiyor biliyor musunuz? O yıldız zihnimizde de ondan. İşte bu yüzden diyorum ki etrafımızdaki her şeyle iletişim halindeyiz. Kolektif bilinç ile iletişimdeyiz çünkü.

İletişim süreklidir. Evrensel titreşim süreklidir. Yaşam süreklidir.

Bir yerde otururken etrafımızda gördüğümüz ve görmediğimiz milyonlarca canlıyla iletişim halindeyiz. Farkında olsak da olmasak da bu böyle.

Bilincimiz öyle inanılmaz bir dipsiz kuyu ki çoğu zaman ne

yarattığımızın farkında bile değiliz. Önemi yok. Gerçek her yerde. Ve sürekli... Sevgi her yerde. Ve sürekli... Gerçek iletişim, gerçek sevgi, gerçek akış... Sonsuz titreşim her zaman, her yerde. Hani o birbirimize kızdığımız, tartıştığımız anlarda sevdiklerimizle aramızda bir iletişimsizlik, kopukluk olduğunu "düşünüyoruz" ya! Bu mümkün değil...

Sevgi süreklidir. Sevgi tek gerçektir ve süreklidir.

*Gerçek süreklidir, devamlıdır, her yerdedir.* Bir yolu, şekli, metodu yoktur.

*Karanlıktan, hatadan uzaklaşmak istiyorsan...*

*Karanlıktan, hatadan uzaklaş.*

*Oraya bakmayı bırak, karanlığın var olabileceği düşüncesinden uzaklaş!*

*Karanlık hiç yoktu, hiç olmadı.*

Aslında yaklaşılacak ve uzaklaşılacak bir şey de yok.

Kendimizi karanlıkta hissettiğimizde; yapayalnız, kimsesiz olduğumuzu düşündüğümüzde sadece kendimizi kandırıyoruz. Tüm bunlar bilincimizin hafif kaymış tarafının –ki ona ego diyoruz– yarattığı anlamsız illüzyonlar. Gerçekte hiçbiri yok, hiç olmadı.

*Rahat edebilirsiniz! Kaçmanız ya da saklanmanız gereken hiç kimse yok.*

*Birbirimizden ayrı olduğumuz düşüncesi bir illüzyon.*

*Dışarıda hiçbir şey yok.*

*Var olan tek gerçek var: Ben... Ve ben her yerde.*

***

İllüzyonlar sadece "zaman döngüsü" içinde var olabilirler. Ve zaman döngüsünün kendisi tek illüzyon. "İllüzyon bir zaman" içinde kaybolduğunu zanneden, gerçekte evinden hiç ayrılmamış saf sevgi...

İşte bizler!

*Yaşamı değiştirebileceğimizi düşünüyor olmamız gerçek bir çılgınlık!*

*Allah'ın yaratmadığı hiçbir şey, zaten hiç yaratılmadı.*

*O sadece sevgiyi ve cenneti yaratabilir.*

*Total sevgi başka bir şey yaratamaz.*

*Total mükemmellik başka bir şey yaratamaz.*

*Total ışık karanlık yaratamaz.*

*Bunlar dışında tecrübe ettiğimiz her şey, sadece bir rüya. Uydurma. Hiç yaratılmadı.*

*Ölümlü dünya, Allah katında tek bir saniyeden ve bir fikirden öteye geçmedi.*

*Teslimiyet nedir?*

*Allah'a teslim olmak?...*

Gerçeği hatırlamaktan başka bir şey değildir.

Şu anda kalmak...

Allah ile, O'nun nefesi, O'nun nefsi ile bağlantıda olmak...

O'na, bize verdiği nefese, nefse teslim olan biri, O'nunla birlikte düşünen, hizada ve şu anda O'nunla yaşayan biri rüya görebilir mi? İllüzyonlar yaratabilir mi?

*Hayır.*

*Teslimiyet kendini kapıp koyuvermek ve hiçbir şey yapmamak değildir; bilinçli olarak her an O'nunla olmayı sağlamak demektir.*

*Bilinçli ve farkında olmak, anda ve O'nunla bağlantıda kalmak...*

Kendine, yaptıklarına, yapacaklarına, söylediklerine, söyleyeceklerine, seni yönlendiren güce teslim olmak ve ne olursa olsun O'nunla olmak...

*Çünkü gerçek her zaman Allah'ın koruması altında; şu anda.*

*Gerçeğin tek sebebi var, tek kaynağı var: Allah.*

*Oysa illüzyonların binlerce sebebi, binlerce kaynağı var.*

***

Bizler, karşımızdaki kişiyi her yargıladığımızda aslında bilincimizin çok derin bir yerlerinde "İllüzyonu önemsiyoruz" mesajının yerleşmesine neden oluyoruz. Ama var olmayan bir şeyi neden önemsiyor ve yargılıyoruz ki!

*Yargılama, gerçekte, egonun ben bilincine açtığı savaştır.*

*Yargılamak farkındalığımıza zarar verir. Çünkü Allah'ın iradesi dışında bir şeylerin var olabileceği hissine kapılmamıza neden olur. O'nu unutmamıza neden olur.*

*O'nun yarattığı her şey, kendi gibi tam ve mükemmeldir.*

***

*Bedeninizdeki beynin düşünebildiğine inanıyorsunuz, değil mi?*

Oysa düşünebilmemizi sağlayan zihin, O'nun zihni. Bedenimizdeki "beyin" denen organın bununla bir ilgisi yok.

Bizler O'nun zihnini kullanarak düşünebiliyoruz.

*İçinde yaşam enerjisi olmayan bir beyin ne işe yarar ki?*

Bitkisel hayata girmiş kişileri düşünün... O insanların beyni de olduğu yerde duruyor değil mi? Ama çalışmadığı için ve belki de "düşünebilmesi ve çalışabilmesi için bağlantıda olması gereken zihinle bağlantısı kesildiği için" kişi bitkisel hayata giriyor. Beyni bir yere gittiği veya yok olduğu için değil, zihin bağlantısı koptuğu için.

Çocukken yakın arkadaşlarımdan birinin ağabeyi beyin özürlüydü. Beyni disease içindeydi. Bir başka deyişle uyumsuzdu veya bağlantısı kopuktu. O yaşlarda bunun ne demek olduğunu anlamam mümkün değildi. Görünüşe göre onun da benim gibi bir bedeni ve beyni vardı. Ama benden hayli büyük olmasına rağmen elleri ve ayaklarıyla ne yapması gerektiğini bilemiyor gibiydi. Garip sesler çıkarıyordu, el ve ayakları kontrolsüz şekilde "anlamsız" şeyler yapıyordu...

*Tüm anlamsızlıklar ancak "anlam"ın bittiği yerde var olabilir. Yaşamımıza anlam katan gerçek ile bağlantımız koptuğunda, yaşamımızda sadece gerçek ve doğadışı birtakım şeyler olmakla kalmıyor, doğamıza uygun olmayan acılar, üzüntüler, sıkıntılar da yaşamaya başlıyoruz.*

Aslında hepsinin tek bir sebebi var; uyumsuzluk veya bağlantı kopukluğu. Kaynak ile, anlam ile, tek gerçek ile bağlantısı kopmuş insanın insanlık dışı bir durumda gözükmesi mümkün.

Allah'ın yarattığı insan, bu mükemmel varlık, kendi doğasında ve özünde sağlık, mutluluk, neşe, tatmin, sevgi ve zekâyı barındırabiliyorken tüm bunların, "kaynak"la ve "zihin"le bağlantısı koptuğunda "gerçek"leşmeye devam ediyor olması mümkün değil.

Gerçeği, mükemmelliği, insanın doğasında olan en mükemmel ihtimalleri bu dünya gerçeği haline getirip getirmemek bizim elimizde. O gerçeği değiştirmek mümkün değil elbette. Gerçek her zaman var, her zaman olacak. Değişmez, azalmaz, çoğalmaz, ona hiçbir şey olmaz. Bizim insan gerçeğimiz de tam olarak böyle.

*İnsan kendi formu içinde mükemmel ihtimaller barındıran harika bir varlık. Bu varlık, O'nun zihni aracılığıyla yaşamına sevgiyi, ışığı, şefkati, neşeyi ve sağlığı akıtabiliyor.*

**Bölünmüş, Ayrılmış Gerçek**

"Beyin-beden"in yarattığı gerçek, kendi doğası nedeniyle, yaratıcı "tek zihin"den ayrılmış olması ihtimaliyle (varsayım veya düşüncesiyle) bir ayrım içinde var oluyor. Ayrımın olmadığı yerde gerçek olduğu için ve gerçek tek olduğu için "gerçekdışı bir yaratıcı" (yapay-tanrı veya ego) ancak gerçeği dışındaki o tekliğin, sonsuzluğun, mükemmelliğin bozulduğu veya bozulmuş gibi göründüğü yerde var olabiliyor. "Mış gibi" durumlar bu şekilde oluşuyor işte. Hastaymış gibi, üzgünmüş gibi görünen insanlar...

*Aynı olan farklı olamaz. Tek olanın, birbirinden ayrı bölümleri ve/veya bedenleri olamaz.*

Eh, sonuçta şundan doğal ne olabilir ki? Tek, sonsuz, sınırsız, mükemmel bir yaratıcı ve O'na rakip olmaya çalışan, gerçeği yaratamadığı için (çünkü gerçeğin tek bir yaratıcısı var) illüzyonları yaratan bir yalancı yaratıcı. Bu ikisi doğal olarak ve doğaları gereği bir arada olamıyorlar; biri sonsuzluktan gelip sonsuzluğa gidiyor, diğeri sonlu bir gerçek yaratıyor. Biri sevgiden gelip sevgiye gidiyor, diğeri sevgi, öfke, acı gibi garip enerjiler yaratıyor. Biri sonsuz güzellikler tanrısı, diğeri güzellik dediği şeylerin dışında çirkinlik dediği şeyleri de yaratıyor (bu durumda yarattığı güzellik veya iyilik de tabii ki gerçek değil, sadece gerçek güzelliğin, sonsuz iyiliğin bitebilir, kötülüğe dönüşebilir hali)...

Sormadan edemiyorum: Biten bir güzellik, sönen bir ışık, kötü olabilen bir iyilik "sonsuzluk"tan geliyor olabilir mi? Bir şey hem sonsuz hem sonlu olabilir mi? Bir şey hem kesintisiz hem kesintili olabilir mi?...

Aldatılmışız değil mi? Buna "ego trap", "ego tuzağı" deniyor. Zaten ego, tuzak kurmaktan ve bizi aldatmaya çalışmaktan başka bir şey yapıyor olamaz, değil mi?

*Değişmeyen ve her zaman, sonsuza kadar devam eden bir gerçek'i "gerçek değilmiş gibi" gösterebilmek ancak bir aldatmacayla mümkün. Basit bir büyü ile. İşte egonun oyunu.*

"Dünyevi arzulardan arınma" sözlerini birçok yerde duymuşsunuzdur. *Bizler dünyada yaşıyoruz ama dünyalı değiliz.*

Müslümanlıkta ve birçok dinde bu dünya için değil, öteki dünya için hazırlık yapmamız gerektiğinden, bu dünyayla fazla ilgilenmememiz gerektiğinden bahsedilir. "Bu dünya" olarak kastedilen şey aslında olmayan dünya. Yani acıların, üzüntülerin, hastalığın, hatanın, günahın, kötülüklerin olabileceği illüzyonu. Bir rüyayla, illüzyonla, gerçekdışı bir şeyle neden uğraşalım ki? Ona neden vakit harcayalım ki?

Bir yeriniz ağrıdığında siz o ağrıya takıldığınızda mı yoksa onu unuttuğunuzda mı ağrı geçiyor?

*Enerji farkındalığımız nereye giderse oraya gider. Enerji verdiğimiz şey büyür.*

Hastalıklarla, hatalarla, problemlerle, acılarla bu kadar çok uğraşıyor olmasak ve "Gerçek bile değil!" diyerek geçip gidebilsek hepsi yok olacak. Çünkü hiç var olmadılar, sadece bizim enerjimizle tekrar tekrar varmış gibi görünüyorlar.

Zamanın bir "çizgi" olduğunu, doğumunuzdan ölümünüze kadar geçirdiğiniz zamanın bu çizgide işaretlendiğini düşünün... Doğuyorsunuz, 70, 80, 100 yıl, her neyse yaşıyorsunuz... Bir noktada, doğumda başlayan ve bir başka noktada, ölümde biten bir hayat... Bir çizgi üzerinde gösterebileceğimiz bir yolculuk...

Şimdi "gerçek"te "zaman"ın olmadığı, her şeyin şu an olduğunu düşünün ve çizginin başlayıp bittiği noktaları birleştirin... İşte gerçek yaşam!

Yaşadığımızı zannettiğimiz yaşam-ölüm döngüsü, yani rüya bu iki nokta arasında gerçekleşiyor. Oysa gerçekte, şu anda "hiçbir şey" var.

Hiçbir şey!

Ve... Her şey!

*Gerçek yaşam "şu an"da gerçekleşen şey. Allah ile birlikte yarattığımız cennet. Bu yaşam-ölüm döngüsünün yaratıcısı, yönetmeni, izleyicisi, biziz.*

*Şu anda ise biz ve Allah el eleyiz.*

*Şu an dışında bizler tek başımıza bir şeyler yaratabileceğimizi, O'nsuz yarattığımız şeylerin var olabileceğini düşünüyoruz. Kopuyoruz. Kendimizden ve O'ndan.*

*O ne yaratıyorsa tersini, O'nun yaratamayacağını (O'nun yaratamayacağı bir şeyler olduğu düşüncesiyle) "yarat"mış gibi yapıyoruz. Acıyı, üzüntüleri, hatayı, günahı, suçu, eziyeti, başarısızlığı, ölümü, hastalığı yaratmış gibi... Tüm bunların var olabileceğine inandığımız an "şu an"dan koptuğumuz andır.*

*Biz tek başımıza hiçbir şey yaratmadık, yaratamayız.*

*Zaman döngüsü ve içindekiler, geçmiş ve gelecek hiç olmadı, hiç yaratılmadı.*

Yaşanan her şey sadece O'nun içinde var olabilir.

*Ölümlü dünya ile gerçek yaşam aynı şey değil.*

Zaman illüzyonuna aldandığımızda sürekli aynı tecrübeleri tekrar tekrar yaşıyoruz. Yinelenen rüyalar gibi.

Tekrar...

Tekrar...

Tekrar...

Bu gerçekle bağlantıya geçmenin, uyanmanın tek yolu da bu tekrarın içine girmek, derinine inmek... Tekrar, tekrar, tekrar nefes almak... Sürekli...

Döngüye uyanmak...

Döngüden uyanmak...

Döngüden özgürleşmek...

Bu, döngünün içinde yaşarken ancak bağlantılı nefesler ile mümkün.

Kendimizle, nefesimizle sürekli bağlantıda kalabilirsek acıların, üzüntülerin, hayal kırıklıklarının, hastalıkların, biz gerçeği görene ve tam ve bütün uyanana kadar tekrar tekrar tecrübe ettiğimiz, aslında hiç yaratılmamış olan hayal ürünlerini fark edebiliriz.

Zaman döngüsünün aynı filmin tekrarı olduğuna uyanabilir, "büyü"sünden özgürleşebiliriz.

Burası bir büyü.

Duyularımızı kullanarak bizi aldatmaya çalışan egonun hüküm sürdüğü gerçekdışı diyar...

*Allah'a dön, sadece O'na bak, O'nu hatırla, O'nunla bağlantıda ol.*

*Sadece O'nun yarattıklarına tutun. Gerçek yaşama...*

*Sadece O'nunla yarat, sadece ona hizmet et...*

Çünkü farklı bir şey mümkün değil! Mümkün olduğunu düşündükçe, tek başımıza, Allah'ın yaratmadığı, yaratmayacağı negatifliklerin, acıların, savaşların, kavgaların, öfkenin, kötülüklerin var olabileceğini düşündükçe kendimize bir kâbus yaratmış oluyoruz. Ve o kâbus gerçekte hiç yaratılmadı. Tek başımıza yarattığımızı düşünsek de bunu yapamayız. Ama yine de kendimizi aslında hiç var olmamış ve hiç var olmayacak illüzyonların, hikâyelerin içine atabiliyoruz...

Uyan!

Gerçek bile olmayan hastalıklarla, acılarla, sıkıntılarla, problemlerle uğraşmayı bırak ve Allah'a dön!

Ölümlü dünyayı, kendi kendine kurguladığın anlamsız hikâyeleri bırak ve O'nun yarattıklarını, O'nun sözlerini, O'nun sonsuzluğunu, O'nun güzelliğini, sonsuz yaşamı kabul et!

Böylesine basit bir şeyi yapamıyor ve kendi kendine sürekli, azimle, istekle acılar, korkular, eziyet, savaş, kavga yaratıyor olmak çılgınca bir şey! Ya da hastalık yaratıyor olmak...

Oysa hastalanan tek yer zihnimiz.

Allah'ın mükemmelliği, tamlığı, büyüklüğü, sevgisi, sonsuz bolluk-bereketi, sağlık, neşe, mutluluk, barış, huzurlu enerji dışında bir şeyler var olabileceğini düşünmek; tek hastalık.

Allah'ın yarattıkları dışında, O'nun yarattığı bu cennet dışında bir şeylerin olabileceğini, bu yaşamın bir kâbusa dönüşebileceğini düşünüyor olan taraf arıza yapmış, düzeltilmeye ihtiyacı olan tek tarafımız.

*Her şey Allah'ın gerçeği ve ışığında düzelir. Yolunda gitmeyen her şey, akmayan her enerji O'ndan uzaklaşmaya ve uzak durmaya çalışan tarafımızın, egomuzun yansımasıdır.*

*Gerçeğe uyanış O'nun zihniyle, hepimizin bağlı olduğu yaratıcının zihniyle bir olmaktan başka bir şey değil.*

Bu bağlantı kurulduğunda "beyin-beden"in yarattığı tüm illüzyonlar, acı, öfke, anlaşılmazlık, kaybolmuşluk, sıkışmışlık hissi, hepsi sona erer. Ego sistemini, illüzyonu ve gerçekdışı tüm bu saçmalıkları yaratan/varmış gibi gösteren mekanizmayı bırakıp, sadece bırakıp "tek zihin"e döndüğümüzde kelimeler sona erer. Sadece derin bir sessizlik, yaratıcılık ve "o" vardır artık.

*Bunun için O'na dönmek, sadece O'na bakmak, diğer saçmalıklarla ilgilenmemek yeter. Gerisini Allah halledecektir.*

Nasıl döndüğünüz önemli değil. İster namaz kılın, ister meditasyon yapın, ister oruç tutun... İster Türkçe, ister İngilizce, ister Arapça, ister Farsça dua edin, hiç fark etmez.

O, her şeyin tek yaratıcısı Allah, bizi her zaman dinliyor.

## Beden Gözleri Sadece Korkuyu Görebilir

Belki ancak bedeninizde bulabildiğiniz bir zevk ile doyabileceğinize inanıyorsunuzdur.

Belki de algıladığınız şekliyle dünyayı; size huzur, mutluluk ve tatmin verebilecek bir yer olarak algılıyorsunuzdur.

Rüyalarınız, istekleriniz ve ümitleriniz ne olursa olsun sonuç hep hayal kırıklığı değil mi? Ve bu konuda hiçbir ayrım yapılmıyor, dünya gerçeği içindeki herkes aynı şeyleri yaşıyor değil mi?

Ya öyle değilse?... Ya yaşadığınız acıları, hastalıkları, olumsuzlukları yaratan sizseniz? Ya Allah sadece güzellikleri, bolluğu, sağlığı, mutluluğu yarattıysa ve biz O'na aracılık etmediğimiz için bu gerçeği göremiyorsak?

Cennette yaşamak mümkün.

Cenneti yaratmak da mümkün.

Cenneti hatırlamak da...

Cenneti izlemek de mümkün.

Bu dünyanın arka planında sonsuz bir cennetin var olduğunu bilen, gören ve hatta şu an burada o cenneti yaşayanlar var!

Yaşadığınız acılar, saçmalıklar yaşanmayabilir, yaratılmayabilir.

Sadece Allah'a döndüğü için, sadece O'nu seçtiği ve hatırladığı için diğer saçmalıkların hiçbirini yaşamayan insanlar var. Bu mümkün!

Uyanmak ve bu uyanışı korumak mümkün!

*Nasıl? Ölümlü yaşamın boş bir rüya olduğunu ve kendi içinde bir anlamı olmadığını hatırlayarak... "Bu rüya, zaman döngüsü içinde, her an bilincimin etkisinde. Tamamını ben kurguluyo-*

*rum. Ve her şeyi yeniden Allah ile birlikte el ele, aynı düşüncelerle, O'nun ışığında yaratabilirim" diyerek!*

*Gerçek yaratıcı gücün sadece O'na ait olduğunu, illüzyonların o kaynaklı olmadığını, bu sebeple kaynaksız ve amaçsız ve yaratılmamış olduğunu hatırlayarak.*

*O olmadan hiçbir şey yaratamayız. Yarattığımızı düşünebiliriz, illüzyonları gerçek sanabiliriz. Ama O'nun yaratmadığı şey hiçbir zaman yaratılmadı. Yaratılış enerjisi onlara dahil olmadı. O yüzden hiçbiri ebedi değil. Rüya elbet bitmeye mahkûm. Çünkü zaten yok, hiç yaratılmadı.*

*Boş hayaller peşinde koşmaktan vazgeçelim. Allah'la birlikte yaratmayı seçelim, böylece sadece mutluluk, huzur, sevgi yaratır, cennette yaşarız!*

*İllüzyondan özgürleşme; gerçeğe uyanış!*

*Yaşadığımız kâbusların kendi yarattığımız geçici rüyalar olduğu gerçeğine uyandığımızda yaşadıklarımızın herhangi bir önemi de kalmaz. Anlamsız şeylere anlam yüklemekten vazgeçtiğimizde gerçek affediş, gerçek özgürleşme gerçekleşir! Çünkü uyanırız.*

Affedilecek hiçbir şey yok. Çünkü affedilecek şeyler zaten hiç yaratılmadı.

Dünyaya; tek başımıza, kendi irademiz, farkındalığımız, "bize ait" dediğimiz (nefesimizi bozarak yarattığımız) bilinç ile baktığımızda gördüğümüz düalite, ayrım, çokluk, farklılık bizi korkutabilir, kafamızı karıştırabilir ve rahatsız edebilir. Oysa dünyaya kim olduğumuzu hatırlayarak, Allah'ın her zaman yanımızda olduğunu, bu dünyanın basit bir tasarım, rüya olduğunu hatırlayarak baktığımızda, burada yarattığımız her şeyi O'nun kutsallığını katarak, gerçeğin ışığıyla güzelleştirdiğimizde düalite, çokluk, farklılık, tek olanın, ebedi olanın, sevginin, ışığın, mutluluğun, huzurun yansıması olabilir.

Yaşamımızı, gerçeği her an hatırlayarak yaşadığımızda burası bir cennete dönüşebilir.

Tüm yaşamımızı, tek bir seçimle, gördüğümüz rüyayı "Allah'ı hatırlayarak yaşama" seçimiyle değiştirebilir, güzelleştirebilir, iyileştirebiliriz. İyileşme, gerçeği hatırlamadan başka bir şey değildir. Bizler O'nun ışığını, sevgisini, güzelliğini, kutsallığını buraya, dünyaya yansıtabilir, her gün iyileşmiş zihnimizle, O'nunla birlikte yaratabiliriz.

Ve şu anda tabii ki gördüğümüz her şey O'nun yansımasıdır. Tecrübe ettiğimiz saçmalıklardan özgürleşmenin, tamamen iyileşmenin tek çıkış yolu bu.

Bu dünyada rahat, huzurlu, mutlu, sağlıklı, aklıselim kalabilmemizin tek yolu: Dünyaya Allah'ın kutsallığını taşımak. İşte o zaman kendimizi evimizde hissedebilir, rahat edebilir, güvende olabiliriz... O'nun bize verdiği güveni dostlarımızda, ailemizde bulabilir, O'nun sevgisini herkeste, her yerde hissedebilir, O'nu karşılaştığımız herkesin gözünde, tüm canlılarda görebiliriz.

Allah her yerde.

Yaşadığımız illüzyonu şöyle tarif edebiliriz: Allah'ın yanından ayrılamayan, hiç ayrılmamış ve hiç ayrılmayacak olan kutsal ruh bir rüya görmüş. Küçük, minicik bir hayal, saniyenin milyonda biri kadar kısa: "Allah'ın benim yanımda olmadığı, tek başıma yarattığım bir dünya olsa... Bildiğim her şeyin, O'na ait her şeyin tersi..." Ve sonsuz ihtimal doğmuş. Bedenler, yaşamlar, tecrübeler... Hiçbiri yaşanmamış, hiçbiri var olmamış, hayal ürünü... Kutsal ruh bakmış ki her şeyin farkında, gerçeği hatırlıyor, rüyayı daha fazla hissedebilmek, özümseyebilmek, onu gerçekmiş gibi yaşayabilmek için rüyanın içine bir bilinç eklemiş, o bilinci farkında yapmış, sadece rüyada olanların farkında. O bilinci gerçeği hatırlamayacak şekilde yaratmış ki nerede olduğunu tamamen unutsun, rüyaya kendini iyice kaptırsın, içindeki her şeyi gerçekmiş gibi yaşasın... Hani şimdi 3D filmler var ya; gereken araçlar, uygun gözlük, ses sistemi bize verildi mi kendimizi gerçekten o filmin içinde zannediyoruz. Kendimizi öyle kaptırıyoruz ki filmde yaşanan her şeyi bizzat yaşıyormuşuz gibi hissediyoruz! Tepki veriyoruz, çığlık atıyoruz, korkuyoruz, kıpırdanıyoruz... Oysa filmi seyrettiğimiz koltuktan hiç kalkmıyoruz aslında. Film boyunca gerçek hiç değişmedi, biz orada oturuyor ve izliyoruz. Film boyunca ara sıra nerede olduğumuzu unuttuğumuz, filmin içinde kaybolduğumuz, kendimizi gerçekten orada zannettiğimiz anlar oldu ama bir tarafımız gerçeği hep biliyordu.

Bilinç neye göre yaratıyor? Ne yaşamak istiyorsak onu yaratıyoruz.

Bilinç durumumuz nasılsa onu yaratıyoruz.

Sadece bu dünyanın farkında olan, başka bir farkındalık yeteneği bulunmayan, gerçeği hiçbir zaman kavrayamayacak aynı "kısıtlı bilinç" bizlerin kutsal ruhlar olarak gerçekte sahip olduğumuz yaratıcı gücü, sınırsızlığı, tamlığı, bütünlüğü de bilmiyor. Ve bizi kısıtlamaya çalışıyor. Ama biz sürekli kendimizi (kısıtlı bilincimizi) aşıp bambaşka durumlar yaratıyoruz! O da şaşkın aslında. Gerçeği tam olarak algılayamıyor, çünkü kapasitesi belli. Bu sebeple tüm bilge kişiler "Gerçek, zihnimizle algılayabileceğimiz bir şey değil" diyor. Ruhumuzun gerçeğini; kısıtlanmış bir bilincin, yani farkındalığı ölümlü dünyayı/rüyayı algılamakla sınırlı bir bilincin algılayabilmesi mümkün değil. İşte bu kendimizi aştığımız, zihnimiz ne derse desin umursamayıp zihnin ve bu dünyanın tüm limitlerini, kurallarını, sistemini aştığımız durumlara "mucize" deniyor.

*Bizler birer mucizeyiz. Bu dünya kanunlarının, sisteminin, zihninin algılayabileceğinden çok çok daha fazlasıyız.*

Gerçek kimliğimizi, Allah'ın bir parçası olan kutsal ruhun bilgeliğini, bolluğunu, sınırsızlığını ve tamlığını hayal bile edemeyen, sadece bu dünyayı yaratmakla ve burada olan bitenin farkında olmakla meşgul kısıtlı bilinç/zihin gerçeği bilmediği için bizim sürekli gelişmemiz gerektiğini düşünüyor. Gerçek olmayan bir rüyayı gerçek zannettiği için burada olmamızın bir sebebi olmalı diye düşünüyor. Rüyaların sebebi var mı? Gerçekte var olmayan bir hayalin herhangi bir amacı, sebebi olabilir mi?

O kısıtlı bilinç/zihin/ego öyle düşünüyor ama.

Buraya gelişmek için, ilerlemek için, olgunlaşmak için geldiğimizi düşünüyor. Bunu sağlamak için de harikulade bir sistemi var: acı! Ne kadar acı, o kadar gelişim! Ve yatağında uyurken gördüğü kâbusu gerçek sanıp bir o yana bir bu yana debelenen küçük çocuklar gibi debelenip duran bir bilinç ortaya çıkıyor. Sloganı şu: "Hisset, acıyı hisset! Acı sana var olduğunu hissettiren, yaşadığını hatırlatan şey! Hisset."

Aslında kısıtlı bilinç/zihin, görevini çok iyi yapıyor. Evet, onun görevi bu: Olaya dalmamızı sağlamak. Bunu yapabilmenin en iyi yolunun "acı"dan geçmek olduğunu düşünen ego da görevini en iyi şekilde yapabilmek için tabii ki bu ürünü sunuyor bize.

Ego, bizi, acıyla olgunlaşıldığına inandırıyor. Sadece zihnimiz böyle bir düşünceye kapılabilir, kutsal ruh gerçeği her zaman hatırlıyor.

*Aydınlanmanın tek yolu, nefesimiz vasıtasıyla ruhumuzla bağlantı kurmak.*

*Bize gerçeği sadece kutsal ruhumuz hatırlatabilir.*

Bu dünyada/rüyada kullandığımız kısıtlı zihin/bilinç olduğu için bu rüyadaki her şey aynı sistemle yaratılıyor. Tüm filmler, tecrübeler, görüntüler... Rüyalar, hayaller, hepsinin sistemi aynı. Bizler rüya görürken de bu hayatı yaratan bilinç çalışıyor.

Bilincimiz, Allah'tan ayrı olduğunu düşünen taraf/ego, bu düşünceye inanıp kendini yalnız ve çaresiz hissettiğinde korkmaya, paniklemeye başlıyor ve "kâbus"lar yaratıyor. Tıpkı uykuda gördüğümüz kâbuslar gibi. İkisini de yaratan bilincimizin aynı kısmı. Çocuğunuzun kâbus gördüğünü düşünün: Garip sesler çıkarıyor, bağırıp çağırıyor, korkuyor, öfkeleniyor, belli ki gördüğü kâbus onu etkisine almış. Hareketlerine ve tepkilerine bakarsanız kâbusu gerçek zannediyor. Biz de yaşadığımız olayları gerçek zannettiğimiz için tepki veriyoruz.

Küçük çocuğunuz hâlâ uyanmadı, kâbusa kapılmış gidiyor. Belli ki korkuyor, terliyor, içi sıkılıyor... Odasında, yatağında güvenli şekilde uyuduğu halde o anda gördüğünü, gerçek sanıyor. Tıpkı bizim, yarattığımız kâbusları gerçek sandığımız gibi. Oysa siz çocuğunuzun gördüklerinin, yaşadıklarının sadece bir rüya olduğunu biliyorsunuz.

Bir başkasının rüyasının içine giremiyoruz. Neden? Gerçek değil çünkü. Rüyayı gören kişiye ait. İllüzyon. Allah da yarattığımız illüzyonların içine giremiyor. O kâbusumuzda ne yaşadığımızı bilmiyor. Nasıl bilebilir ki? Hepsi sadece hayal ürünü.

Peki bu çocuk rüyadan uyandığında ne oluyor? Hiçbir şey. Rüya nereye gidiyor? Hiçbir yere, çünkü zaten yoktu, olmayan şey bir yere gitmez.

Bu yaşamı, gerçeği her zaman hatırlayarak yarattığımızda ne oluyor? Yarattığımız her şey Allah'ın, kutsallığın, sonsuzluğun, bereketin, güzelliğin, sağlığın yansıması oluyor. Bilincimiz ne kadar kısıtlı olursa olsun Allah'ın kutsallığı bizim vasıtamızla her yere yansıyabilir, her yerde var olabilir. O'nun sınırsızlığını sınırlandırabilecek bir güç yok.

Bizler yaşamımızı O'nunla birlikte yaratmaya başladığımızda yaşam nasıl olmaya başlıyor? Birbiri ardına binlerce "mucize"nin gerçekleştiği, kısıtlı zihnimizle anlayamadığımız kadar muhteşem, mucizevi tecrübelerle dolu "kutsal ruh"la, "ilahi aşk"la dolu; mükemmelin yansıması! Cennetin dünyaya inmiş hali!

## Yeterince Acı Çekemezsiniz

Az önce, Allah'ın rüyalarımıza giremediğini belirtmiştim. Ama "Merak etme, ben her zaman yanındayım, hepsi sadece bir rüya, hepsi geçici" dediğinde hepimiz O'nu duyuyoruz.

Çocuğunuzun kâbus görürken onu gerçek sanıp korktuğunu, bağırdığını görürseniz ne yaparsınız? Usulca yanına yaklaşır ve ona yavaşça "Güvendesin, hepsi bir rüya" demez misiniz? Allah da bize aynısını yapıyor.

*Allah ölümlü gerçeği yaratmadı. Sonsuz bir şey "son" nedir bilemez, isteyemez, yaratamaz. Bu yüzden ölüm hiç yaratılmadı. "Ölüm" dediğimiz; hayal ürünümüzden, illüzyondan başka bir şey değil.*

Yaşadığımız acıları, üzüntüleri, olumsuzlukları, savaşları, kavgaları hem biz yaratıyoruz hem de bu illüzyonun farklı olabileceğini düşünüyoruz.

Allah bizim her zaman yanımızda. O bizi hiç bırakmadı. Kendi kendimize yaratabileceğimize inandığımız tüm bu olumsuzlukların olması mümkün değil. Çünkü yalnız olabilmemiz mümkün değil.

Allah'tan ayrı olabileceğimize, O'ndan ayrı kalabileceğimize ve O'nun yaratmadığı bir şeyin var olabileceğine inanmaktan ne zaman vazgeçeceksiniz? Allah'ın yarattığı bu cennetteki çiçekleri, ağaçları, melekleri, daha ne kadar birer zehirli madde, canavar gibi görmeye devam edeceksiniz?

*Umudunuzu "umut" diye bir şeyin olmadığı yerde aramak çok umutsuz bir durum.*

*Kendimizi Allah'a, yani tek gerçek sevgiye kapattığımız yerde sevgiyi aramak büyük saçmalık.*

*Huzuru elimizin tersiyle ittiğimiz anlardan huzur beklemek ise kesinlikle akıldışı bir eylem.*

*Aradığımız şey, gerçek, yarattığımız illüzyonun içinde değil.*

*Allah'a dönün. Aradığımız her şey O'nda.*

Gerçekte kim olduğumuzu unutup bu illüzyonu gerçek zannettiğimizde bedenimize, maddeye, olaylara, yerlere, mekânlara gereğinden fazla anlam yüklemeye başlarız. "Gerçek anlam"ın yaşamın içinde değil, bizim içimizde olduğunu unuttuğumuz zaman saçmalarız. Gerçekte odasında rahatça uyuyor olduğunu unutan ve gördüğü rüyaya kapılıp giden çocuk gibi... Gerçekte kime ait olduğumuzu, kimin yanında olduğumuzu, gerçek evimizi unuttuğumuz ve gördüklerimizi gerçek zannettiğimiz zaman paniğe kapılırız, korkarız, tökezleriz... Küçücük, anlamsız şeylere, bir bedene, bir eve, bir arabaya, kendi yarattığımız "şey"ler dünyasına değer ve anlam yüklemeye başlarız. Sonra bir anda her şey anlamsız gelmeye başlar, kaybolduğumuzu hissederiz.

Kendimizi Allah'tan ne kadar uzaklaşmış hissedersek hissedelim, bu ayrılık hiçbir zaman gerçekleşmedi.

Eve dönüş, uyanış kaçınılmazdır. Çünkü uykuda gördüklerimiz hiç var olmadı.

Rüyaya uyanmışsan, kim olduğunun farkında, kendinin ve diğerinin özünün büyüklüğünü biliyor, görüyor, algılıyorsan bu beden, bu yaşam, tecrübeler, olaylar, insanlar, materyal dünya gerçeğinin tamamı küçük gelir.

*Bizler sonsuz, sınırsız, ebedi bir gerçeğin parçasıyız, bu dünyadaki hiçbir "şey" bu gerçekle kıyaslanamaz.*

Bu küçücük eller diğerine dokunduğunda içimizdeki kocaman "öz"ü tatmin edemez.

Bu küçücük iki bedenin yan yana durmasıyla o kocaman "ruh"un aradığı aşk, sevgi deneyimlenemez.

*İnsanoğlu kendisinin sadece bir bedenden ve gerçeğin sadece yarattığı illüzyondan ibaret olduğunu düşündüğünde hayatının en büyük yanlışını yapıyordur.*

Allah'tan ayrı olduğumuzu düşündüğümüzde, bu rüyayı gerçek zannettiğimizde, panik ve korku başlar. Bu kaçınılmazdır.

Korku insanların kendini savunmasına neden olur. Korku kavganın, savaşın tek sebebidir. Allah'ın ebediyen yanında, sonsuz potansiyele, güce, bolluk ve berekete, inanca, sevgiye, güvene sahip olduğunu hatırlayan kişi asla saldırmaz, kendini savunmaz. Rüyadan uyandığımızda, basit bir rüyanın içinde olup bitenlerin bize zarar veremeyeceğini biliriz.

Yaşadığımız hayat, koşullar, durumlar ne olursa olsun, rüyada da olsak Allah her zaman yanımızda. O'nu istediğimiz zaman duyabilir, O'nunla istediğimiz zaman bağlantı kurabiliriz. Nefesini, sesini duyabiliriz, varlığını hissedebiliriz...

Allah'la birlikte, el ele gördüğümüz bu rüyayı O'nun güveni, desteği, sevgisi, bolluk ve bereketiyle bir cennete dönüştürebiliriz.

Gerçekte tek amaç, tek yol var. Çünkü tek gerçek var. Hepimizin amacı yeniden Allah'a dönmek, çünkü zaten O'ndan hiç ayrılmadık. Tek amaç O'na dönmek olduğu için yaşamdaki diğer amaçlar, hedefler, hiçbiri bizi tatmin etmedi.

Biliyorsunuz doğal nefes, nefesimizin en doğal hali, Allah'ın bize hediye ettiği nefes bizi O'na götüren yol, O'nu bize hatırlatan ses, O'nun varlığı ile bağlantıya geçmemizi sağlayan rehber, kutsal ruhumuz aynı zamanda. Bu nefesi çoğumuzun (istatistikler yüzde 90 oranında olduğunu söylüyor) 2-3 yaşlarından itibaren bozmaya başladığımızı biliyoruz. *Nefes* ve *Yansımalar* adlı kitaplarımda bu konuda detaylı bilgiler vardı hatırlarsanız.

"Ego"nun gelişmeye, tüm korkuların belirmeye başladığı, "Allah'tan ayrı olabilirim, O'ndan ayrı yaratabilirim" düşüncelerinin başladığı yaşlarda nefesimizin de bozulmaya başladığını görüyoruz.

Nefes, Allah'a doğrudan giden yol. Allah'ın bizimle bağlantıda kalmasını, kendini hatırlatabilmesini sağlayan kutsal ruh. Bizler nefesimizi değiştirmeye, Allah'ın bize verdiği o doğal, kutsal nefesi çarpıtmaya başladığımızda kendimizi O'ndan ayrılmış, kopmuş, korunmasız, sevgisiz, eksik, kısıtlı, ölümlü hissediyoruz. Ölüm korkusu başlıyor yüreğimizde. Başarısızlık ve sevgisizlik korkusu, endişeler, huzursuzluklar, sıkıntılar ve tabii ki hastalıklar...

Bir insanın kendini hasta edebilmesinin en kısa yolu, nefesini bozmak. Nefesimizi bozduğumuzda kaynak ile, Allah ile, hepimizin ait olduğu tek yer, tek evimiz, sonsuzluğumuz, bereketimiz, sevgi, anlayış, tatmin ile bağlantımız kopuyor. Kim olduğumuzu unutuyor, kendimizi kaybolmuş hissediyoruz.

Birinci görev: Allah ile bir olmak, O'nunla yürümek, O'nunla konuşmak, yaşamımı O'nunla yaratmak.

İkinci görev: Herkesi O'nunla buluşturmak, ki şükürler olsun gerçekleşiyor.

Yaşam, yaşam olarak, basit bir rüya olarak ilerlemeye devam ediyor, özümüz burada yaşıyor gibi göründüğünün, aslında burada olmadığının, Allah'ın yanında dinleniyor olduğunun farkında. Dinlenme, huzur, sükûnet dolu kutsal ruh aslında hepimizin tek gerçeği. Yaşanan olayların gerçek anlamda bir önemi yok, bunu hatırlamayı başardığımız zaman kurtulduk demektir!

*Herkes bir gün kendini Allah'a adayacak, çünkü başka gerçek yok. Hepimiz zaten O'nunla biriz, yapabileceğimiz başka seçim yok.*

Bir süreliğine O'ndan ayrılmış gibi, başka hedefleriniz, amaçlarınız varmış gibi yapabilirsiniz, önemi yok, önünde sonunda herkes O'na dönecek. Çünkü O'ndan hiç ayrılmadık.

*Tüm hastalıklar, tüm problemler gerçekte tek çarpık düşünceyle başlar: "Allah'tan ayrı olabilirim."*

"O'ndan ayrı düşünebilirim, O'ndan ayrı bir şeyler yapabilir, yaratabilirim, O'ndan ayrı bir iradem, isteğim olabilir" düşünceleri ile bu çarpıklık devam eder. Bu düşüncelerin tamamı illüzyon ve gerçek arasındaki ayrımı yapamamaktan kaynaklanır.

*İllüzyonu gerçek zanneden zihin için hastalık kaçınılmazdır.*

Ego bizi illüzyonun içine çekebilmek, gerçeği unutturabilmek için durmamacasına çalışır. Bizi gerçekdışı durumların var olabileceğine inandırmak için yollar arar. Tüm bunların gerçek olduğunu ispatlamak için mücadele eder. Yeterince delil bulabilir ve yeterince çalışma yapabilirse bizi bir gün ebediyen kandırabileceğini düşünür. Haklı sebepler, gereklilikler, durumlarla hastalanabileceğimize, mükemmelliğimizin bozulabileceğine, zarar görebileceğimize, mutsuz olabileceğimize bizi inandırmaya uğraşır.

Bunun için de durmaksızın sebep üretir. "İspat etmeli"dir.

Hastalanmak için haklı sebepleriniz ve gerekçeleriniz var değil mi?

Yaşlanmak için?... Hücrelerimizin nelere bağlı olarak yıllar içinde nasıl yaşlanıyor olduğu ispatlandı değil mi?

Ölmek için birçok sebep var değil mi? Biri öldüğünde ölüm sebeplerini sıralayabiliyor doktorlar. Hastalandığında da...

Problemlerin hep bir sebebi var gibi görünüyor, değil mi?

Üzüntülerinizin? Acılarınızın? Hayal kırıklıklarınızın? Hepsinin sebepleri var.

Cam açıktı, üşüdün, o yüzden hastalandın. O seni aldattı, o yüzden artık üzülebilirsin, bak, haklı sebebin de var, haydi üzül. Sana tokat attı, canın acıdı, zarar verdi sana. Dedikleri seni yıprattı, üzdü, hayal kırıklığına uğrattı... Bak, gerçekten hissetmiyor musun kalbin nasıl acıyor? Onun dedikleri buna yol açtı. Ateşin çıktı, sen hastasın. Kanının değeri zart gösterdi hastasın, sana zurt oldu hemen hastane... Tahliller, testler... Tamamdır. Hastalığı ispatlayan deliller toplandı.

Ve en garibi: Biz bunlara gerçekten inanıyoruz! Ölebileceğimize inanıyoruz, yaşlanacağımıza, hastalanabileceğimize, yorulacağımıza inanıyoruz, üzülebileceğimizi, bu dünyada yaşanan hayal ürünü olayların bizi gerçekten etkileyebileceğine inanıyoruz...

Nefes seanslarında, kendini rüyaya fazla kaptırdıysa, tek yaptığı şey nefes alıp vermek olduğu halde başka şeyler olduğunu düşünen insanlar var. Seansta rahatça uzanmış, sadece nefes alıp veriyor ve "Kalp krizi geçiriyorum, ay fenalaşıyorum, bayılıyorum!" diyerek kalkıyor... İnanabiliyor musunuz? Allah'ın nefesi, "can"ımız, saf yaşam enerjisi içimize dolmaya başlıyor, biz onun bile bize zarar verebileceğini düşünüyoruz!

Bu kişilere sorduğumda hep "öğrendikleri" haklı sebepleri var. Kalbi daralmış, başı ağrımış, içi fena olmuş, zart olmuş zurt olmuş... Karşısında "Bak, bu bilmem ne hastalığının belirtisi olabilir" diyen biri olsun ya da daha önce gazetede "kalbin sıkışmasının kalp krizi anlamına geldiğini" okumuş olsun, zaten enfarktüs geçirir o anda!

Egonun öyle kalıplaşmış ve hepimizin bilinçaltının en derinliklerine yerleşmiş bir "geçmişte yaşanmış olayların referansında ispat mekanizması" var ki en sağlıklı bebeği bile birkaç saat içinde ciddi hastalıklara sahip hale getirebiliriz. Burnuna toz kaçtı ve hapşırdı diye!

Etrafımızda hastalığa inanan bir kişi bile varsa bu bizim hasta olma potansiyeli taşıdığımızı gösterir. Çünkü bu durum bilincimizdeki "hastalanabilirim" düşüncesinin yansımasıdır.

Ego hiç durmadan gerçek olmayan şeyleri ispatlamaya, kanıtlamaya çalışıyor; "var edebilmek için", "varmış gibi" görünsün diye.

Bir sebep varsa yaşlanabiliriz, bir sebep varsa hastalanabiliriz, bir sebep varsa ölebiliriz...

Allah tüm bu sebep-sonuç sisteminin dışında, ilerisinde,

gerisinde ve ötesindedir. O'nun kutsal ve sınırsız gücü, kısıtlı zihinlerin yarattığı bu ispata ihtiyacı olan sistemin dışındadır.

Allah'ın bu yaşama yansıması "mucizeler"dir.

Mucize tüm bu ispatların, kuramların, kanunların, teorilerin ötesine geçer.

Mucizeler, bize verilmiş Allah hediyeleridir, bu dünya sistemiyle çalışmaz.

Sadece nefesi açılıp gerçeği hatırladığı ve Allah'ın hediyelerini kabul ettiği için kanseri iyileşen, panik atağı, bağırsak yetmezliği düzelen, sadece kim olduğunu hatırladığı ve rüyadan uyandığı için sağlığına, aklıselim bir zihne kavuşan, şizofrenken, kulağı duymazken, kekemeyken beş dakika içinde kendini iyileştiren insanlar gördüm. Bugün "mucize kursları"na katılıp nefesi açıldıktan sonra yaşamında art arda mucizeler yaşayan binlerce insan var.

Onların yaşadıkları mucizeleri ispatlamaya ihtiyaçları yok. Çünkü her şeyin cevabı, mucizenin kendisi zaten.

Sadece illüzyonların ispata, kanıta ihtiyacı vardır.

Gerçeğin kendini ispatlamasına gerek yok. Gerçeğe uyandığımızda bu dünyada bildiğimiz, öğrendiğimiz tüm sistemin, tüm kuralların, tıbbın, bilimin ötesinde mucizeler olabilir. Bilimin yavaş yavaş da olsa ruhsallıkla ilgileniyor olması, bilimadamlarının artık sorunları, hastalıkları belirleyerek, kanıtlayarak ve ispat ederek bir yere gelemeyeceklerini anlamaları süper. İnsanoğlu, eminim daha fazlasını yapacak. Ruhsal gerçeğinin farkında olan bilimadamları, bir hastalığı teyit ettiklerinde onu var ediyor olduklarının farkına varmaya başladılar çünkü.

Allah tek yaratıcıdır, O'nun yaratmadığı hiçbir şey var olamaz.

Gerçek tartışmaya açık değildir. Değişmez, gelişmez, var olmaz, yok olmaz, başlamaz, bitmez... Ezeli ve ebedidir. Herkese göre aynıdır, tartışmasız kesin ve doğru olandır. "Gerçek"te, "gerçek noktası"nda tek amaç vardır. Tek fikir. Tek gerçek.

Ego ise herkese göre farklıdır. Farklı fikirlere, amaçlara, gerçeklere hizmet eder. Egoyu seçmiş her bir zihnin kendi sebepleri, ispat mekanizmaları vardır. O zihinler kendilerini hep ispat etmeye çabalarlar, olmayan şeyleri var etmeye çalışırlar ve bu insanı hasta eder. "Boşa çaba"dır çünkü.

Egonun farklı bakış açıları, algılama şekilleri, hizmet ettiği farklı idolleri vardır. Milyarlarca farklı algılama sonrası yaratıldığına inandığımız milyonlarca farklı ihtimal: İllüzyon.

Değişkendir, çoğuldur, tartışmaya açıktır, doğruluğu hiçbir zaman ispatlanamaz, sadece kafa karıştırır, huzursuz eder, mutsuzluk ve acı getirir. Harika bir acı yaratma mekanizmasıdır.

*Tek yol Allah'a dönmek, gerçeği hatırlamak. Başka yol yok.*

Allah'ın yarattığı haliyle, en saf, en temiz haliyle "zihin"e geri dönmek. Bu geri dönüşü-seçimi yaptığımızda illüzyonlar kendiliğinden son bulur. Birlik ve teklik seçilmiştir. Çoğul olan, değişik olan her şey son bulur. Çünkü gerçek seçilmiş ve her tür tartışma bitmiştir. Sadece bu seçim yapıldığı için tüm tartışmalar, savaşlar, yanlışlıklar, bakış açıları son bulur.

Tek varoluş, aynı bilgi, aynı ışık, aynı gerçek, tek gerçek; bu seçimi yapan herkesi aynı şekilde aydınlatır. Korkacak bir şey kalmamıştır, çünkü kimseye ışık farklı gözükmez. Gerçek herkese göre aynıdır, yanıltmaz. Bir kişiye az, diğerine fazla akmaz. Işık, gerçek, gerçek sevgi herkesi aynı şekilde, aynılık ve teklik içerisinde sarar, herkese koşulsuz akar.

Korkacak hiçbir şey yoktur, çünkü eşitlik başlamıştır. Korkacak hiçbir şey yoktur, çünkü bu düzen mükemmel ve ebedidir.

Tüm korkular gerçek noktasında sona erer. Tüm bu korkular Allah'a sığındığımızda yok olur. Sadece O'nun yanında, O'nun korumasında... Daha önce veya daha sonra değil.

Tüm savunmalar, yargılar, ispat çalışmaları "ayrım noktası"nda bulunur.

*Herkes tarafından bilinen, "hissedilen tek gerçek" in hiçbir ispata ihtiyacı yoktur.* Bunu bilenler ve fark edenler "sessizlik"i seçer. Çünkü sessizlik "gerçeğin ifadesi"dir.

*Affetme, aydınlanma yolunda en önemli adımlardan biridir.*

Rüyadan, illüzyondan ve bu illüzyonu yaratan, bizi gerçeğin dışında bir şeyin var olabileceğine inandıran mekanizmadan, egodan uzaklaşmak; sadece illüzyonun tamamını geride bırakmakla mümkün. Yani affetmekle.

Affetmek, illüzyonun içindeki tüm tecrübeleri var oldukları yere, varoluşun ve gerçeğin dışına yeniden dönmesi için serbest bırakmak demek.

Affetmek, bir rüyada olduğumuzu ve burada olan biten hiçbir şeyin gerçek anlamda bir önem taşımadığını, tüm tecrübelerin, duyguların, hislerin bizi yarattığımız illüzyonda tutmak ve onun gerçekliğine inandırmak için oyunlar olduğunu hatırlayıp oyunu kendi haline bırakmak demek.

## Egonun da Bir Affetme Planı Var

Bu dünyada yaşanan olayları gerçek zannettiğimizde ego zihnimizi buna inandırabiliriz. Bu durumda mesela önce karşımızdakini suçlar, yerin dibine sokar, sonra affederiz! Verdiğimiz mesaj açıktır: "Sen iğrençsin, pisliksin, küçük zavallı bir faresin, hatalısın, kötüsün, aptalsın ama ben yüce bir varlık olduğum ve senden çok üstte ve üstün olduğum için seni affediyorum."

Dışarıda kimse yok. Yaşadığımız tüm tecrübeleri yaratan yine biziz. Yaşadığımız her şey o andaki bilinç durumumuzun yansıması.

Birini her suçladığımızda, yargıladığımızda bilinçaltımızın derinliklerine bir yere "Sen suçlanmaya layıksın" diyoruz.

Karşımızdaki kişiyi bizim bir parçamız olarak görmeyip "bir başkası" olarak her nitelediğimizde bilincimizde bir parçadan uzaklaşıyoruz.

"Diğerleri" diyerek kendimizi her sakladığımızda, her dürüst olmadığımızda bilinçaltımızda, derinlere itilmiş, artık bizim bile ulaşamayacağımız gizli bölümler yaratıyoruz!

Kendimizi diğerlerinden ayrı gördüğümüz her an, kendimizden uzaklaşıyoruz.

Dışarıda kimse yok. Dışarıdaki her şey bilincimizin yansıması.

"Başkası" dediğiniz herkes, kendi içinizde "başkalaştığınız", "hastalıklı" yer.

*Sağlık, ancak gerçeğe uyanışla mümkün.*

Gerçeğe uyandığımızda, bir ve tek olduğumuzu, "sonsuz"luğumuzu ve gerçekte kim olduğumuzu, kime ait olduğumuzu hatırladığımızda, illüzyonlar anlam ifade etmez.

O zaman gerçeğe yolculuk başlar.

Kendi içimizde gerçeği hatırladığımızda Allah'a kesin ve son yolculuk başlar. Bilincimizin bir olanı ayırdığı durumları kendimize ait durumlar olarak görmeye, kaybolmuş, illüzyonu gerçek sanan herkese yardım etmeye, destek olmaya ve her şeyi affetmeye başlarız. Kendimiz için.

Biz biliriz: *Gerçek hep vardı, hep olacak. Gerçek olmayan hiç yoktu, hiç olmayacak. Ve gerçek sadece Allah tarafından yaratılabilir, O'nun yaratmadığı hiçbir şey yaratılmış değildir.* Egonun, Allah'tan ayrı, "tek başına yaratabileceğini düşündüğü" tüm bu illüzyonlar gerçekte var olmadı. İşte bu sebeple *gerçek affediş, gerçeğe uyanmadır.*

*Gerçek affediş, affedilecek bir şeyin olmadığının idrakine varmaktır.*

Allah'tan ayrı yaratabileceğimize, özgür irademiz olduğuna inandığımız, egoyu seçtiğimiz tüm zamanlarda yaşadığımız illüzyon zaten bir gün bitecek. Gerçek "yaratılış"la ilgisi olmayan illüzyondaki anlamsız şeyleri değiştirmeye, iyileştirmeye, düzeltmeye çalışmak, tüm bu çaba çok anlamsız. Gerçek yaratılış bu değişimi yapıyor zaten. Gerçek varoluş içinde illüzyonların uzun süre var olabilmesi, devam edebilmesi imkânsız. O'nun kendisi illüzyonları silen şey. Gerçek olmayan hiçbir zaman var olmadı, var olmaz.

*İllüzyonların gerçekte var olmadıklarının kabulü, tek gerçek affediş, tek gerçek şifadır.*

İllüzyondan, bu kendi yarattığımızı düşündüğümüz, gerçekte hiç var olmamış olan kâbustan özgürleşebilmemiz için, onun gerçek olmadığını kabullenmemiz ve geride bırakabilmemiz için daha kaç kez aynı şeyleri yaşamamız gerekiyor?

*Biz var olmayan, kendi yarattığımız bir kâbus görüyorduk, şimdi uyandık.*

Gerçekte var olmayan tüm bu saçma durumlardan özgürleşebilmek, bu kötü rüyadan uyanmak için tek yapmamız gereken Allah'a teslim olmak.

*Bilin ki özgürleşmemiz için bize tüm araçlar verildi.*

*Allah dendiğinde tüm kelimeler sona erer, sözler durur, dudaklar susar...*

*Allah. Bu noktada sözler, bilgiler, inançlar, hepsi yetersiz ve gereksizdir. Hepsi anlamını kaybeder, sadece kutsallık kalır.*

"Barış"ı, "birlik"i, "teklik"i ve "gerçek huzur"u hatırlamak istiyor musunuz? Affedin. Kendinizi ve herkesi affedin; koşulsuzca, sınırsızca affedin.

Kendimizi affedecek olan yine biziz. Tüm bu yaşadığımız kötü tecrübeleri yaratmış gibi yapan biziz çünkü.

*Allah'tan af dilemek mi? Bu, ancak O'nun bu illüzyonla ilgisi bulunsaydı mümkün olurdu.*

Allah kendi gibi sadece teklik, sonsuzluk, bolluk, bereket, sevgi, genişleme, büyüme, ilerleme, sınırsızlık ve koşulsuzluk yaratabilir. O ilahi güç koşul nedir, suç nedir, ölüm nedir, sevgisizlik nedir bilemez. Ve yaratamaz.

Allah sadece mutluluğu yaratır. Kendi gibi saf sevgiyi, bolluğu, birliği, huzur ve barışı...

Allah sevgidir, suçlamaz, suçlamadığı için affedemez. O tüm kullarını, tüm yaratılışı koşulsuzca sever, sever, sever... Tüm varoluşu kucaklar, okşar.

Allah tüm kullarını O'ndan gelen güzellikleri alabilmeleri için eşit şekilde, aynı nefesle, aynı güzel, saf düşüncelerle yaratmıştır. Nefesi ile, iradesiyle, dengesiyle, zihniyle oynayan, doğal durumunu bozan biziz.

Gerçeği hatırlar, bu rüyayı O'nunla birlikte yaratırsak her şey güzelleşir, iyileşir, birleşir...

Kendimizi kusurlu, eksik, hatalı tecrübe ediyorsak, hayatımız hatalarla, eksikliklerle, problemlerle doluysa, hastalıklar, acılar, üzüntüler varsa... Tüm bunlar O'ndan uzaklaştığımız için, O'nu ve sadece O'nu seçmediğimiz için, O'nun yarattığı doğal durumumuzu, doğal nefesimizi, doğal zihin yapımızı bozduğumuz, çarpıttığımız için oluyor. Gerçekte olmuyor, oluyormuş gibi gözüküyor.

***

Allah bizi sadece koşulsuz şekilde sever, ceza vermez, kızmaz. Allah bizi hiçbir zaman suçlamadı. Kendi kendini suçlayan, suçlu hisseden biziz. Aslında bunun tek sebebi var; bizler O'ndan ayrı bir şeyler yaratabileceğimiz düşüncesiyle bu illüzyonu yarattık ve gerçekte var olmayan saçma sapan durumlar yaşıyoruz. Bu durumları her tecrübe ettiğimizde ise suçluluk duyuyoruz, çünkü zihnimiz farkında olmasa bile ruhumuz ne yapıyor olduğumuzun farkında: kendimizi aldatıyor, var olmayan illüzyonları yaratmaya çalışıyoruz.

Allah bizi yaşadığımız kâbustan uyandırır ve tüm bunların gerçekte var olmadığını hatırlatır.

O'nun yanı hepimizin olmak istediği tek yer. Gerçek anlamda herkes, her ruh sadece bunun arayışında. Bu, hepimizin seçmek istediği tek seçenek.

Allah'a yönelmediğimizde içimizde doğal bir suç mekanizması başlar. Bu kaçınılmazdır. Çünkü biz sadece O'nun verdiklerini, O'ndan geleni isteriz. Mutluluk, huzur, sevgi, bolluk, rahatlık, sağlık dileriz. Diğer ihtimalleri yaratabilirmişiz düşüncesine kapılıp tecrübe ettikçe diğerlerine sahip olamadığımız, aslında Allah'a ve sadece Allah'a yönelmediğimiz için kendimizi suçlarız. Kendimizi suçlarız, çünkü gerçekte yaratılmış olan güzel ve mükemmel tecrübeler yerine kendi yarattığımız (gerçekte olmayan) illüzyonun içine daldığımız her an gerçekdışı bir eylem içindeyizdir. Gücümüzü, bütünlüğümüzü, gerçekte kime ait olduğumuzu, kim olduğumuzu unutmuş, yolumuzu şaşırmış durumdayızdır. Eh, bunu yaptığımız için de tabii ki suçluluk duyarız.

Affedin. Affediş bizi gerçeğe, eve götüren yol. Affettikçe gitmiş olduğunuz yerden, kaybolduğunuz illüzyondan geriye, eve döneceksiniz. Uyanacaksınız. Kendinizi ve başkalarını bilmeden yaptıkları seçimler, tüm yoldan çıkmalar ve gerçekdışı davranışlar için affettiğinizde; bunu tamamen ve ebediyen yaptığınızda eve dönmüşsünüzdür.

Affedin. Bugünü, dünü, hatta yarınları, illüzyonda olabilecek, yaşanabilecek tüm tecrübeleri, zaten hiçbir zaman var olmadıklarını hatırlayarak tamamen ve şimdiden affedin.

Kendinizi ve Allah'ın kullarını kabul edin, affedin. Yaratılmış gibi görünen tüm aldatmaca çarpıklıkları affedin. Zaten hiç var olmadıkları için yapın bunu.

## Öğretmek Örnek Olmaktır

Tek gerçek öğretmen Allah'tır ve o sonsuz sevgisiyle, kabullenişiyle, kucak açışıyla, bolluk bereketiyle, kutsallığı, ebedi affedici gücüyle öğretir.

Yaşlı ve öfke dolu bir çiftçi varmış. On binlerce dönüm arazisi, yüzlerce çalışanıyla çok zenginmiş. Herkes onu acımasızlığıyla tanır ve ondan çok korkarmış. Çiftçinin arazilerinden birine çok fakir bir adam girmiş. Kendisi ve aç çocukları için bahçeden birkaç meyve çalmış. Ama oradan çıkamadan yakalanmış. Adamları onu çiftçinin yanına götürmüşler, olayı anlatmışlar. Çiftçi öfkeyle "Onu hemen asın, ders olsun!" demiş.

Başka bir gün, yine çok fakir bir karıkoca ailelerine yiyecek götürmek için çiftçinin bahçesine girmiş ve yakalanmışlar. Adamlar, onları da patronlarına götürmüş. Çiftçi yine "Onları hemen asın, ders olsun!" demiş.

Yıllar yılları takip etmiş, bu şekilde çiftçinin bahçesine girdiği için asılan çok kişi olmuş. Çiftçi iyice yaşlanmış bu arada ve bir gün ölmüş. Dünyada yaptıklarından dolayı suçluluk hissederek cennetin kapısına yaklaşmış. Kimseye görünmeden içeri sızmaya çalışıyormuş. Yürümüş, yürümüş... Ta ki Allah'ın meleklerinden biri onu durdurana kadar... Adam pişmanlık içinde dünyada yaptıklarını anlatmış, melek görevlilere şu emri vermiş: "Affedin, ona ders olsun!"

Evrenin ve "yaratıcı güç"ün bizim isteklerimiz için "hazır ol"da beklediğini biliyor muydunuz? Evren ve yaratıcı enerji bizim isteklerimizi yapabilmek için sabırsızlanıyor. Bizim isteklerimiz, O'nun istekleri çünkü. Ama biz isteklerimizi yapmadıkça, "öz"ümüzü yaşamadıkça O'ndan hiçbir destek gelmiyor. Kendi kendimize ürettiğimiz korkular ve acılardan bize ulaşamıyor. Dünyada bu kadar çok korku mekanizması ve ona aldanan insan varken bu insanların isteklerinin gerçekleşmiyor olmasına şaşırmamalı!

Hayat aslında o kadar kolay, o kadar güzel bir düzen ki bizler kendimize sadık kaldığımız ve "Kim ne der, sonra ne olur?" diye düşünmediğimiz zaman her şey kendiliğinden, kolayca olabiliyor. Yaşamın kendi dengesi, düzeni bize hizmet etmeye başlıyor ve kimsenin anlayamayacağı, inanamayacağı şekilde art arda gelen olaylar, bir de bakıyoruz ki bizi hedefimize ulaştırıyor!

"Öz"üne hizmet ederek, kendine fevkalade sadık kalarak, şaşırtıcı bir kararlılık, güç ve inatla yaşayan bir kişi, bir adam; bana gerçek aşkı, gerçek bağlılığı, adanmışlığı, sadakati öğretti. "Öz"üne o kadar bağlıydı ve sadece istediği şeyleri yapabilmek için öyle büyük bir gücü vardı ki etrafındaki herkese gerçek öğretmen olmuştu. Onun özgürlüğü, cesareti herkese örnek oluyor, etrafındaki insanları kendileri için yaşamalarına teşvik ediyordu. Bu adam benim hayatımı değiştirdi. Yıllardır eğitmenlik yapan (aslında halen öğrenci olan) ben, onun sayesinde birkaç ay içinde yaşamımdaki her şeyi değiştirdim. Diğerleri gibi bana da o kadar iyi bir örnek olmuş ve görmem gerekenleri o kadar güzel bir şekilde göstermişti ki değişmemem imkânsızdı. Yaşamıma baktım ve kendime şu soruları sordum: "Bu mu yaşamak istediğim yer?", "Bu mu birlikte olmak istediğim kişi?", "Böyle bir hayat mı istiyorum?..."

Küçücük detaylardı belki gözüme çarpan ama hepsi birbirinden önemliydi. Öz'ümün yaşamaya gelmediği, hak etmediğim, istemediğim hiçbir şeyi yaşamak zorunda değildim! Ne durumda olursam olayım, ne yapıyor olursam olayım, kim ne derse desin ben ve isteklerim hepsinden önemliydi! Evren sanki tüm yaşamımı daha iyi, daha güzel bir seviyeye taşımak için sabırsızlıkla beni bekliyordu! "Karar ver!" diyordu bana. "karar ver yeter! Gerisini ben senin için hallederim!"

Ve öyle oldu. Karar verdiğim gün, yaşam bambaşka bir hızla akmaya başladı. Sanki her şey, herkes bana destek oluyordu. İkinci eşimden ayrılmaya ve tam anlamıyla istediğim yaşama adım atmaya karar verdiğimde, aynı zamanda ikinci çocuğuma hamileydim. İnanabiliyor musunuz? Hamileydim ve ayrılmaya karar verdim. Bu durum birçok kişiye anlaşılmaz gelirken beni tanıyan ve kendini her gün daha fazla kendine adayan, bu yolda kararlı şekilde ilerleyen bir kişi olduğumu bilenler bunu normal karşılıyordu. Toplumsal bilinç seviyesinden bakıldığında anlaşılmaz, garip, hatta belki duyarsızlık ve terbiyesizlik olarak adlandırılabileceğiniz bu durumda; benim gördüğüm kaderine koşan bir kadındı. Kendine koşan bir kadın... Öz'üne sadık bir kadın... Bu büyük bir cesaret, kararlılık, inanç gerektiriyordu, çünkü boşanmak için dünya bilinci seviyesinden belli bir sebebim yoktu. "Peki neden?" gibi sorulara içimdeki ses "Çünkü öyle" diye cevap veriyordu. Çünkü öyle. Çünkü öyle hissediyorum, bunun böyle olması gerektiğini biliyorum, ne istediğimden eminim, kararlıyım ve ilerliyorum. Açıklaması zordu ama yine de herkes anlamış gibiydi. Onlarla sanki başka bir seviyeden, başka bir boyuttan konuşmaya başlamıştım.

Herkese ve her şeye ters göründüğü halde "ruh"uma, "öz"üme sadık kalarak aldığım kararı da herkes çabucak, kolayca benimsedi. Sanki evren sadece benim için çalışıyor, tüm enerjisini benim için harcıyor, kendimi sevdiğim, kendimi her şeyden önce tuttuğum, kendime sadık olduğum ve istediğim şeyi yaptığım için beni kutluyordu! Hediyem, dünyanın en büyük hediyesi oldu. Yıllardır aradığım, içimde bir yerlerde hissettiğim, hayalini bile kuramayacağım kadar mükemmel olan o kişi karşıma çıktı. Bana Allah'ın bir hediyesi olarak... Yüce, sonsuz, sürekli artan bir aşk ve bağlılıkla... Bana Allah tarafından yollanan bir hediyeydi sanki. Ve ona sarıldığım, hediyemi tüm kalbim, varlığımla kabul ettiğim o gün fark ettim ki ben aslında kendimi, hayattaki en büyük hediyeyi, kaderimi kabul etmişim. Bu sadece onun bir yansımasıymış.

O gün hayatım boyunca, ne olursa olsun, önce ve sadece kendime sadık kalacağıma, sadece istediklerimi yapacağıma, kimse ve hiçbir şey için bunu değiştirmeyeceğime, bunu bir ibadet gibi, ne kadar kutsal, ne kadar inanılmaz bir seçim olduğunu hatırlayarak yapacağıma söz verdim.

Bütün hayatım "gerçek bir öğretmen"i tanıdıktan, hissettikten ve onun kendine olan adanmışlığını, cesaretini gördükten sonra değişti. Onun kendi gerçeği ile olan bağlantısı beni çok etkiledi, hatta kutsadı. Ona ne kadar teşekkür etsem azdır.

Şimdi... Eğitmenliği bıraktım. En azından yaşamla ilgili eğitimler vermiyorum. Sadece istediğimi yapıyor ve yaşıyorum! Çünkü biliyorum ki bu; izleyen herkesi bakış açısına göre önce şaşırtacak, hatta bazen sarsacak, sonra aynı şeyi yapmalarını sağlayacak! :)

## Başka Bir Yol Olmalı

İşte aydınlanmaya giden ilk düşünce kalıbı! Başka bir yol olmalı. Hayatı acısız, korkusuz, özgür, sınırsız, mutlu yaşamanın bir yolu olmalı.

*Başka bir yol var.* Bu yaşamda deneyimlenen her şeyin, her an içinde mutlu olmanın, sevgi dolu, neşe içinde, özgür ve cesur olmanın bir yolu var. Bu yola girmek, zihin seviyesinde yapılan bir seçimle mümkün. Bunun için zihnimizi uzun süre eğitmemiz gerekebilir. Zihnin her zaman alışkın olduğumuz, yargılayan, eksilten, korkutan, gözlerimizin üzerine gri bir bulut gererek gerçeği çarpıtan ego bilincini bırakıp "mucize bilinci"ni seçmesi için, iyi bir eğitim ve bol pratik yapmak gerekiyor. En önemlisi hatırlamak gerekiyor. Başka bir yol olduğunu hatırlamak, o yolu o anda bulamadığımızı bilsek de başka bir yol olduğunu hatırlamak ve Allah'a bize bir başka yol göstermesi için dua etmek bile yeterli aslında.

Mucize bilinci nedir? Gerçek bilinç.

Zihnimizi ikiye ayırırsak; bir yanı sürekli illüzyon yaratan, yaşamı gri gösteren, eleştirel gözle, geçmiş tecrübelerle algılamamıza, sürekli acı çekmemize neden olan ego bilinci ve gerçeği bilen, kim olduğumuzu, özümüzü hatırlayan ve hatırlatan mucize bilinci. Mucize bilinci, çünkü bu hepimizin sahip olduğu gerçek bilinç. Mucize, çünkü hepimizin özü, yaradılışı itibariyle limitsizliğimiz, sonsuz gücümüz, yaratıcılığımız, sonsuz neşe ve mutluluğa adım atabilme olanağımızla gerçek bir mucize.

Mucize kelimesi başta sarsıcı gelebiliyor kulağa. Çoğu kişi

bunu duyduğunda aynı tepkiyi veriyor; bu kelimeyi abartılı buluyor. Bir ara içimizdeki mucizeyi, gerçeğimizi, kim olduğumuzu, yani gerçek birer mucize olduğumuzu keşfetmemizi sağlayacak nefes seminerlerimizin son aşamasına "mucize kursu" ismini koymuştuk. Bu isim, duyanlara abartılı gelmekle kalmadı, yetkili mercilerden uyarı da aldı!

*Mucize kelimesi, kendinizi küçümsemeye ve gerçeğin üzerini örtmeye ne kadar alışmışsanız size o kadar abartılı gelecektir.*

*Hatta "Sen bir mucizesin" veya "Ben bir mucizeyim" cümleleri; gerçeği örtmeye, kendini ve insanlığı küçümsemeye, baskılamaya alışmış zihinlere korkutucu bile gelebilir.*

*Ama ya gerçekten öyleyse? Ya ben bir mucizeysem?... Hepimiz birer mucizeysek ve içimizde her istediğimizi yapabilecek, yaratabilecek, yaşamımızın kontrolünü elimize alacak sınırsız bir potansiyel taşıyorsak?...*

Bunu fark ettiğinizde ne oluyor biliyor musunuz? Önce sessiz kalıyorsunuz. Çok sessiz. Bu farkındalığınızı dillendirmeye korkuyorsunuz, çünkü etrafınız gerçek gücü, gerçek yaratıcılığı, gerçek mucizeyi bastırmaya yönelik hazırlanmış ego zihinleriyle dolu. Hımmm... Susmalı ve gerçeği sadece duymak isteyen kişilere söylemeli... Onlar da kimseye çıtlatmamalı, onlar da sadece bunu duymak, kendini bilmek isteyen kişilere söylemeli bunu... Ve işte sonrasında tüm dünyada kapalı kapılar ardında toplanan meclisler, gizlilik ağı gerisinde bilgi paylaşımları...

Tarihi binaların duvarlarına, eski resimlerin kenarlarına, kadim kitapların köşelerine küçücük yazılmış gerçek notları. Sadece görmeyi bilen, duymayı isteyenler için...

Dönem değişti. Dünya o kadar büyük bir kaosun, çaresizliğin ortasında ki "Başka bir yol olmalı" diyen kişilerin sayısı her geçen gün artıyor. Seminerlerime gelen kişilerin çoğalmasının nedeni de bu. Artık insanlar gerçeği bilmek istiyor! İngilizce bir söz vardır, Türkçe karşılığını bulmakta zorlanıyorum, bilmek isteyenler için: "Enough of this bullshit!" Aynen öyle.

***

İnsanoğlu binlerce yıldır; mutlu, neşeli, sağlıklı olmak, huzur bulmak, âşık olmak, gerçek sevgiyi hissedebilmek, aydınlanmak için her şeyi denedi. Kendisinin dışında her yere baktı. İnsanoğlu mutluluk ve tatmin için evler yaptı, evler alıp sattı, şehirler kurdu, evlendi, aileler yarattı, boşandı, tekrar evlendi, sonra yine boşandı, yeni ev aldı, yeni iş kurdu, yeni şehirlere taşındı... Olmadı. Rahatlamak için içki içti, değişik yemekler yedi, gezdi, tozdu, spor yaptı, sohbet etti, sinemaya gitti, kitap okudu, binlerce farklı hobi yarattı, bu hobilere kulüpler, evler kurdu, para kazandı, para harcadı, dağıttı, topladı... Olmadı. Âşık olmak, sevilmek, beğenilmek için, kendini güzel ve değerli hissetmek için giyindi, süslendi, markalar üretti, modayı yarattı, yeni değerler çıkardı ortaya; yeni yerler, yatlar, katlar, çantalar, ayakkabılar, lüks tatil köyleri, gece kulüpleri... Olmadı. Kendini özgür hissetmek için içti, dans etti, motosikleti, üstü açık arabayı, yalnızlığı, çokeşliliği, kadın ticaretini yarattı... Olmadı.

Olmadı... Olmadı... Olmadı...

İnsanoğlu, ne yaptıysa aradığını bulamadı. Olmadı. O değersizdi. Değere ihtiyacı vardı, kendini değerli hissedebilmek, kendini yeniden sevebilmek, beğenebilmek için pahalı giysiler, çantalar, evler, arabalar aldı, kendine değerli hissedebileceği unvanlar buldu, "lüks"ü yarattı... Yine olmadı.

Olmadı, çünkü içinde "gerçeği her zaman bilen vicdan"ı, gönlü onu hiç yalnız bırakmadı. İçindeki mucize onu asla terk etmediği gibi, ona sessizce gerçeği hatırlatmaya devam etti. Aradığın her şey senin içinde. Çünkü tek gerçek mucize sensin. Dışarıda aramaya devam ettikçe seni bekleyen tek şey çaresizlik, umutsuzluk, bezginlik, öfke ve korku olacak. Çünkü asıl aradığın şey dışarıda değil. Onu bulamadıkça, bir daha asla bulamayacağını zannedecek ve korkuya kapılacaksın.

Ve bir gün... İnsanoğlu "Başka bir yol olmalı" dedi. O gün her şey değişmeye başladı. Mucize ona yol gösteriyordu artık, sesini her gün daha da yükseltiyordu. İnsanoğlu görene, hatırlayana kadar bağırmaya, kafasını meşgul etmeye, kendini veya bir başkasını küçümsedikçe ona tekrar tekrar hatırlatmaya devam etti: "Sen ve herkes, hepiniz gerçek birer mucizesiniz, çünkü hepiniz Allah'ın çocuklarısınız!"

Bu gerçeği hatırlamak her zaman kolay olmayabiliyor. Zihnimizin ego bilinci tarafı o kadar kaygan, belirsiz ve dengesiz ki beklemediğimiz bir anda devreye girip bizi üzen, kızdıran veya kıran şeyin gerçek olduğuna inandırabiliyor. Çözümün dışarıda olduğunu düşünmemizi ve gücümüzü göz ardı etmemizi, mutluluğumuzu ertelememizi sağlayacak milyonlarca kalıpla dolu: "... olsaydı", "... deseydi", "... yapsaydı o zaman mutlu olabilirdim, o zaman kendimi severdim ve her şey mükemmel olurdu."

Pekâlâ, şuna ne dersiniz? Ya her şey zaten olduğu gibi tam ve mükemmelse?... Ya yaşamın kendi içinde mükemmel bir dengesi, düzeni varsa ve olan bitenin bizimle bir ilgisi yoksa?... Ya mutluluk, huzur, sevgi dış faktörlere bağlı değilse?...

Ego bize bunun tersini göstermek, hatta kanıtlamak için elinden geleni yapmaya hazır. Bunu yapmaya da devam edecek. Boş bulunduğumuz her an saldırıya hazır sabırsız bir düşman gibi "bizim dışımızda" yani hayatta olan biten şeylerin bizi etkileyebileceğine, mutsuz edebileceğine, dengemizi bozabileceğine veya tam tersi bizi mutlu edebileceğine, huzur verebileceğine, rahatlatabileceğine vs. inandırmaya çalışacak. Çok uzun zamandır bunlara aldanıp başarısız olmuşsanız, aradığınızı bulamadıysanız şanslısınız! Kendi kendinize "Bu hayatta bana mutluluk veren hiçbir şey yok" dersiniz, depresyona girer ve bu hayatın iğrenç bir yer olduğunu düşünmeye başlarsınız (ki doğru! :) sonra eğer hâlâ intihar etmediyseniz içinizdeki ışık er ya da geç sizi bulur ve ele geçirir. Buna aydınlanma deniyor. Bazı kişiler bir gecede, bazıları bir günde, bazıları birkaç saatte aydınlanıyor. Ama emin olun herkes bir gün aydınlanıyor ve "Aradığım hiçbir şey burada değil" diyor.

"Mucize bilinci" seçimi tüm bunlardan önce, yaşamın sizi tatmin etmediğini anladığınız ilk anda yapılabilecek en akıllıca seçim. Bu seçim bir bakıma "Zihnimin bu bölümü beni mutlu etmiyor, diğer bölümünü kullanmak istiyorum" demek gibi. Veya "Bu yaşam beni tatmin etmiyor, çünkü gerçek değil, ben gerçeği görmek istiyorum" da diyebiliriz. "Burada yaşadığım anlık tatminler, mutluluklar, gidip gelen huzur ve neşe bana yeterli değil, ben daha gerçek bir şey arıyorum..."

"Öyle bir mutluluk olsun ki hep sürsün... Öyle bir aşk olsun ki sonsuza kadar devam etsin... Öyle tatmin olayım ki içimde hiçbir açlık, dış dünyadaki hiçbir satılık ve geçici yatıştırıcıya ihtiyacım kalmasın" denebilir...

Sizi; zihnimizin tek mantıklı ve dengeli kalmış tarafı; ışığın, sonsuzluğun, gerçeğin merkezi "mucize bilinci"yle tanıştırayım. Sadece zihin seviyesinde yapılabilecek bir seçim olan gerçeğin seçimi ile hepimizin içinde var olan ve sonsuza kadar var olacak olan, bu dünyada süregiden her şeyden bağımsız, sonsuza kadar Allah'ın ve meleklerinin koruması altında olan mucize bilinci, hepimizin ait olduğu, sahip olduğu, gerçekte bağlantıda olduğu tek bilinç... Sonsuz mutluluk, sağlık, huzur, aşk, tatmin, yaratıcılık, ışık, bolluk, bitmeyen tükenmeyen mucizelerin tek kaynağı.

Bir çeşme düşünün: hepimizin içinde, gürül gürül, sürekli, sonsuz akan bir mutluluk, tatmin pınarı... Bolluk, hafiflik, ferahlık, huzur, rahatlık veren... İşte mucize bilinci böyle bir şey...

*Uyanış yolculuğunda hata olmaz.*

Gerçek öğrenme, gerçek uyanma yolculuğunda hata yok, olmaz.

Hepimiz her an yaşamamız gerekenleri yaşıyoruz. Hak ettiğimiz şekilde. Hak etmediğimiz tek bir şey bile olmuyor, olamaz. Evren; anlam yüklediğimiz saçmalıkları, gerçek olmayan düşünce kalıplarını bize göstermek ve yok etmek üzere harika bir yolculuk sunuyor hepimize.

Eğer aklınızda tek bir "... durumunu hak etmiyorum!" diye bir düşünce varsa hemen o insan, durum, olayla ilgili ne düşündüğünüze bakın. Onlar bunu hak ediyorlar mı?

**Bu Yaşadığımız Gerçek O'nun Gerçeği Değil**

Form, şekil, beden, biçim, ayrım O'nun gerçeği olamaz, hiç olmadı. Bunu, bilincimizin O'nunla bağlantıda olan tarafı biliyor.

*O sürekli, sonsuz, kutsal, tek, tam, devamlı, her yerde, her zaman olan sınırsız güç... Bir forma, bir şekle, bir biçime, bir bedene dönüşemez, hiç dönüşmedi.*

*Sonsuzluk sınırlanamaz.*

*Kutsallık basitleştirilemez.*

*Devamlı olan sonlu olamaz.*

*Sürekli olan bitemez.*

*Tek, çoğula dönüşemez.*

*Her zaman her yerde var olan yok olamaz.*

*"ölümlü yaşam" ile O'nun hiçbir ilgisi olamaz.*

*İnsanlığın tek sorunu var; o da yaşadığımız bu gerçeği, bu ölümlü, sonlu, sınırlı realiteyi gerçek zannediyor olmamız. Başka bir sorun yok.*

Dışarısıyla o kadar ilgili, öyle kaybolmuş durumdayız ki çoğu zaman oturup düşünmeye, yaşamı sorgulamaya vaktimiz yok.

*Yaşamı sorgulamaya başlamak için neredeyse herkes bir felaket bekliyor!*

Ya ayrılık, ya ölüm, ya üzüntü sonrası sorgulamaya başlıyor insanlar.

Bence herkes sorgulamaya devam etmeli. Hepimizin bildiği ve paylaştığı tek cevap var: O'nun sesi. Elbet duyarsınız. Başka ses yok çünkü.

Uyanış herkes için gerçekleşecek. Gerçekte olmayan her şey, "sonsuz olan tek gerçek"in önünde elbet bir gün yok olacak. Çünkü zaten yoktu.

*Ölümlü realitenin gerçekte hiç olmadığını biliyor ve her an hatırlıyor olsaydınız yaşamınız böyle olur muydu?*

*Uzun uzun düşündüğünüz, planladığınız, uğraştığınız gerçeklerle uğraşır mıydınız?*

*Hayatı, insanları, olayları bu kadar ciddiye alır mıydınız?*

Gerçek bile olmayan, sınırlı, bir süre yaşıyormuşuz gibi zannettiğimiz, aslında uykuya daldığımızda gördüğümüz bu rüyayı, bu yapay, hatta taklit yaşamı böylesine ciddiye alıyor olmamız komik değil mi?

Anlam yüklediğimiz birçok şeyin aslında ne kadar anlamsız olduğunu onlar elimizden alındığında anlıyoruz. Buna olgunlaşma veya gerçek öğrenme deniyor.

Gerçekle, gerçeğin sınırsızlığı, sonsuzluğu, bütünlüğü ve mükemmelliğiyle karşılaştırıldığında aslında hiçbir değer, önem, anlam taşımayan ölümlü realitede hepimiz belli "şey"lere anlam yüklüyor, gereğinden fazla değer veriyor, kendimiz için önemli yapıyoruz. Ve işte onların aslında ne kadar değersiz olduğunu bilincimize göstermek isteyen ruhumuz, müthiş bir plan içinde her birini teker teker alıyor elimizden. Gençlik, güzellik, enerji, sağlık çok mu önemli, önce onu alıyor.

Para? Hepsini almalı ki biz cebimizde bir kuruşumuz olmadan ayakta durabiliyor, mutlu olabiliyor olduğumuzu görelim, özgürleşelim bu değerden.

Eş, sevgili, arkadaş, hepsi bir gün gitmeli, bitmeli. Ta ki ona yüklediğimiz anlam tamamen kaybolana kadar. Ta ki biz tek başımıza kalıp hâlâ mutlu olabildiğimiz güne, yanımızda birinin olmasına yüklediğimiz anlamı yok edene kadar...

Öyle şeylere anlam yüklüyoruz, kendimizi olmadığımız öylesine zavallı bir duruma sokuyoruz ki ruhumuz önünde sonunda hepsini elimizden almak, yok etmek durumunda kalıyor. Ne olduğumuzu, gerçekte kim olduğumuzu, kiminle bağlantıda olduğumuzu bize hatırlatmak için.

*Gerçeğin, sonsuz, mükemmel, tam ve tek gerçeğin bir eşe, sevgiliye, arkadaşa ihtiyacı olur mu?*

*Tüm arayışlar, sahip olmadığımıza inandığımız şeylere doğrudur. Her şey olduğunu, ölümlü, geçici realitenin gerçek olmadığını, sadece sonsuzlukla bağlantıda olduğunu hatırlayan insanın hiçbir arayışı kalmaz. O uyanmıştır artık.*

Hepimiz O'nun uzantısıyız. O'ndan hiç ayrılmadık, ayrılamayız. Tüm arızalar, huzursuzluklar, savaşlar burada yalnız olduğumuz ve Allah'tan ayrı bir irademiz olabileceği varsayımıyla ortaya çıkan durumlar. Allah'ın iradesi dışında hiçbir şeyin var olamayacağına, yaşanan tüm sıkıntıların, acıların, savaşların, kavgaların anlamsız illüzyonlar olduğuna uyansaydık tüm bu "durumlar" da yok olacaktı. Ki zaten "yok"lar, biz varmış gibi algılıyoruz.

Birine bağırmanın, ona vurmanın o kişiye zarar verebileceğini düşünüyoruz. Birini davranışlarımız ya da sözlerimizle incitebileceğimizi sanıyoruz! Hatta ruhu olan, sonsuza kadar var olacak ve bir süreliğine beden deneyimi yaşayan canlıları öldürebileceğimizi düşünüyoruz! Ne çılgınlık!

Tüm canlıların, "can"ın, sonsuza kadar Allah'ın koruması altında olduğunu hatırlıyor olsaydık bu anlamsız şeylere enerji harcar mıydık! Savaşlar, cinayetler, hastalıklar... Ne anlamı var ki? Gerçek anlamda ne bana ne sana zarar verebilecek, gerçek anlamda hiçbirimizi incitemeyecek tüm bu saçmalıklar, boşa harcanan enerjiden başka bir şey değil.

Dünya, kendilerine kâbus zeminli bir illüzyon dünya yaratmış, üzerinde didişen, savaşan, üstünlük taslayan, kavga eden, uyuyan küçük çocuklarla dolu.

Onlar ne yaptıklarını bilmiyorlar. Ne kadar saçma bir şey yaptıklarının farkında olsalar zaten yapmazlardı.

Boluz. Hepimiz sonsuza kadar Allah'ın krallığı içinde olacağız. Bu şimdi de öyle, geçmişte de öyleydi, hep öyle olacak.

Tersini ispatlamak için ne acayip düzenler kurmuşuz değil mi? Açlıktan ölenler bile var! İnsanoğlu daha ne kadar saçmalayabilir ki!

Dünya ne kadar bol olduğunu, aslında yeteri kadar her şeye sahip olduğunu unutmuş, eşit olduğumuzu unutmuş, "bu dünyada sahip oldukları"yla başka kademelere çıkmaya uğraşan ve bunun için tüm enerjisini harcayabilecek kadar aptallaşmış, kendine yabancılaşmış insanlarla dolu!

Bir insan tüm enerjisini ve gücünü "diğerlerinden farklı olma"ya harcayabiliyor! Yani gerçek anlamda hiç olmayacak, olamayacak bir şeye, boş bir hayale... Daha ne kadar aptal olabiliriz ki!

## Öğrenilecek Tek Ders

İnsanoğlunun dünyada öğreneceği tek bir ders var: bu dünya bir illüzyon, rüya. Ve hakikatte var olmayan bir tasarım olduğu için ve gördüğümüz, algıladığımız her şey zihnimizin yansıması olduğu için, hayatta ne yapıyorsanız kendinize yapıyorsunuz.

Bir insan bu bilgiyi "gerçek"ten ve "her seviye"de kavradığı anda aydınlanmış demektir.

Ne yapıyorsan kendine yapıyorsun.

"Diğeri" olarak algıladığın kişiye uzattığın el senin kendine uzattığın eldir. Onu reddettiğin zaman kendini de reddetmiş oluyorsun. Dünyaya sarılabiliyorsan kendine sarılıyorsun demektir, sen değiştiysen dünyan da değişecektir.

İçdünyanızda yaşadığınız her şey dış dünya dediğiniz boş sinema perdesine yansıyor. O nedenle kendinizle ilişkiniz nasılsa dünya ile ilişkiniz öyle oluyor.

Öfkeli insan kendine kızdığı için öyle, hırçın insanlar kendine karşı acımasız ve hırçın olduğu için öyle. Bir katil çoktan kendini, özünü binlerce defa öldürmüş kişidir.

Kendimize nasıl davranıyorsak herkese öyle davranırız.

Yaşamı bizim dışımızda bir yer olarak algılıyoruz, halbuki dünya içimizde, kafamızın içinde hem de... Dünyayla ilgili zihninizdeki tüm fikirleri bir kâğıda yazın, sonra yüksek sesle okuyun, kendi yaşam senaryonuzu yazmış olduğunuzu göreceksiniz.

Dışarıda hiçbir şey yok. Burada, şu an sadece tek bir benlik var, onun dışında hiçbir şey yok, hiç olmadı.

Bu nedenle hem yalnızız hem hep birlikteyiz. Bir beden olduğunuzu algılıyorsanız kendinizi yalnız hissedersiniz, hakikati, bu dünyanın ve içindeki her şeyin sadece bir rüya olduğunu, gördüğümüz, deneyimlediğimiz her şeyin tek bir zihnin gördüğü rüya olduğunu hatırlarsanız kendinizi yalnız hissedemezsiniz. Burada hep beraberiz ve tek bir benliğin parçalarıyız.

O nedenle ne yaparsan kendine yapıyorsun. Ne söylersen kendine söylüyorsun.

O nedenle vermek aslında almak.

Her şeyini vermeye, kendini tüm dünya ile paylaşmaya hazır olan kişi, hiç kimseden hiçbir şeyi saklamayan kişi dünyanın sahibidir. Dünya onundur ve bunu deneyimler.

"Diğeri" olarak algıladığınız kişiden sakladığınız her şey sizden saklanacaktır. Bilmesini istemediğiniz her şey sizden gizlenir. Kaçtığınız her şey sizi kovalar, ittiğiniz her şey size geri gelir.

Ne yaparsan kendine yaparsın.

Bu hakikati anladığınız ve her seviyede yaşamınıza geçirdiğiniz an içinizde özgürleşirsiniz.

Hakikati hatırlamadığımızda ve bu dünya realitesini anlamadığımızda ne olur peki? Her şey tam yolunda giderken bir anda aksaklık baş gösterir. Aslında tüm aksaklıklar, yolunda gitmeyen işler ilk ayrılık düşüncesinin yansımasıdır. Bizler Tanrı'dan ayrılarak bir başka dünyaya geldiğimizi düşündüğümüz an müthiş bir hayal kırıklığı, ayrılık hissi yaşarız. Yeryüzünde yaşanan tüm aksaklıklar aslında bu ana aksaklığın, aksaklık olarak inandığımız şeyin yansımasıdır.

Uyanış çocukluğunuzdan itibaren öğrendiğiniz, kolektif bilincin, egonun dayattığı düşünceleri sorgulama cesareti gösterdiğinizde başlar! Bu dünyanın gerçekliğini sorgulamaya başladığınızda uyanış için ilk adımı atmış olursunuz.

Bu dünyaya, gerçek olduğuna ve Tanrı ile bir olan evinizden ayrılarak bu cehenneme geldiğinize gerçekten inanıyorsanız yaşamınız aksaklıklar, problemler ve hayal kırıklıklarından oluşacaktır. Bu kaçınılmaz.

Yaşadığınız tüm hayal kırıklıkları ve problemler kendi kendinize ürettiğiniz, sizde asıl hayal kırıklığını yaratan tek bir düşüncenin yansımalarıdır aslında: "Allah'tan ayrıldım ve bu dünyaya geldim" düşüncesi. Tam bir çılgınlık!

Bu düşünceye inanan insanın korkmaması, kendini yalnız hissetmemesi, tedirgin, panik halinde ve hasta olmaması mümkün değil. O nedenle tüm hastalıkların kökünde Allah'tan ayrı var olabilen bir dünyaya geldiğimiz düşüncesi yatıyor.

Dünyada yaşayan ve dünyayı gerçek zanneden insanların yüzde yüzünde Allah'a bir kızgınlık-tepki olduğunu görüyorum. Günaha girmemek için, korktuğu için dışa vurmuyorlar ama içten içe Allah'a kızgınlar.

12-13 yaşındaki çocukları ölenler, tecavüze uğrayanlar, acı çekenler, dayanılamayacak acılarla yaşayanlar! Bunları size Allah verdi diye düşünüyor ve O'na kızıyorsunuz! Biliyorum.

Hiç kimse bu dünyaya şükran dolu olamaz.

Hiç kimse bu dünyaya minnettar olamaz.

Hiç kimse dünyadaki anlık zevkler, tatminler ve sonra sonsuz devam eden karmaşa, savaş, ölüm, işkence, acı ve hastalıklar için "Ah çok şükür!" demiyor! Kendinizi kandırmayın!

Kalbinden şükretmeyen insanın da mutlu ve sağlıklı kalabilmesi mümkün değil.

Herkes elbet uyanacak. Çünkü hakikat kaçınılmazdır.

Herkes elbet bu dünyanın gerçek olmadığına, sadece bir rüya olduğuna, bize bir şey öğretmediğine, kendi içinde bir anlamı veya önemi olmadığına, bu dünyanın yaratılışla ve Allah ile herhangi bir ilgisi olmadığına uyanacak!

Ve uyanan bilinç, kalpten ve her seviyede şükreder.

Gerçek tek şükrediş budur.

Allahım çok şükür! Bu dünyanın, ölümün, acının, hastalığın, limitli, âciz bedenlerin yaratılış ile bir ilgisi yok. Çok şükür, bu saçma sapan rüya hiç var olmadı, hiç yaratılmadı.

Çok şükür, ölüm hiç gerçekleşmedi.

Çok şükür, işkence, eziyet, acı hiç yaşanmadı.

Çok şükür, hastalıklar gerçek değil, sadece rüya.

Çok şükür, limitli, hastalanan, canı acıyan, saçmalayan, âciz ve ezik bu beden ben değilim ve bu beden gerçekte yok, hiç var olmadı. Çok şükür.

Çok şükür Allahım, ben senden hiç ayrılmadım. Böyle acayip, karanlık, bilmediğim ve bir dakika sonra ne olacağı belli olmayan güvensiz yere hiç gelmedim.

Çok şükür, ben hâlâ seninle birlikte, evimde, korunma altındayım, hiç değişmedim, saflığım hiç kaybolmadı, ne suç işledim ne suçladım.

Çok şükür senin tüm özelliklerine ben de sahibim. Beden değilim, limitli değilim. Zihin değilim çarpıtılamam, çarpılmam. Dünyada değilim, ölmem, ölemem.

Çok şükür senin yanındayım, sonsuzluktan geliyorum sonsuzluğa gidiyorum, bu sonlu, ölümlü yere hiç gelmedim.

Sadece hakikate uyananlar şükredebilir, gerisi palavra.

Bu hayatta herkes farklı farklı binlerce problemi olduğunu düşünüyor ve bu problemlerle uğraşıp durmaktan ana problemi göremiyor. Hepimizin ana tek problemi var: Allah'tan ayrı olma ve dünya diye bir yere geldiğine inanma. Bu problemi hallederseniz tüm problemleriniz çözülür. Bu problemi halledemezseniz yaşamınız problemler yumağına dönüşür ve hiçbir şeyi çözemezsiniz.

Yaşamınızdaki irili ufaklı tüm problemler ana problemi görmenizi engellemek için egonun ürettiği tuzaklardır. Onlarla uğraşıp durdukça dünyayı her gün daha da ciddiye alır, daha da gerçek zanneder ve bu döngüye iyice hapsolursunuz.

Gerçeği bilmek isteyen herkes elbet bilir.

Uyanmak isteyen herkes elbet uyanır.

Tek yapmanız gereken dünyayı bırakmaktır.

Hemen şimdi, burada, şu anda.

Dünyayı bıraktığınız an gerçek olmadığını görebilirsiniz. Bunun için en etkili metot nefesinizi Yaradan'a teslim etmek ve O'nun nefesi ile, doğal nefes ile bu dünyadan özgürleşmektir. Nefesimizi O'na teslim ettiğimizde O'nunla yaşadığımız ayrım sonlanır.

Allah kutsal nefesi bize verendir.

Nefes ve can O'nundur, O'na aittir.

Nefes de can da bu bedenle ilgili değildir, bu bedene sadece girer ve çıkarlar. Her an, her saniye, girer ve çıkarlar... Nefes alırken bedene girer, rüyaya dalar, nefes verirken rüyadan çıkar, uyanır...

O nedenle nefesini Allah'a teslim eden, nefesini O'nun yönetmesine izin veren insanlar her nefes aldığında ve verdiğinde Yaradan ile bağlantıya geçer. Bu nefes açıldıkça, derinleştikçe, bağlantı güçlendikçe Allah ile ve hakikat ile bağlantımız güçlenir. Güçlenir ve biliriz. Sadece biliriz. O'nu, hakikati, kim olduğumuzu biliriz. Hatırlarız.

Bu kitaptaki tüm bilgiler kutsal nefesin bağlantısı aracılığıyla Yaradan ile bire bir kurulan diyalog sayesinde oluşabildi.

Hakikat bilgisi öğrenilmez, onun içine doğulur.

Hakikat yeniden doğuştur.

Hakikat uyanıştır. Her şey onun içinde gizlidir

Doğal nefes hakikat bilgisine ve Yaradan'a ulaşmamızı sağlayan tek araçtır.

Ve çok şükür ki Allah, biz rüya görüyor da olsak bunun bir rüya olduğunu görebilmemizi sağlayan bir nefes verdi bizlere.

Çok şükür.

Çok şükür hakikati görebiliyor olmamıza.

Çok şükür tüm algılayan bilinçlere.

Çok şükür.

***

Yüzyıllardır aynı hatayı yapıyor, bu yaşamın bir anlamı olduğuna inanıyoruz.

Daha önce de dediğim gibi; dünya, Tanrı katında tek bir saniyeden ve tek bir düşünceden ibarettir. Tüm din kitaplarında bulabileceğiniz bir bilgidir bu.

Bu dünya, yani "ölümlü illüzyon" Allah katındaki sonsuz yaratılış ihtimallerinin içinde bir yerde "Allah'ın yarattığı hakikat dışında bir şey olabilseydi acaba nasıl görünürdü?" Fikrinin "zaman döngüsü"ne yansımış halidir.

Allah tektir.

Yaradan tektir.

Sadece Allah yaratabilir.

Dini öğretilerin tamamında bulabileceğimiz birkaç cümle daha...

Zihnimizin bir bölümü başka bir yaratanın varlığına mı inanmaktadır ki din kitapları "Allah tektir" diye hatırlatır? Evet. Ve bunun farkında değilsiniz.

İnsanoğlu, zaman döngüsü içinde bir süreliğine yaşadığını düşündüğü dünya illüzyonunun hakikatte var olduğunu düşündüğü her an, hakikatte var olmayan bir döngünün, tek bir saniye ve fikirden ileri gidememiş ve hiç gerçekleşmemiş bir tasarımın gerçek olduğuna inandığı an "gerçek olmayan bir dünyanın yaratılabileceğine" de inanır ve bunu yaparak kafasında yeni bir tanrı yaratmış olur. Çünkü sadece Allah yaratabilir ve O'nun yaratmadığı şey hiçbir zaman yaratılmadı. Basit bir fikrin, boşluktan doğan bir hayal âleminin gerçek olduğunu düşünüyorsanız o zaman o gerçeği yaratmış biri olmalı. Ve yaratılmamış bir şeyi yaratan olmadığı için o Allah olamaz.

Belirtmeliyim ki bu yazdıklarımı komplike zihinlerin anlaması çok zor. Hakikati ancak Allah'ın zihni ve O'nun yargısı ile düşünen biri anlayabilir.

Hakikati zihninizle ya da mantığınızla değil, gönlünüzle anlayabilirsiniz ancak.

Hakikate ulaşmak için önce inandığınız gerçekleri sorgulamanız gerekiyor. Çünkü çoğu insanın zihni yıllarca sorgulanmamaktan dolayı örümcek ağı kaplı. Önce o ağları kaldırmak, gereken temizliği yapmak gerek.

Çocukluğunuzdan beri körü körüne, gayet yobazca, hiç sorgulamadan inandığınız gerçekleri hemen şimdi sorgulamaya başlayın.

Allah ve ruh sonsuz mudur?

Sonsuz varoluş ölümü bilir mi?

Sonsuzluk içinde bitiş var olabilir mi?

Allah sonsuz ise bitiş ve ölümü yaratmış olabilir mi?

Allah tek mi?

Teklik çoğulu bilir mi?

Teklik içinde çoğulluk olabilir mi?

Tek olanın içinde farklılık olabilir mi?

Allah tek ise, kendi içinde farklılık barındırmıyorsa farklılık yaratmış olabilir mi?

Bu dünyada algıladığımız farklılık Allah tarafından yaratılmadıysa yaratılmış mıdır?

Yaratılan her şey Yaradan'ından kaynaklanmaz mı?

Yaradan kendi gibi yaratmaz mı?

Dünyada algıladığınız kötülükler gerçekten yaratıldıysa o zaman Yaradan'ın da kötü olması gerekmez mi?

Yaradan kötü mü? Kötülük barındırır mı? O zaman tüm bu

kötülük diye inandığımız şeyler O'ndan gelmiş, O'ndan doğmuş, O'ndan yaratılmış olabilir mi?

Peki ya günah?...

Günah diye bir şey varsa ve insanlar günah işleyebiliyorlarsa bu onları yaratanın da günahkâr olması anlamına gelmiyor mu?

Ben günahkârsam beni yaratan ne o zaman?

Ben kötüysem beni yaratanın da içinde kötülük var demek değil midir bu?

Yıllardır bu çılgınlığa inanıyoruz!

*Hakikat hep var ve hep olacak. İllüzyonlar ise hiç yoktu, hiç olmayacaklar. Hakikat bilgisi bu gerçeklikte yatar.*

Şimdi aklınıza şu soru gelmiş olmalı: "Peki tüm bu yaşadıklarımız, acı, korku, limitli, ölümlü bir beden, tecrübeler, duygular, eksiklikler, problemler, sıkıntı ve hastalıklar yoksa o zaman neden tüm bunları yaşıyoruz?"

İşte bu "ölümlü yaşam"ın, bir süreliğine gördüğümüz rüyanın, bu kendi içinde hiçbir anlamı olmayan, Allah katında bir saniye ve tek düşünceden öteye gidemeyen durumun hâlâ "yaşam" olduğunu düşünen bir tarafımız var. Bu soruyu da o soruyor. Az önce yazdığım "zihnimizin karışmış, gerçeği algılayamayan ve komplike tarafı"... Hakikat ile illüzyon arasındaki ayrımı yapmaktan âciz, yaratılmayıp sadece fikir olarak kalmış tecrübeleri gerçek zanneden, bu evreni ve içerdiklerini varmış gibi algılayan egonun sorusudur bu.

"O zaman burası neden var? Tüm evren niye var?..." Tüm bu tür soruların tek cevabı bulunuyor: Hakikatte bunların hiçbiri yok. Yaşanan tecrübelerin tamamı aynı derecede illüzyonlar.

Bizler egoya yıllarca aldandık. Kendi içinde hiçbir anlamı olmayan, gerçek bile olmayan tecrübeleri, duyguları, hisleri, bedeni, evreni, içindeki her şeyi gerçek zannettik. Bunu zihnimizi yanlış kullanarak yaptık.

Anlamsız olana anlam yükledik.

Tamamen boş olan duyguların, hareketlerin, sözlerin dolu bir şey olduğunu, bedenin gerçek olduğunu zannettik.

Gerçeği unuttuk.

Sadece ışık olduğumuzu unuttuk.

Gerçekte var olanın sadece ışık, sevgi, neşe, mutluluk ve güzellikler olduğunu unuttuk.

Hakikat bilgisinden koptuk.

Şimdi tüm evren geri dönüş yolculuğuna başladı. İnsanoğlu gelmiş geçmiş en büyük ve hızlı uyanışını yaşıyor.

## Neden?

"Neden?" diye başlayan sorular illüzyonun içinde kaybolmamıza neden olan sorulardır. Ancak bu durumdaki insanlar "Neden?" diye sorabilir. Hatta zihninde "Neden?" sorularıyla dolu, gerçekdışı "şeyler"in gerçek olduğuna inanan bir yer vardır. Gerçekten sapmıştır, özünden kopmuş, Allah'tan ayrılmış, "cevap"tan uzaklaşmıştır.

Özünü tanıyan bilinç "Neden?" diye sormaz, çünkü bilir.

Allah'ı tanıyan bilinç "Neden?" diye sormaz, anlamlı olanı tanıdığı için anlamsızlıkla uğraşmaz.

Cevap ile bütün olan bilinç, nedenler yerine sonuçlarla ilgilenir.

Özvarlığımız Allah'ın "sonuç"udur, "neden"i değildir. "Neden?" sorusuyla ilgilenen, Allah'ın yaratımı dışında bir yaratımın olabileceğinde ve iddia ettiği durumların gerçek olduğunda ısrar eden, sonuca değil nedene bakan egodur.

Yaratımın bir nedeni yoktur. Sadece vardır ve sonsuza kadar var olacaktır.

Allah'ın bir nedeni yoktur. Sadece vardır ve hep öyle olacaktır.

Senin bir sebebin yok, hep varsın hep olacaksın.

Sebebi olan, nedeni olan her şey illüzyondur. Duygularının hep bir sebebi vardır, çünkü gerçek değildirler. Problemlerin, hastalıkların, sıkıntıların hep sebepleri vardır, çünkü Yaradan kaynaklı var olmamışlardır, kendi sebeplerini, kendi yaratıcılarını yaratmaktadırlar.

Bir sayfayı açarken bir sonraki sayfada ne olduğunu bilmeyenler; bedenin gözleriyle gördüğünü, kulaklarıyla duyduğunu düşünenlerdir. Hakikat bilgisi ile yaşayanlar her sayfada aynı hakikat bilgisinin yer aldığını bilirler.

Hakikat Allah'ın uzantısıdır ve her zaman her yerde ve tektir.

Hakikat bilgisi değişmez, yenilenmez, yeniden yazılmaz, yeniden okunmaz.

Hakikat bilgisi zaman illüzyonunun ötesinde bir yerde, Allah'ın koruması altındadır ve o tek ve bütün olduğu için hakikat de öyledir.

Bu nedenle yazdıklarım ne ilk defa yazıldı ne de son defa yazılıyor. Okuduğunuz tüm kitaplarda, çevirdiğiniz tüm sayfalarda, izlediğiniz tüm filmlerde, yürüdüğünüz tüm yollarda, baktığınız her yerde sadece o var.

Hakikat bilgisi bilinmeyenlerin olduğu bir dünyada değil, bilgelik içinde yer alır. Ve zaten bilinmeyenlerin olduğu bir yer asla yaratılmamıştır. Ona inanmayı bırakırsanız her şeyi bilirsiniz.

Bilmeyen tarafa, gerçekte var olmayan bir illüzyona, bedeninize ve madde dünyasına bakmayı bırakırsanız; bilen tarafa, tüm bilgilerin ve tek bilginin, tüm cevapların ve tek cevabın olduğu yerde kalırsanız; bilmek ve benlik aynı şeydir, elbet uyanırsınız.

İnsanlar neden bu kadar çok kitap okur?

"Nedenler ve sebepler" temeline oturan ve gerçekte var olmayan bir illüzyonda başka türlü bir durum düşünülemez de ondan.

Tüm bilinçlerin her şeyi bildiği bir gerçeklikte kitap olur muydu? İllüzyon içindeki her şey gerçek olmadığının ispatıdır.

Peki neden yemek yiyoruz?

Biz, ana kaynakla bir olan benlik, Yaradan'ın sonsuz bolluk ve tatmininin ifadesi olan bir varlık acıkır mı? Acıkan benliğimiz değil, bu beden. Çünkü gerçek değil.

Neden konuşuyoruz?

Yaradan'ının uzantısı olarak ışığın kendisi olan bir varlık "olayları aydınlatmaya" çalışır mı? Yaradan'ının bir parçası olarak her zaman her yerde olan bir varlık kendini ifade etme yolunu seçer mi?

Ve tüm nedenler ve tüm sebepler ve tüm anlamsızlıklar, sadece bu dünyanın ve zaman döngüsünün gerçek olmadığının ispatıdır.

Çok şükür.

***

Hakiki tek ilişki, Allah ile olan ilişkimiz.

Bu dünyada kurduğumuz diğer tüm ilişkiler bu ilişkinin yansımasıdır. Ya O'na doğrudur ya O'ndan dünyaya doğru...

Bizler ruhsal, duygusal ya da fiziksel olarak, herhangi bir şeyin eksikliğini hissettiğimizde O'na doğru yolculuk yapıyoruz demektir.

Nasıl mı? Birinden ilgi, şefkat, sevgi, belki sıcak bir sarılma, yumuşak bir dokunuş ya da bir ihtiyacınızın karşılanmasını beklediğinizde asla alamazsınız... Tüm bunlar bir insandan ya da dünyadan alınabilecek şeyler değildir. Dış dünya bu isteklerimizi karşılayamaz, çünkü dünya aradığımız sevgiye, şefkate, ilgiye sahip değildir. Dünya dev bir aynadır sadece. Bize her zaman içsel yolculuğumuzu yansıtır. O nedenle herhangi bir şeye ihtiyaç hissettiğimizde bunu dışarıda aramaya başlarsak ayna bize ancak "arayış"ımızı yansıtabilir.

İhtiyacınız olanı dünyada aradığınız zaman, ihtiyacınız olduğu anda o size verilmeyecek.

Dünya, her zaman, neye ihtiyacınız olduğunu size katlayarak yansıtma görevini yerine getirir.

İhtiyacınız olan, sevdiğiniz kişinin gelip size sarılması ise;

aradığınız şey Allah ile buluşma, O'na sarılma ve O'nunla bütünleşmedir. Bunu yaptığınızda artık birinin size sarılmasına ihtiyacınız kalmaz. Zaten o zaman herkes sürekli size sarılır. Dünya, Allah'a ve kendinize sarılıyor olduğunuzu yansıtmak ister.

İhtiyacınız olan birinin sizi sevmesi, şefkat göstermesi mi? O halde bilin ki asıl aradığınız; Allah'ın sevgisi ve şefkatidir. Çünkü tek hakiki sevgi O'nunkidir ve tek hakiki ilişki O'nunla kurduğumuz ilişkidir.

Bu dünyadan hiçbir şey istemiyorsunuz.

Zaten dünyanın; içinde hiçbir anlam olmayan boş ve anlamsız bir aynanın, bir yansıtıcının size istediklerinizi verme ihtimali yoktur.

Aradığımız her şeyi bulabileceğimiz, istediğimiz her şeye sahip olabileceğimiz tek yer var: Allah'ın yanı. O'nunla bütünleşmek, O'ndan istemek tek yol.

Dünyanın boş ve anlamsız oyuncakları hepimizi yıllarca oyaladı, şimdi belki bu kitapla buna bir son verebilir, aradığınız şeyleri bulamayacağınızın kesin olduğu bir dünya yerine aradığınız her şeyi bulacağınızın kesin olduğu, Yaradan ile bir bütün olan "hakiki dünya"ya dönme kararı alabilirsiniz. Kendinizi bu dünyaya ebediyen kapatabilir, "İstediğim hiçbir şey bu dünyada değil" diyebilir ve Allah'a, O'nunla bir yaşadığımız hakiki dünyaya dönebilirsiniz.

Tüm din kitapları bunu anlatır: kendini bu dünyaya kapat ve Allah'a dön, ruhuna dön, özüne dön.

Müslümanlıkta bu "kapan" kelimesi, insanların fiziksel olarak kapanması olarak algılanmıştır; kadınlar başını örter. Musevilikte bunu din adamları, erkekler yapar. Halbuki kapanma, hakiki anlamda sadece zihinde olabilir.

Allah'a dönen insan zihnini bu dünyaya kapatır.

Allah'a dönen insanın, O'nda aradığı her şeyi bulabildiğini gören insanın bu dünyadan istediği hiçbir şey kalmaz. Ya da tam tersi, bu dünyadan hiçbir isteği olmadığına uyanan her insan aradığı şeyi bulamayacağı yeri bırakarak aradığı şeyi bulacağı kesin olana, Yaradan'a döner. Onun için illüzyon içindeki arayış bitmiş, hakiki yolculuk başlamıştır.

Hakiki yolculuk başlayana kadar olan biten, yaşanan her şey Allah'a doğru atılan adımlardır.

Kalbiniz kırılır, üzülürsünüz, yalnız kalırsınız, kendinizi suçlarsınız, öfkelenirsiniz, isyan edersiniz, anlamazsınız, kafanız karışır, çözümsüz, umutsuz, belki hırçın, belki asi olur, hatta belki tüm inancınızı yitirip ateist olursunuz. Bunların hepsi Allah'a dönebilmeniz içindir. Bu yaşananların tamamı sizi, eksikliğini hissettiğiniz şeyi bulabileceğiniz yere, hakikatte ilişkide olabileceğiniz tek varlığa yönlendirmek içindir: Yaradan'a.

Allah'a doğru yapılan yolculuk hakiki değildir, bir illüzyondur. Çünkü gerçekten Allah'a doğru yolculuk imkânsızdır. Bizler O'ndan hiç ayrılmadık, sadece bir süre ayrıldığımıza inandık. İşte O'na doğru yolculuk bu nedenle illüzyondur ve her seviyesinde arayış vardır.

Bizler ayrıldığımızı düşündüğümüz "kaynağımız"a, "yaşam pınarı"mıza, Yaradan'ımıza, özümüz'e geri dönmeye çalışıyoruz. Bu durumun bu dünyadaki yansıması ise eksiklikler. Dünya O'ndan ayrı olduğumuzu düşündüğümüzü bize yansıtmak zorunda ve öyle yapıyor. O'ndan ayrı, böylelikle eksik, yani sevgisiz, ilgisiz, âciz, kontrolsüz, öfkeli, karanlık, kaybolmuş bir illüzyon yaşıyoruz. Gerçek değil ama dünya tecrübemizde gerçekmiş gibi görünüyor. Ve işin ilginci bu arayış aradığımızı bulamayacağımız yerde gerçekleşiyor. Aslında müthiş bir komedi!

Hiç ayrılamayacağımız, sevgi dolu, ışık dolu, şefkat, ilgi, bakım, saygı, mutluluk, yaşam dolu Yaradan'ımızdan ayrılabileceğimize inanıyoruz.

O'ndan ayrı olabileceğimiz illüzyonu nedeniyle O'nun tüm

özelliklerinden ve sahip olduklarından da ayrı kalmış oluyoruz: sevgi, şefkat, ışık, güzellik, neşe, tatmin...

Bu dünya neşenin kaynağı değil, hiçbir zaman olmadı, olmayacak. Neşesiz durumlarınızın sebebi de değil. Hiçbir zaman olmadı, olmayacak.

Yaşadığınız hayal kırıklıklarının sebebi dünya ya da bu dünyadaki insanlar, olaylar, yaşananlar, yazılanlar, söylenenler değil. Hiçbir zaman olmadı. Hayal kırıklığınızın tek sebebi sevginin kaynağına, Yaradan'a arkanızı dönmüş olmanız... Sevginin kaynağı ile ilişki kurmayı reddediyor olmanız... Sevgiyi sadece O'nda bulabilir, sadece O'nunla ilişki kurabilirsiniz. Bunu yaptığınızda hissettiğiniz sonsuz sevgi de bu dünyaya ait olmayacak. Sevgisizliğin sebebi olamayacağı gibi sevginin de kaynağı değil bu dünya.

Öfkenizin tek sebebi de Allah yerine başka şeyler seçiyor olmanız.

Kapanmanız gerekiyor. Özünüzdeki sonsuz sessizlik, huzur, mutluluk, dinginlik, sevgi, şefkat ve ışığı bulmak, o mucizevi muhteşem varoluş durumu ile yaşamak istiyorsanız bu dünyaya kendinizi kapamanız gerekiyor. Başka yol yok.

Bu dünyaya kapanmak demek ne başını örtmek, ne de dünya ile ilişkiyi tamamen kesmek. Dünyaya kapanma, sadece zihin seviyesinde yapılabilen bir seçimdir. Yaradan'ı seçmek; tüm bu seviyelerin, fiziksel boyutta bildiğimiz her şeyin ötesinde bir yerde gerçekleşir; "gönül"de ve "bilinç"te. Özümüzün en derin noktasında seçeriz biz Allah ile ilişki kurmayı. Ve O'nunla gerçek anlamda ilişki kuran hiç kimse dünyayı eskisi gibi ciddiye almaya devam edemez.

O'nun sevgisini keşfetmiş bir bilinç için dünyada yaşanan sevgi, şefkat, aşk anlamını yitirir.

O'nun ışığı ile karşılaşmış, O'nun rehberliği ile ilerleyen kişi için dünyadaki hiçbir kitap, rehber, öğretmen, lider anlam ifade etmez. Hakiki öğretmen ve tek gerçek rehber ile tanışmış, O'nunla ilişki kurmaya karar vermiş kişi, başka kimseden, hiçbir şeyden rehberlik almaz.

O'nun mucizesini tanıyan gönüller için bu dünyadaki hiçbir şey, ne dünyanın 7 harikası, ne mucizevi olaylar, ne bir bebeğin doğumu ne bir günbatımı, ne güzel bir yemek ne de aşk hikâyeleri anlam ifade eder. O kişi "mucize"nin kendisini tanır, diğer her şey anlamsız kalmaya mahkûmdur.

Bir insan dünyaya kapanma kararı alırken bunun yaşamını değiştirmesi de gerekmez. Yaşadığı yer, giyim tarzı, davranışları değişmeyebilir. Bu seçim en derin seviyede, "öz"de yapılan seçimdir, kimsenin bilmesi gerekmez.

Kendini dünyaya her anlamda tamamen kapatmış bir insanın dünyaya kapanması gerekmez.

Bunu şu şekilde anlatmakta yarar var: Bir aynanın karşısına geçin ve iki elinizi uzatarak aynadan ihtiyacınız olduğunu düşündüğünüz bir şeyi bulabileceğinize hükmederek onu almaya çalışın. Bu sevgi olabilir, ilgi olabilir... Aynadaki yansımanıza bakın! Ne yapıyor? İşte dünyadan her sevgi, mutluluk, keyif, zevk, doyum, aşk, tatmin istediğinizde yansımanız aynen böyle görünüyor! Sen istedikçe dünya da senden istiyor! Ve hatta sen sevgi almak istedikçe o senden sevgiyi alıyor. Sen almak için orada oldukça dünya da senden almak için orada oluyor.

O nedenle pazarlık yapan, "Ben bu kadar vereyim o şu kadar versin" diyen herkes sonunda elindekilerin alındığını tecrübe ediyor!

Dünyaya kapanma kararımıza gelelim: sen dünyayı istemediğinde dünya seni istiyor mu? Hayır. Sen özünü, Allah'ı, sonsuz kaynağı seçtiğinde yansımanda ne gözüküyor? Tüm dünya özünü, Allah'ı, sevgiyi, sonsuz kaynağı seçiyor. Dünyan cennete dönüşüyor.

Neyi seçersek onu yaşıyoruz.

Dünyayı geride bırakma kararı, dünyada olan her şeyi geride bırakma kararıdır. Dünyayı seçmeyen insan bakın neleri seçmiş olmuyor: ölüm, sefalet, eksiklik, hastalık, ayrım, problemler...

Kendini dünyaya kapat ve Allah'a dön. İşte tüm din kitaplarında anlatılan kapanma ve içe dönme bu.

Öteki dünya denilen yer ise Allah ile ilişkide olduğum hakiki yaşam ve o yaşamla ilişkide olmak için bu bedenin ölmesi gerekmiyor! Kaldı ki bu beden zaten ölü!

Bedeniniz, içinde siz olmadan, yani can olmadan yaşayabiliyor mu? Beden kendi kendine yaşayabilen bir şey mi? Öyle olsaydı can içinden çıktığında da nefes almaya, yaşamaya devam edebilmesi gerekmez miydi?

Beden zaten ölü. Hiç yaşamadı, hiç yaşamayacak.

İçine nefes, yaşam, can girdiğinde beden bir süreliğine yaşıyormuş gibi görünüyor. Sonra biz o bedenlere Ali, Ayşe, Mehmet, Ahmet isimler veriyoruz birer "varlık" olduklarını düşünerek. Oysaki o Mehmet, Ahmet, Ayşe dediğin şey gerçekte ölü. Yok yani. Yaşamıyor.

Gerçekte beden bir et parçası.

İşte bu sebeple din kitaplarında bedeni bırak, gerçek bile değil, öteki dünyaya, hakikate dön deniyor.

Peki o zaman yaşayan şey ne? Yaşam ne?

Bu dünyada olmadığı kesin. Olsaydı ben bu bedenden gittiğimde de bedenimin yaşamaya devam ediyor olması gerekirdi.

Peki yaşam bu dünyada değilse nerede?

Yaşam din kitaplarında ve spiritüal öğretilerde yüzyıllardır anlatıldığı üzere öteki dünya denen, Allah ile bir bütün olduğumuz hakiki dünyamızda. O dünya fiziksel bir yer mi? Hayır. Burası gibi mi? Asla ve tabii ki hayır. Burası gibi olsaydı buranın da hakiki olması gerekirdi. Oysa artık biliyoruz ki burası hakiki değil!

Öteki dünya, hakiki dünya, Allah ile bir olarak yaşadığımız

gerçek yaşam; bu dünya nasılsa bir tek öyle değil. Çünkü bu dünya bir illüzyon ve hakikat asla illüzyona benzemez. Hakikat her zaman illüzyonun tersidir.

O zaman öteki dünya bu dünyanın tam tersi! Âlâ!

Bu harika! İyi ki de öyle!

Bu dünyada ölüm var demek ki, hakikatte yok! Çok şükür.

Bu dünyada hastalıklar var demek ki, hakikatte yok! Çok şükür.

Bu dünyada eksiklik var, açlık var, acı var demek ki, hakikatte yok! Çok şükür.

Bu dünyada süreklilik yok, her şey geçici. O halde hakikatte her şey kalıcı, hiç değişmeden duruyor olmalı!

Ve Tanrı'nın huzuru burada yatar.

Şükredenler hakikati bilenlerdir.

İşte tüm aydınlanmış ruhların bildiği ve paylaştığı hakikat bu. Aydınlanmış insanların sonsuz huzurunun, mutluluğunun sırrı.

Bu sır şimdi sizin.

Hatırlayın, paylaşın...

# UYANIŞ

## Seçim

Hepimizin özü sevgi, ışık dolu, tam, bütün ve mükemmel. Bu gerçeği ölümlü dünya aldatmacasında zihin bedenimize ne kadar yansıttığımız ise zihnimizde yaptığımız seçimlere bağlı. Bir "zihin beden"in hasta, bağımlı ya da kaba olması, savunmada olması, ölümlü yaşam illüzyonunda maddi manevi eksiklikler yaşıyor olması illüzyondur, bir rüyadır. Gerçek algımıza düştüğü zaman, bize önemsiz gibi görünebilir. Ancak gerçeğin ışığı noktasından baktığımızda ve ölümlü illüzyonla ilgili algının ötesine geçtiğimizde, tüm aydınlanmış ruhların bildiği ve paylaştığı tek niyet, hepimizin görevi olduğu için seçilebilir.

Hepimizin içinde bir çağrı olarak bulunan kutsal görev, Allah'a inanmaktan öte bir şeydir.

O'nun ışığını bu ölümlü, çarpılabilen, kırılabilen, öfkelenen, hastalanan ve bağımlı olabilen zihin beden illüzyonuna getirmek, O'nun tamlığını ve mükemmelliğini burada, zaman illüzyonu içindeki her anda yansıtmaktır.

Ve bu, ancak seçim yaptığımızda mümkün olabilir.

Hepimizin özü, ışık. Ancak bu illüzyonda yaşayan "zihin beden"in ışığı seçmeme ihtimali var. Ve hatta hepimizin ışıkla savaşma, onu alt edebileceğini düşünme gibi seçimleri var. Gerçek şu: ışıktan kaçabilirsiniz ama ondan saklanamazsınız. Çünkü gerçeğin ışığı O'nu bilen, O'na ve kutsal görev'e teslim olmuş zihin bedenlerin zihinsel seçimlerinin yansıması olarak şu anda bu dünyaya iniyor.

Mucize bilinci seçimi, ölümlü illüzyona, yani bu dünyaya nasıl yansıyor?

*Işık ölümlü illüzyona indiğinde yaptığı ilk şey; "zihin bedenler"in karanlık seçimlerini aydınlatmak, yani yüzeye çıkartmak.*

Mucize bilinci seçimini ve bu seçimin yaşam yolculuğunda ne yapacağını tahmin ederek, düşünerek ve yorumlayarak gerçekten uzaklaştınız! Mucize bilinci dünyaya indiğinde ve ışığı, gerçeği, sevgiyi seçen zihin tarafından illüzyona yansıtıldığında etrafında ne kadar zihin beden/insan varsa hepsinin içindeki "gerçek"le, "ışık"la ve "sevgi"yle birleşir. Bu doğal birleşme, bütünleşme zihin bedenlerin yaptığı seçimleri aydınlatır ve gerçek görünür olur.

Hepimiz gerçeği ışık, tamlık, bütünlük olarak nitelendirmemize rağmen bu illüzyondaki tüm zihin bedenler bunu seçemeyebiliyor. Bu zihin beden illüzyonunda bu seçimin; her an, tekrar, yeniden niyet ederek, hatırlayarak, dua ederek, gerçeği hatırlayarak ve en önemlisi Allah'a ve sadece O'na teslim olarak yapılması gerekiyor.

"Zihnimde bir defa mucize bilinci"ni seçtim, tamam artık, bu zihnim sonsuza kadar o bilinçte kalacak" diye düşündüğümüzde bir yanılsamaya düşüyoruz. Evet, bizler özümüz nedeniyle "gerçek noktası"nda ve öz noktasında "mucizenin kendisi"yiz. Ancak bu zihin beden öyle değil. Bu zihin beden, bu dünya, sadece bir yansıtıcı. Zihnimizde mucizeyi mi yoksa başka bir şeyi mi seçtiğimizi yansıtıyor bize.

Nasıl? "Gerçeğin ışığı"nı barındıran zihinler aracılığıyla.

O zihinler aracılığıyla gerçek görünür oluyor. Bizler (zihin beden olan ben) ve bir süreliğine ışığı barındıran bu zihinler; bize gerçeğimizi gösteren, yüzeye çıkaran "ışık zihin"lerden kaçabiliriz, onlardan kendimizi korumaya çalışabiliriz ama gerçekten asla kaçamayız. "Işık dolu zihin"ler diğer zihinlere ışık tutmaya devam edecek, yapılan seçim ışık değilse gösterecek.

Yapılan seçim hastalık ise gösterecek. Yapılan seçim bağımlılık ise gösterecek. Yapılan seçim Allah'ın düşünce sisteminin dışında bir sistem ise sonsuza kadar bu seçimi aydınlatmaya devam edecek.

Işıktan kaçış nasıl oluyor? Bizler bu dünyada gerçekten ve ışıktan nasıl kaçıyoruz?

Karşımızdaki kişinin yanında duramıyor, rahatsız oluyor, geriliyor, ona sinir oluyor, onun karanlık, hatalı olduğunu veya bizi limitlemeye çalıştığını, durdurmaya çalıştığını, özgürlüğümüzü kısıtladığını düşünüyorsak o kişinin zihnindeki ışıktan kaçıyor olduğumuzu hatırlamalıyız. Rahatsızlıklar, bağımlılıklar, hatalar, limitler zihnimizin rahatsız, bağımlı, hatalı ve limitli bir seçim yaptığının, gerçeği seçmediğinin işaretidir.

"Özgürlüğüm kısıtlanıyor" diyorsak bu "Mucize bilincini seçmedim, özgürlüğümü kısıtlayan düşünceleri seçtim" anlamına geliyordur.

"Onun varlığından rahatsız oluyorum, beni geriyor, kızdırıyor" diyorsak "Zihnimde özümü geren, rahatsız eden, beni bunaltan seçimler yaptım" diyoruzdur aslında.

"Özgür olmak istiyorum, o, bu, şu, bu iş, bu kişi, bu sistem beni limitliyor" dediğimizde bu "Zihnimde beni limitleyen düşünce sistemini seçiyorum ve bunu devamlı yapıyorum, egosal düşüncelerin bağımlısıyım" anlamındadır.

"Yorgunum" diyorsak "Uzun zamandır benimle ilgisi olmayan düşünceleri seçiyorum, uzun zamandır gerçekle savaşıyorum, uzun zamandır içimde Allah'a karşı gelen düşünce ve inançlar var, bundan yoruldum" diyoruzdur.

"Hata yaptı, bu doğru değil, bunun doğru olmadığını herkes bilir o nasıl bilmiyor? O karanlık bir insan!" gibi şeyler düşünüyorsak veya söylüyorsak bu "Şu an zihnimde Allah'ın zihnini ve ışığını değil, çarpık düşünceleri seçiyorum ve hata yapıyorum. Doğruluğu değil, yanlışlığı seçiyorum. Işığı değil, karanlığı seçiyorum" diyoruzdur.

Sahip olduğumuz zihin, gerçeğin ışığını seçtiğinde ve bu seçimle bu dünyaya baktığında aydınlanır, aydınlatır. Aydınlığı seçen zihin, bu zihin bedeni değiştirmeye, düzeltmeye başlar.

Zihindeki gerçeğin, sevginin ve ışığın seçimi ile bütünlük bu dünyaya yansır. Böylece hastalıklar iyileşir. Hastalığı, yani Allah'tan gelen doğru düşünceler yerine yanlış, hatalı ve hasta düşünceleri seçen zihinlerin, ışığı seçen zihinlerden kaçması ve uzak durması gerekir.

Özgürlük bu dünyaya yansır, bağımlılıklar sona erer. Bağımlılığı seçen zihinler, ışığı seçen zihinlerden her zaman kaçar. Çünkü gerçeğin ışığı zihindeki "haklı çıkma bağımlılığını", "egosal düşünce/zarar veren düşünce bağımlılığını" yüzeye çıkarır. Tamlık dünyaya yansır ve ayrı, özel, farklı olmak isteyen zihin bedenler saklanmaya çalışır, kaçar, ayrılır. Bu insanlar, zihinlerindeki "Ben herkesten farklıyım, özelim" gibi çarpık düşüncelere devam etmek isterler, ışığın yansımasıyla kendilerini aşağılanmış ve küçümsenmiş hissederler.

Işık dünyaya yansır ve tüm karanlık seçimleri aydınlatır. Karanlığı, egoyu, limitli düşünce sistemini seçen zihinler, gerçeğin ışığından kaçarlar, çünkü karanlıkları görünür olmaktadır, ki bu da hoşlarına gitmez. Ve genelde de ışığı yansıtan zihne "Sen benim karanlık tarafımsın, senden ayrılmalıyım" derler.

Işık dolu, gerçeği, özü ve mucizeyi seçen zihin bütündür, tamdır, doğrudur, ışığın, sevginin kendisidir. Kimseden, hiçbir şeyden kaçmaz. Kimseden ayrılmak, ayrı kalmak, saklanmak istemez. Sadece var olur. Özgürdür. Rahattır. Cesurdur. Limitsizdir, sonsuzdur. Hiç durmadan, gerçeği tam olarak seçmeyen zihinlere ışık tutar.

"Senin zihnin hastalığı seçmiş", "Birinden ayrılmak istemen zihnindeki gerçekten ayrı düşüncelerin yansıması" der.

"Birinden kaçıyorsan gerçekten kaçıyorsun demek" der. "Yorgunluğunun sebebi seni yoran, gerçekdışı inançların ve düşüncelerin" der. Ve sonsuza kadar gerçeği göstermeye, yansıtmaya devam eder.

Şu ana kadar zihin bedeni gerçek zannederek mucize bilincini, gerçeği yanlış anladınız.

Size "Ben tam ve mükemmelim" dendiğinde bunun zihin bedeniniz olduğunu düşündünüz. Gerçeğin ışığı bu dünyaya yansıdığında, ölümlü dünyanın her tür çarpıklık, hata, yanlış ve hatalı seçim için uygun zemin olduğunu, "İhtimaller diyarı" olduğunu görür. Gerçeğin ışığının zihnimize yansıması için sürekli seçim yapmamız gerektiğini bilir.

Kutsal ben gerçeği, hataların olabildiği dünya illüzyonuna iner ve onu düzeltir. Düzeltmeden kaçan kişiler ömür boyu kaçmak zorundadır. Çünkü bundan kaçış yoktur aslında.

Huzur, mutluluk, bütünlük, tamlık, doğruluk, kutsallık, özümüzde zaten var olan gerçek... Tüm bunlar için herhangi bir şey yapmamız gerekmiyor, Allah'a dönmek ve O'na teslim olmak yeterli. Tüm bu gerçeklerin illüzyondaki zihin bedene yansıması için seçim yapmamız gerekiyor. Bizler seçim yapmadığımızda bağımlı, hasta, altüst, limitli, yorgun, bitkin durumda olabiliyoruz.

Bu illüzyonda sadece tek seçim mümkün. Aynı anda hem "ego bilinci"ni hem "mucize bilinci"ni seçemeyiz. Hangisini seçiyorsak diğerine arkamızı dönmüşüz demektir ve bunun yansımalarını da her an yaşarız.

**Düalite Dünyası**

Dünyanın, rüyanın limitli, sınırlı ve sorun üreten bir zemininin olması sorun değil, bunun değişmesini istiyor olmanız sorun!

Seçim sadece dünyada yapılabilir.

Hakikatte seçim diye bir şey yoktur.

Çünkü her şey olan, hiçbir şey olmayı seçemez. Ölümsüz olan ölümü seçemez. Tek olan çoğul olmayı seçemez. Hakikat kaybolamaz, yok olamaz, değişemez. O nedenle değişken durumlar ve seçimler, sadece hakiki olmayan, ölümlü dünya tecrübesinde mevcuttur.

Hakikatte tek bilinç ve tek gerçek vardır: Yaradan. O'nun dışında hiçbir şey yoktur.

Bu dünyada ise her zaman iki seçim vardır. Ve bu seçim, daha önce de belirttiğim üzere, sadece bilinç seviyesinde yapılabilir. Bizler bu limitli dünyaya ve ölümlü bedene inanmayı seçebildiğimiz gibi sonsuzluğumuzu ve sınırsızlığımızı da seçebiliriz. Ve bu seçim bilincimizin yansıdığı bir dünyada her şeyi değiştirecektir. Limitli bir beden olduğumuza inanırsak yaşamımız her geçen gün limitlerin ve sınırların arttığı, nihayetinde de kendimizi kafese sıkışmış gibi hissettiğimiz bir macera olur. Oysa rüyada, ölümlü bir dünya tecrübesinde bile olsak her an hakikatimizi, ruhumuzun, özümüzün sonsuzluğunu hatırlayabilirsek, bu tecrübe sonsuzluğumuzun, sınırsızlığımızın, kutsallığımızın yansıdığı bir cennet rüyasına dönüşebilir.

Algımız değiştiği an rüyada ne gördüğümüz de değişebilir.

Ölümlü dünya gerçek olmadığı için "var olmayışı" hakikat tarafından kesinleştirilmiştir. Bu sebeple hakikatin tersi olarak planlanan her şey (dünyalı yaratım) ancak onu nötr hale getirecek ve yok edecek güce sahip hakikatin yansıması ile, "tasarımın tersi ile" var olabilir.

Ölümlü dünyanın yaratılışında; Âdem var olduğu anda Havva da yanında belirir. Çünkü "insan" denen "tasarım" daha düşünüldüğü an yok olmuştur ve "adam"ı yok edecek, ona hakikati hatırlatacak ve ölümlü dünyanın karanlığı içinde kaybolmasını engelleyecek bir bilinçle beraber kalmalıdır.

Ölümlü dünyada her şey ikili şekilde vardır. Çünkü hakikatte dünyevi görünen hiçbir şey yoktur. Var olmayan bir dünya tasarımı, "yok edici"sini beraberinde getirmelidir.

Bu sebeple dünyada her hata telafisi ile birlikte vardır. Hataya odaklansanız da odaklanmasanız da her hata elbet telafi edilecek, düzeltilecektir.

Dünya sisteminde algıladığınız ve gerçek olmayan tüm "şey"ler telafisi ile, düzeltmesi ile birlikte gelmiştir. Hastalık şifa ile birlikte gelir. Hastalık tek başına var olmaz, çünkü hakikatte yoktur ve bu fikrin bile yok olması için hemen arkasından şifa gelecektir.

Beden fikri zihne düştüğü an hakikatte bir yeri olmadığı için yok oldu. Onu yok eden de kutsal ruh oldu. Sen kendi kendine anlam yükleyerek bedeni var etmeye çalışsan da kutsal ruh sürekli olarak sana "Beden gerçek değil" demekte ve hakikati hatırlatmakta...

Dünya fikri yok edilmek üzere oluştu. Bu sebeple dünyada olan her şey yok edicisini de beraberinde getirdi ve kutsal üçlü bu şekilde var oldu.

Ruh, bedene verilen "cevap"tır.

Şifa, hastalığa verilen "cevap"tır.

Işık, karanlığa gelen "cevap"tır.

Problemler çözüm ile birlikte var olabilirler, çünkü hakikatte problem yoktur. Var olamayacağı için bir tasarım bile olsa, dünyada onu nötrleyecek çözümler ile görünür.

Kadın, erkeğe verilen "cevap"tır.

Ve aslında bunların hiçbiri yoktur, sadece Allah hakikaten vardır.

*Tanrı'nın hakikati dünyaya "aşk" olarak yansır.*

O'nun aşkı tek gerçektir ve elbet her şeyi yok edip bir tek o kalacaktır.

O'nun aşkı; hata ile düzeltme arasında, problem ile çözüm arasında, hastalık ile şifa arasında, beden ile ruh arasında, erkek ile kadın arasında yaşanır...

O'nun aşkı tüm bu ikilemleri bir yapar. Hatanın, hastalığın, problemin ve erkeğin tek başına kalmasına, kaybolmasına izin vermez... O karanlığın içine ışığı, hastalığın içine sağlığı, erkeğin içine kadını yerleştirendir.

O bizim kaybolmamızı istemez. Dünyanın gerçek olmayışı O'ndandır.

O hakikatin sebebi, "hakiki yaşam"ın sahibi, "yaratıcısı"dır ve O'nun yaratımı dışında hiçbir şey var olamaz. O; O'nun dışında hiçbir şeyin, hiçbir illüzyonun var olmayacağının garantisidir. Hastalığın iyileşeceğinin garantisi, öfkenin sevgiye döneceğinin garantisi, hatanın düzeltileceğinin garantisi O'dur.

Tanrı bizi tüm soruların sorulduğu ve cevapların verildiği döngünün sonunda beklemektedir. O soru da değildir cevap da.

Tanrı bizi tüm problemlerin önce varmış gibi göründüğünün, sonra O'nun hakikatinin yansımasıyla çözüme kavuşmasının sonundadır. O ne problemdir ne de çözüm. O her şeydir ve ancak dünyanın yok olması ile, geride kalması ile, problemin çözüme kavuştuğu ve dünyadaki hiçlik ile buluştuğumuz yerde vardır.

## Ruh Eşi ve Ruh İkizi

Âdem ismi ile bildiğiniz ilk insan, aslına bakarsanız "insan fikri" hakikat içinde daha gerçekleşmeden bitti. Âdem daha var olmadan yok oldu. Çünkü zaten hiç yoktu. Onun yok oluşunun garantisi ise Havva'dır.

Erkek; dünyalı, dünya ile bağlantılı ve dünya odaklı iken, "dünyayı deneyimleme" amacı taşırken kadın; hakikatte yaşayan bilincin yansımasıdır. Kadın hakikat odaklıdır, ahiret hayatını hatırlayan bilinçtir.

Kadın, Yaradan'ı hatırlamak ve hatırlatmak için nefes alır. Erkek ise dünyayı yaratmak ve deneyimlemek için.

Bir başka deyişle: Kadın cenneti temsil eder, erkek ise cehennemi. Şu an "cehennem" kelimesine çok anlam yüklediğiniz için bu gerçeği yanlış anlıyor olabilirsiniz, oysa burada kastettiğim cehennem kötü ve algınızdaki anlamda değil.

Erkek insanı, insanca arzuları, hırsları, ateşi temsil eder...

Kadın ise Yaradan'ı, hakiki yaşamı, kutsallığı ve hakikati...

Elbette bu iki durum da ideal ve en yüksek ihtimaller seviyesinde. Yani erkek korkmadan, çekinmeden, sınırsızca dünyevi arzularının, isteklerinin ve hırslarının peşinden gittiğinde, adeta alev alev yandığında, kadın da kendini tamamen bu dünyaya ve dünyevi her şeye kapattığında yaşanır bu iki durum.

Erkek yanan ateştir, cehennem ateşinin kendisidir. Kadın ise onu soğutan, rahatlatan ve yok edendir.

Erkek yanar, kadın ateşi söndürür.

Dünya erkeklerin yaratımıdır. Kadın gelir ve hakikati hatırlatarak dünyayı yok eder. Karanlığı aydınlatır, ateşi söndürür, hastalığı iyileştirir, yaratıma örnek olur.

Yin ve yang olarak deneyimlediğimiz evrensel dişi ve eril enerji erkeğin ve kadının bedeninde özgürce var olduğunda yaşanan ideal durum budur. Ne yazık ki günümüzde kadınlar kendilerini dünya değerlerine kapatmak ve hakikatte kalmak yerine dünyalı olmayı seçti. Bu da hakikatin yeryüzüne inişini geciktiriyor. Bu sebeple şu an nefes, enerji ve kişisel gelişim eğitimlerine kadınlar daha çok ilgi duyuyor. Çünkü onların buna daha çok ihtiyacı var.

İdeal olarak; erkek dünyanın kralıdır. Hırslıdır, girişkendir, çalışkandır, dünyada üretkendir. Dünyada yaratmaya ve üretmeye gelmiştir, dünya kanunlarına daha yatkındır, uyumludur.

Kadın ise hakikatin temsilcisidir. O tek hakiki kralın hatırlatıcısıdır. Kadın durgundur, içedönüktür, hakikati bilir, hatırlar ve ifade eder. Tanrı'yı, O'nun kutsallığını, gücünü, sonsuzluğunu, özgürlüğünü ve yaratıcılığını temsil eder.

Kadın, doğası gereği dünyaya kapalı, hakikate açıktır.

Erkek ise, doğası gereği hakikate kapalı, dünyaya açıktır.

İkisi birbirini nötrler ve yok eder. Amaç da budur zaten. Var olmayan bir şey var olamaz. Bu sebeple erkek dünyaya geldiği an onu yok edecek bir varoluş gereklidir, ki o da kadındır.

Kadın hakikati hatırladığında, dünyevi değerlere değer vermediğinde, Allah'ın yaratıcı enerjisine ve hakiki yaşama tercümanlık ettiğinde ifade ettiği tek şey sevgi, yaratımı da cennet olur.

Bir kadın sadece kendini dünyaya kapattığı ve hakikate dönüp onu ifade ettiği için bastığı yeri cennete dönüştürebilir. Kadın, erkeği içine girdiği karanlıktan kurtarmak, içinde yanan ateşi hafifletmek, tek problemini çözmek, onu yaşadığı cehennemden çıkarıp kendi cennetine (rahim) almak için var olmuştur. Erkek olmasaydı ve dünyaya gelmeseydi kadın da olmazdı, çünkü erkek fikrinin nötrlenmesine, yaratılmamış olanın yaratılmadığının teyidine gerek duyulmazdı.

Bir kadın kendini bildiğinde, özü ile bir yaşadığında, dünya odaklı değil Tanrı ve hakikat odaklı yaşadığında nefes alıp verdiği alan cennete dönüşür. Onun var olduğu yer "Tanrı'nın hatırlandığı alan" olduğu için hastalıklar iyileşir, problemler çözülür, erkek rahatlar, huzur bulur, kadın ise kendini bulur.

Bir kadın açık ve net ise o bir tanrıçadır ve varlığı tüm dünyayı aydınlatabilir.

Nefes kadını büyütür, genişletir, hakikati cennet yeryüzüne indirmesini sağlar.

"Cennet annelerin ayağı altındadır" sözü bu sebeple söylenmiştir. Bir kadının hakikatini kesinlikle hatırladığı yer anne olduğu alandır. Rahmine Tanrı dolduğu an yeniden her şeyi hatırlar ve o an yeryüzü cennet olur. Tabiidir ki bu her kadında böyle olmaz. Bazı kadınlar bu şekilde doğar, aynı gün dünya aydınlanmaya, etraflarındaki her şey ışıldamaya, güzelleşmeye başlar.

Kadın Yaradan'ı temsil eder, bu sebeple karnında bir bebek yaratılır.

Erkek ise dünyayı temsil eder, bu sebeple dünyanın kralı her zaman odur.

Kadın dünyayı bilmez. Dünyada nasıl olması gerektiğini, nasıl davranması gerektiğini ve ne yapması gerektiğini kavramaz. Çünkü bir erkek gibi hırsları, içinde yanan sonsuz ateşi, problemleri yoktur. Kadın hakikati bilir, O'nu ifade eder.

Erkek ise hakiki yaşamı bilmez. O hakikati ve Tanrı'yı dünyalı olmak adına unutmuştur, bir kadının ona hatırlatmasına ihtiyaç duyar.

Allah aşkı, ancak dünyanın yok oluşu ile adım atabileceğimiz bir seviyedir. Bu sebeple hakiki aşk olan Tanrı aşkının deneyimlenebilmesi için önce yok olma tecrübesinin deneyimlenmesi gerekir. Dünyaya inanmayı bırakmamız, egomuzdan özgürleşmemiz, kendimizi bir beden olarak görmeyi bırakmamız gerekir ki aşk olsun. Bu deneyim, bir kadın ve erkek arasında kolaylıkla yaşanabilir. Eğer ikisi de aşka teslim olmaya tamamen hazırsa, birbirleri vasıtasıyla yok olabilirler ve ortada sadece aşk kalır.

Erkek dünyayı ancak bir kadın vasıtasıyla bırakabilir. Bunu yaşamın her alanında görebiliriz. Yaşamında güçlü, hakikat bilincinde, özünü hatırlayan, yani bir tanrıça olmayan erkekler olayı hafifletici unsur bulunmadığı için, dünyayı iyice gerçek zannederek, olan her şeyi ciddiye alarak, öfke, gerginlik, korku, endişe ve korkuyla yaşarlar. Onların dünyasını aydınlatabilecek tek şey hakikatte kalan, kim olduğunu ve kutsal amacını hatırlayan bir kadındır. O kadın yeryüzüne ışığı ve sevgiyi indirir. Tanrı'nın özelliklerini, O'nun hakikatini, ahiret hayatını hatırlatmak için, cennet olmak için buradadır. Erkeğin cenneti olabilir. Onun, yaşamında ciddiye aldığı ve gerçek zannettiği durumları sadece varlığı ile, sevgi, ışık ve hakikati hatırladığı için hafifletebilir, rahatlatabilir. Erkek hırs, arzu, istek ve dünyevi amaçlar havuzunda yanarken kadın ona hakikati getirerek tüm bunların gerçek olmadığını, sadece bir rüya olduğunu, her an, nefes alışıyla bile ifade ederek onu hakikate taşıyabilir.

Böylelikle kadın ve erkeğin ilişkisi dünyanın erkek tarafından önemsenmesi ve hakiki yapılması ile (Âdem) dünyanın kadın tarafından var olmadığının hatırlanması, Tanrı'nın ışığının, sevgisinin, koşulsuzluğunun ve adanmışlığının yeryüzüne taşınması ile yok olma deneyimi yaşanabilmesini sağlar.

Erkek izin verdiğinde ve kadın kendisi olabildiğinde ikisinin "bir"leşimi "yok oluş"tur ve kalan, "hakiki aşk"tır.

Hakiki aşk bu dünyada çok az ve çok zor deneyimlenebiliyor. Çünkü çoğu erkek dünyadan ve inandıklarından vazgeçmemek için her şeyi yapabilir. İnat ve ısrarla savunduğu doğruları sarsabilecek her şeyi reddedebilir. Oysa "ilahi aşk"ın olabilmesi için erkeğin teslimiyeti şartsız ve koşulsuz gereklidir.

Yok olacak olan odur, erkeğin egosudur. Kadın (eğer kendini biliyorsa ve "öz"ü ile "bir"se) zaten var olmadığını bilir.

Erkek yok olmaya, inandıklarını bırakmaya, savunduğu doğruları öldürmeye, kendini aşk için yok etmeye, Hz. Mevlana'nın yazdığı gibi "yanmaya ve kavrulmaya ve yok olmaya" hazır olmalıdır. Çünkü o zaman, işte sadece o zaman, "hakiki bir kadın"la, "bir tanrıça"yla, kim olduğunu hatırlayan kadınla "bir"leştiğinde o birlik içinde yok olabilirler.

Erkek izin verdiğinde, kadın hakikatte kalabildiğinde, "bir"likte yok olurlar ve o anda geriye sadece aşk kalır.

İlahi aşkın deneyimi için yok oluş şarttır.

Işık karanlığı yok eder ve aşk kalır.

Şifa hastalığı yok eder ve aşk kalır.

Kutsal ruh bedeni yok eder ve aşk kalır.

Kadın erkeği yok eder ve aşk kalır.

İlahi aşk var olmayan illüzyonların ötesindedir, bu sebeple illüzyonların düalite sayesinde yok olma ihtimalinin içinde gizlidir.

***

Âdem dünyayı seçerken Havva da onun arkasında geldi. Ona seçiminin hakiki olmadığını ve seçtiği yerin hakikatte var olmadığını hatırlatmak için.

Kadın dünyaya erkeğin peşinden geldi. Yani onu izledi. Ve o, karanlığı takip edip dünya illüzyonuna dalarken onu uyandıracak taraf kendiliğinden oluştu. Âdem dünyaya gelmeseydi Havva da gelmezdi. Ve tüm kadınlar ve erkekler, bu hakikati derinde her zaman hissederler.

Âdem dünyada kayboldu, o dünyaya inandı ve beş duyu organını gerçek sandı. Ama Havva hakikati hep hatırlayarak onun yanında kaldı. Tüm bunların hiç olmadığının hatırlanması için dünyaya Âdem'le birlikte geldi. Havva: Tanrı'nın planının gerçekleştiğinden emin olabilmemiz için Âdem'i nötrleyen bilinç.

Ölümlü dünya yok. Hiç olmadı. Ölümlü dünya gerçekleşmemiş bir rüya sadece. Ancak erkek kendi doğası gereği, dünyanın kralı olduğunun, olması gerekenin de bu olduğunun tam anlamıyla farkında değil, tek başına olmayacak da. Kadın ise dünyanın kralı değil, çünkü doğası gereği dünyada olmadığının ve dünya diye bir yerin olmadığının farkında. Bu sebeple erkek dünyada isteklerini yaparken kadın da onu rahatlatmak, ona huzur vermek için burada. Aslında kadın da erkek de yok.

Erkek bedendir, kadın kutsal ruh.

Erkek her şeyi fiziksel boyuttan algılar, ona hakikati öğretecek bir kadın olmadığı müddetçe her şey fiziksel seviyede gerçekleşir onun için. Kadın ise her şeyi ruhsal boyutta algılar, olan biten her şey ruhsal bir yansımadır onun için.

Erkek her şeyi fiziksel boyuttan algıladığı için, onun algısında, fiziksel bir seks ilişkisi ve ruh eşi ile yaşanan derin bir ilişki arasındaki fark çok zor anlaşılmaktadır. Bunu ona ancak karşında hakiki bir kadın varsa sözleri ile, davranışları ile anlatabilir.

Kadın, erkeğe ruhu öğretir.

Kadın her şeyi ruhsal seviyeden algıladığı için birlikte olduğu her erkek onun ruh eşidir. Her şey ruhunun yansımasıdır. Fiziksel ihtiyaçlar, fiziksel seviye, fizik kanunları onun algılayamadığı alandır.

Erkek, kadına dünyayı öğretir.

Kadına erkek öğretir dünyanın kanunlarını, sistemini, yollarını ve fiziksel seviyeyi. Seks, beden, bedenin gücü, kapasitesi, bedensel hazlar, istekler, arzular... Hepsi kadınlara erkekler tarafından anlatılmış, öğretilmiştir. Kadın tek başına iken fiziksel arzu, istek, seks, cinsellik nedir bilmez, hissetmez.

Erkeğe de kadın öğretir hakikati, ruhunu, sevgiyi, adanmışlığı, kutsallığı ve cenneti. Erkek yanında hakiki bir kadın olmadığı müddetçe ne hakikati bilir ne sevgiyi. Ne adanmışlık, ne kutsallık, ne de koşulsuzluk bir anlam ifade eder ona. Hele mucize ve cennet bir türlü yerine oturmayan iki kelimedir erkek dünyasında. Erkek eliyle tuttuğu, gözüyle gördüğüne ve sahip olduklarına inanır. O dünyaya sahip olmaya gelmiştir, sahip olmadığı hiçbir şeyle ilgilenmez.

Kadın ise hakikate aittir, dünyaya asla ait olamaz. Onun ait olduğu tek varlık Allah'tır, o O'nun ışığını, sevgisini ve affediciliğini getirmek için nefes alır. Elle tutup gözle gördükleri değil, hisleri, sezgileri ve içdünyasıdır onun için değerli olan.

Eminim birçok kitapta kutsal kâse olarak kastedilen şeyin ana rahmi olduğunu okumuşsunuzdur. Hakikat bilgisinin bulunduğu kutsal alanın erkek dünyasında fiziksel bir organ olarak algılanıyor olmasından doğal bir şey yok. Halbuki hakikat bilgisinin ve cennetin bulunduğu alan bu dünya üzerinde bir yer değildir. Ama bir erkek bu bilgiye ancak bir kadın aracılığıyla ulaşabildiği için bu bilginin bulunduğu yeri rahim olarak algılar. Evet, rahim hakikat bilgisinin bir kadın bedeninde bulunduğu yerlerden biridir ama tek alan bu bölge değildir.

Aslında kadının tamamı hakikati temsil eder, ama erkek o bilgiyi sadece fiziksel seviyede algılayabilir.

Bu sebeple Hz. Muhammed'e "Yaz!" değil "Oku!" diye emredilmiştir. Kadın hakikati ifade eder, erkek ise okur. Kadın hakikati hatırlar ve hatırlatır, erkek ise onun aracılığıyla uyanır ve hatırlar. Bir kadın peygamber olmaz, o zaten hakikat bilgisi içinde doğar, hakikati temsil eder ve nefesi açık, özgüveni tam ise zaten hakikati bilir. Hakikati bilme ihtiyacı erkeklere aittir. Uyanması gereken erkektir. Kadın uyandırandır. Ve hakikatte ikisi de aynı illüzyonun parçasıdır, ikisi de yoktur.

Kadın cenneti dünyaya indiren, sorunları gideren, hastalıkları şifalandıran, karanlığı aydınlatan enerjinin ta kendisidir. Erkek ise dünyayı seçen, sorunları yaratan, hastalıkları oluşturan, karanlığın prensidir. Ve hakikatte ikisi de yoktur. Sorun çözümü ile birlikte gelir, hastalık şifası ile, erkek kadın ile gelir. İkisi birbirinden ayrı olamaz. Çünkü hakikatte ikisi de yoktur.

***

Tanrı ile bir yaşayan benlik, ruh yeryüzüne inerken dişi ve erkek olarak ikiye ayrılır. Ruhun bir yarısı erkeğin, diğer yarısı kadının bedenindedir.

Beden Allah ile direkt bağlantı kuramaz. Ama ruh kurabilir.

Erkek Allah ile direkt bağlantı kuramaz ama kadın kurabilir. Ancak bunu sadece "bedeninden ve dünyadan tamamen özgür bir kadın" yapabilir, ruhani özelliklerinin dışında hiçbir özelliğini hatırlamayacak kadar aydınlanmış bir kadın.

Bu sebeple kadın özgürleştireceği ve uyandıracağı erkeği, ruh ikizini bulduysa –ki "Obsesif derecede takıldığınız ve her an aklınızda olan, asla bırakamadığınız, yaşam size ne getirirse getirsin, ne olursa olsun sevmekten vazgeçemediğiniz, ait olduğunuz kişi" dediğimde tek bir kişi gelecektir aklınıza– onu sevmekten, onu eve davet etmekten asla vazgeçmemelidir. Çünkü orada ruh ikizlerinin birleşmesinde Tanrı hakikati gizlidir. Bu "bir"leşme gerçekleştiği an tüm dünya özgürleşir.

Hepimizin yüzlerce ruh eşi bulunuyor olabilir, ancak ruh eşlerimizin arasında sadece tek bir ruh ikizi vardır.

Ruh eşleri bir aradayken hissettikleri rahatlama, huzur, dinginlik, özgürlük hissinden birbirlerini tanırlar. Ruh eşleri birbirine destek olur, birbirini ilerletir, güçlendirir, büyütür... Ruh eşleri fevkalade iyi hayat arkadaşları olabilirler, çünkü birlikte ilerler, aynı yollardan geçerler ve el ele devam etmeleri ikisi için de güvenlidir.

Ruh eşleri birbirlerine aittirler. "Bir"likte gelip gittikleri belki de milyonlarca hayat/boyut sebebiyle birbirlerine karşı sonsuz bir sevgi, anlayış, adanmışlık ve aidiyet hissederler.

Eğer bu hayatta ruh eşinizi bulmuşsanız, ikinizden biri ölmeden önce ondan ayrılmanız mümkün olmayacaktır.

Ruh eşleri "Tanrı'nın kutsal düzeni ve planı"nın yansımasıdır. Ruh eşleri birbirlerine tanrısal bütünlüğü, sonsuz sevgi ve ışığı yansıtırlar.

Ruh eşlerinin zihin yapıları, hayata bakış açıları, dünyevi düzlemde (insan olarak) yaşadıkları tecrübeler farklı olabilir ama ruhsal seviyede onlar birbirlerinin yansıması, ruhun bedendeki birleşimidirler. Ruh eşleri ruhsal seviyede birbirine benzer ve hatta aynı tecrübeleri yaşamaktadırlar. Ruhsal gelişimleri hizalanmıştır. Hiçbir zaman biri diğerinden önde veya arkada değildir.

Ruh eşleri ruhsal uyanış anlamında her zaman aynı seviyededirler. Hayata farklı bakabilirler, düşünceleri, inançları, yaşları, yaşamdan beklentileri tamamen farklı olabilir, bu fark etmez. Onlar en üst ihtimaller seviyesinde, birbirlerinin en yüksek ihtimallerini yansıttıklarını bilirler.

Bence ruh eşinizle karşılaşmak ve hatta onunla bir ömür sürmek dünyada başınıza gelebilecek en güzel ve en iyi şey! Ruh eşi birlikteliklerinde her an, her gün ve her anlamda, maddi manevi uyanışlar ve yükselişler olur. Biri diğerinin yansıması olan iki ruh, iki yüksek ihtimal birbirlerini sürekli ve düzenli olarak, her anlamda üst seviyeye taşır.

Kendi deneyimimden biliyorum; bu durum çok ama çok büyük bir lüks. Ruhların, dünyanın ötesinde bir yerde kurdukları bağ ve yaptıkları anlaşmanın bu dünyaya yansıması, bu birliktelik bir kez gerçekleşti mi, bu hakiki bağ dünya zeminine indi mi, bu iki insanın ayrılmasını imkânsız hale getirir.

Ruh eşleri birbirlerinin varlığında güven kelimesinin yetersiz kaldığı bir durum yaşarlar. Dünyanın var olduğu andan beri tüm yaşam ve tüm dönemlerde "bir"likte yaşadıkları deneyimler ve birbirlerinin tam yansıması olmaları onları müthiş bir rahatlık, huzur, güven ve teslimiyet seviyesine taşır.

Karışıklık şimdi başlıyor!

Bu seviyede bir teslimiyet ve yansıma gerçekleştiği zaman, bizler ruhumuz ve özümüz ile sonsuz bir bağlantıya geçtiğimiz için bu bağ hakikate çağrı yapar ve "son yaşam"ı beraberinde getirir.

Tüm yaşamlarda dünya tecrübesini "bir"likte deneyimlemiş olan ruh eşleri, "son yaşam"da son bir kez daha "bir"likte eş deneyimine kalırlar. Bu deneyim diğerlerinden biraz daha farklıdır. Çünkü ikisi de bu deneyimin birbirlerinin ruh ikizlerini çağırdığını, ikizlerin aktive edildiğini bilinmeyen bir seviyede hisseder. Bu kez beraberlikleri alışılmış şekilde, ölümle bitmeyecektir... Bu kez, daha önce düalite döngüsüne girememiş olan ruh ikizi karşılaşması gerçek olacak ve ikisini de ölümsüzleştirecektir.

Ruh ikizi veya ikiz ateş ruh eşinden farklı bir durumdur. Örnek vermem gerekirse; ruh ikizlerinin klasik eş ilişkisi içinde olmaları neredeyse imkânsızdır. Çünkü onlar dünyayı ve bedeni yok etmek, illüzyonun gerisine geçmek için vardırlar. "Bir"leştiklerinde ortaya çıkan yüksek titreşim dünyayı aydınlatır. İnsan, cennetine girmiştir. İnsan, insanlıktan çıkıp peygamber olmuştur, yeryüzü de onun cennetidir.

Onların ilişkisi çok daha derin, doyurucu, geliştirici ve renklidir. Aşk her geçen gün, hatta her geçen an değişik renklere, şekillere bürünebilir. Ruh ikizlerinin "bir"leştiği "an"larda yeryüzüne öyle büyük bir hakikat iner ki bu dev bir ışık kümesi olarak hem o erkek ve kadının varlığında hem de yaşadıkları şehirlerde hissedilebilir.

Felaket kelimesi ruh ikizlerinin varlığında anlam kazanır.

Çünkü ruh ikizlerinin karşılaşması ikisi için de bir felakettir. Bu sınırlı ve ölümlü beden ve dünya, çoğu zaman ruh ikizlerinin yanan kalplerini ve içlerindeki ateşi kaldırmakta zorlanacaktır.

Ruh ikizlerinin ilişkileri git gel döngüsünde yaşanır. Dünyada bir birliktelik olmaz, çünkü ruhlar zaten birdir. Dünyevi seviyede bir beraberlik yaşanması gerekmediği için dünya zemininde bunun gerçekleşebilmesi için uygun bir sistem de bulunmamaktadır.

Ruh ikizleri dünyayı ve birbirlerini (egosal anlamda) yok etmek amacıyla karşılaştıkları için ilişkilerini çoğu kişi acı, hüzün ve derin bir umutsuzluk hissi ile tarif eder.

Ruh ikizleri dünya zemininde yaşanan en ateşli, en büyük aşklardır aslında. Onlar sonsuzluktan gelip sonsuzluğa giden, Tanrı'nın birliğini gerçekleştiren durumlardır. Bu sebeple dünyada hiçbir zaman bir araya gelemezler. Romeo ve Juliet gibi, Ferhat ile Şirin gibi, Leyla ile Mecnun gibi... Onların, dünya var olmadan önceki gerçekleri, birlik ile dünya sonlandığında vardıkları nokta, birlik, "bir"dir. O nedenle ruh ikizleri 11:11 ve 1:1 sayıları ile tarif edilirler.

11:11 ruh ikizlerinin özleri ile, ruhları ile bağlantılarının güçlü olmadığı dönemlerini, ruh ve beden realitesini temsil eder. 11 deneyimindeyken ruh ikizleri kendilerini bir ruh ve beden olarak görmekte, fiziksel seviyeye bakmakta, beden gözleriyle gördüklerine inanmaktadırlar... Fiziksel güzellikler, güzel bir beden, güzel gözler, dudaklar, kıyafetler, eşyalar ve bilumum madde onlara hâlâ çekici ve baştan çıkarıcı görünmektedir. Bu seviyede 11:11 birbirleri ile fiziksel görüşmezler.

Ruh ikizleri daha sonra 1:1 seviyesine, Allah'la bir olan seviyeye geçerler. Bu iki seviye arasında, belki birkaç gün, belki birkaç ay, belki birkaç yıl fiziksel olarak görüştükleri, aşkın, seksin, tutkunun en yüksek boyutlarını yaşadıkları bir dönem olur. Bu dönemde yaşadıkları her şey, özellikle de bir araya gelmelerini engelleyen egosal durumlar onları 1:1 seviyesine taşımak için yaşanır.

Ruh ikizleri kalplerinde yanan aşk alevini dünyaya taşıyamadıkları için, yani fiziksel olarak bir araya gelemedikleri için (bu evrensel düzlemde bilhassa engellenmektedir) yaşadıkları derin durumu Tanrı seviyesine taşımak "zorunda" kalırlar.

Kavuşamayan âşıklar olan ruh ikizleri için dünyada her zaman tek yol vardır: Allah'a sığınmak.

Ruh ikizlerinin kalplerindeki aşk, bedenlerindeki ateş fiziksel anlamda bir araya gelemiyor olmaları ile onları bir sonraki seviyeye, Allah ile bir olmaya taşır: 1:1...

1:1 ruh ikizlerinin ayrı ayrı Allah'a hizmet yolculuğuna çıktıkları dönemi temsil eder. İçlerinde yaşadıkları derin duygular ile başa çıkabilmelerinin tek yolu başka insanlara dokunmak, onlara uzanmak, sarılmak, insanlığın kalbine yerleşmektir. Aslında bir seviyede ikisi de peygamberleşmiştir... İkisine de derin bir algı, sabır (peygamber sabrı), anlayış ve affediş yerleşir... Çünkü başka çareleri yoktur, tek yol'a girmişlerdir... Âşıklar yolu... Tanrı'nın yolu...

"Âşıklar yolu"na yüreğin parçalanmaya başladığında giriş yaparsın. Dünyevi anlamda gerçekten, ama gerçekten, ölümden beter bir aşka yenik düştüğün anda. Ruh ikizlerinin "bir"birlerine olan ve aslında birbirleri aracılığıyla tetiklenen aşkı, "Yaradan'ın aşkı"dır. "Nefsinde ve nefesi"nde deneyimledikleri O'nun nefsi, O'nun nefesidir. Ve bu çok büyüktür. Yürekleri paramparça eder. Günlerce, aylarca ağlarsın ama ruh ikizinden ayrılmış olmanın, yani "ilk ayrılma"nın, "ilk parçalanma"nın "acı"sı asla dinmez. "İlk parçalanma"yı her an bize hatırlatan ve bizi bu sebeple paramparça hissettiren "ikiz alev"ler bu yüzden uzun süre bir arada kalamazlar. Onlar ruh ikizlerinin hakikati olan özlemi ve parçalanma acısını deneyimler. Bu derin acı, ilk ayrım (yin ve yang, dişi ve eril,

Şiva ve Şakti) kendi içinde insanlığa karşı derin bir anlayışın oluşmasını, ruh ikizlerinin tanrısal bir misyon seviyesinde kalmasını sağlar.

Ruh ikizi ile karşılaşmış, yani "âşıklar yolu"na giriş yapmış kişileri gözlerinden ve bakışlarından teşhis edebilirsiniz. Onlar her an ve her yerde, insanlığa müthiş bir şefkat, içtenlik ve derinlikle sarılırlar. İçlerinde hissettikleri özlem ve parçalanma acısı o kadar derin ve büyüktür ki yaşamlarına devam edebilmek için tek şansları, sarılamadıkları ruh ikizlerinin yerine diğer insanlara uzanmak, dokunmaktır...

Ruh ikizimiz ilk ve son dünya deneyimimiz dışında fiziksel anlamda hiç bir'likte olmadığımız ama varlığını her an hissettiğimiz diğer yarımız. Eşimiz değil. Bu durumu kardeşlik gibi algılayabilirsiniz ama dünyadaki kardeşlik gibi değil elbette. Yin ve yang, siyah ve beyaz, ışık ve karanlık, gece ve gündüz gibi bir kardeşlik bu. Ruh ikizlerinin biri ak, diğeri karadır her zaman. Biri müthiş bir adanmışlık içinde yaşar, diğeri müthiş bir özgürlük... Birinin ihtiyacı özgürlüktür, diğerinin ihtiyacı bağlanmaktır mesela... Her şeyden önemlisi dünya zemininde eş olmaları imkânsızdır. Onlar, birbirlerinin tam anlamıyla ters kutupları oldukları için birbirlerine baktıklarında kendilerini gördüklerini zannederler ama aslında karşılarındaki kişi tam ters ihtimali yaşamakta, barındırmaktadır. Bunu anlamaları çok uzun sürebilir. Genelde ruh ikizlerinde daha önde olan, her yaşamda olduğu gibi diğerine rehberlik eden ve bayrağı elinde tutarak yol gösteren, ışık olan, yolu aydınlatan biri vardır. Bu hangi taraf ise, diğer tarafa "ayrılıklarını" göstermeye çalışır.

Ruh ikizlerinin yapabileceği en büyük hata bu deneyimi ruh eşleri deneyimi ile karıştırmaktır. Bizler dünya zemininde, en derinde, çoğu zaman ruh eşlerimiz ile karşılaşır, onlarla ilişki kurarız. O nedenle çoğu zaman ruhsal derinlikte karşımızdaki kişinin bizim benzerimiz, hatta aynımız olduğunu deneyimleriz. Oysa ruh ikizlerinde bunun tam tersi yaşanır. Onlar birbirlerinin tam tersidirler. Biri aydınlık ise diğer karanlıktır. Biri ahireti temsil eder, diğeri dünyayı... Biri ruhsal bilgilerle donatılmıştır, diğeri dünyevi tecrübelerle... Biri "Allah" der, diğeri "insan"... Bunu fark etmedikleri sürece aralarında çok ciddi anlaşmazlıklar yaşanabilir. Birbirlerine baktıklarında ruhsal seviyede kendilerini görürler ama dünyevi seviyede seçtikleri karakterler zıttır. Zaten bu duruma ikiz alev denmesinin sebebi de budur. Birbirlerini tam olarak anlamaları, kavramaları neredeyse imkânsızdır. İnsanın arkasında ne olduğunu görememesi gibi. Onlar birbirlerinin karanlık noktalarını, bu hayatta göremedikleri, bilemedikleri ve hatta deneyimleyemedikleri ne varsa onu temsil ederler.

Ruh ikizlerinden biri fiziksel deneyimlerde, seks, dokunma, fiziksel aşk konusunda uzmanlaşmış, ilerlemiş olabilir. Diğeri evrensel aşk, tanrısal aşk, bilinç seviyesinde yaşamada uzmanlaşmıştır. "Bir"likte inanılmaz bir boyutta bütünleşme olur ama bir kavrama olmaz. Çünkü biri diğerinin içinde, yanında veya çevresinde olamaz. Biri diğerinin hep karşısındadır. Bu karşılık, dünyevi seviyede deneyimlenmesi ve açıklanması imkânsız bir su ve ateş ilişkisi doğurur. Çiftlerden biri ateş, diğeri sudur. Birbirleriyle tamamen uyumsuz ve birbirlerine tamamen zıt ama bir aradayken bütündürler.

Bu zıtlık, farklılık, hatta iki ayrı kutup olma durumu bir arada kalmalarını, hayat yolunu el ele yürümelerini imkânsız kılar. Onlar birbirlerini, ne olmadıklarını görmek için seçmişlerdir. Bunu kavrayıp anladıklarında bir arada olmaları evrenin en büyük dersidir. Çünkü birbirlerine tamamen zıt olduklarını kabul edip birbirlerine baktıklarında "kendilerini gördükleri aldatmacası"ndan çıkabilirlerse aslında birbirlerinde sadece kendilerini göremediklerini anlayabilirler. İşte bu anlaşıldığı anda hakiki ders başlar.

Ruh ikizleri birbirlerinde, kendilerinde olmayan her şeyi görebildiklerini, bir insanın arkası gibi kendinde gizli, kendine kapalı ihtimalleri diğerinde görebildiklerini anladığı an hakiki rehberlik akmaya başlar. Onların artık birbirlerinden başka öğretmene, rehbere ihtiyaçları kalmamıştır. Farklılıkları, zıtlıkları onlara dünya tecrübesinin tamamını, göremedikleri, bilemedikleri her şeyi anlatabilir. Tabii bu farklılık ve zıtlığa rağmen birbirlerinin varlığında olabilirlerse.

Ruh ikizimiz (yani karanlık noktamız; fiziksel boyutta deneyimimize kapatılan her şey) bize bedenlendiğimiz yaşamlarda bedenli olarak değil, ruhsal bir varlık olarak koruyup gözeterek, ışık tutarak yön göstermiştir. Aynısı bizim için de geçerlidir; ruh ikizimizin bedenlendiği yaşamında ona destek olma görevi ile ruhsal boyutta kalmış olabiliriz.

Ruh ikizleri zaman var olduğundan beri ve hatta öncesinde ve sonrasında da birbirlerinden hiç ayrılmamışlardır ve bunu daha ilk karşılaşmalarında hisseder, bilirler. Birbirlerine karşı çok derin bir bilme hissi taşırlar. Çünkü onlar birbirlerinin bilmediklerini bildiren evrendeki en uç noktadırlar.

Benim için ruh ikizimi anlatan en iyi cümle şu olurdu: her an, ebediyen yanımda olduğunu ve olacağını bildiğim, anlamam ve görmemin imkânsız olduğu, bana tüm dersleri öğreten diğer yarım, karanlık tarafım... Bilmediğimi bile bilmediğim insanlık tecrübesi.

Ruh ikizi bir sembol aslında. İnsanın Tanrı'dan ayrı olma düşüncesinin sembolü. Dünya tecrübesinin ilk başladığı an nasıl Âdem ile Havva, yani ikilik başlıyorsa ruh ikizimiz de bu ikiliğin "sembol"ü. Ayrılığın sembolü. Ruh ikizleri "yaşadıkları yoğun duygular sebebiyle ortaya çıkan birleşme arzusunu, birbirlerine kavuşma isteği"ni dışadönük yaşamak yerine; yani birbirlerine ulaşmaya çalışmak veya birbirlerini ömür boyu saçma bir döngü içinde beklemek yerine bu derin özlem duygusunu içe döndürebilseler, Yaradan'ın varlığının olduğu o ilham noktamıza varırlar. Oradan inanılmaz bir ilham doğar.

Belki şimdi söyleyeceğim şey sizi şaşırtacak ve çelişkiye düşmenizi sağlayacak ama; ruh ikizimiz bu dünya tecrübesinde deneyimlememizin imkânsız olduğu tek nokta. Anlamamızın imkânsız olduğu tek insan, görmemizin imkânsız olduğu bir yolculuk... Çünkü biz neysek o diğeri. Ve bu düalite, ikilik içinde ilham gizli. Gizem burada yatıyor.

Bugüne kadar tüm şairler kavuşamadıkları aşka şiir yazmışlardır, tüm heykeltıraşlar kavuşamadıkları aşklarının heykelini yapmışlardır... Hayal dünyasına, dünya bilinci ile ulaşamadığımız yere; "Tanrı bilinci"ne dokunabildiğimiz yerdir bu nokta. İlham noktası... Ve nasıl ki insan Tanrı'ya ulaşamıyorsa, bu tecrübenin dünyaya yansıdığı yer de ruh ikizimizdir. Kavuşma isteğinizi içinize döndürdüğünüzde, yanan alevin yüreğinize dokunmasına izin verdiğinizde, işte o noktada ortaya çıkar varoluşun amacı. O noktada Yaradan, seni ve yanan yüreğini kullanmaya başlar. Hissettiğin ateş O'dur. Hissettiğin özlem O'nadır. Kavuşamayacağın, bu bedenle, bu benlikle sarılamayacağın O'dur. Ve elbet dünyada bir kişinin, O'na duyduğun özlemin sembolü olması gerekir. Olsun ki ilham al.

Dünyanın en sevgi dolu ve anlayışlı insanları yüreği aşk ile yanan, kavuşamadığı sevgiliye duyduğu özlem ile parçalananlardır. Onlar tüm insanlığı anlarlar. İnsana dokunurlar.

*Bilirler.*

*En üst bilme halidir bu.*

Aşk... İlahi aşk...

Bu seviyede "yapma ve olma ihtiyaçları"nın tamamı devre dışı kalır. Dünyada ulaşmak isteyip ulaşamadığın tek insana varamayacağını görmek ve iyice anlamak, kabul etmek... Haddini bilmek... En büyük uyanıştır yaşayabileceğin.

Yaradan'ın varlığı "tek"tir. O varsa diğer hiçbir şey yoktur.

O'nun olduğu hakikat içinde ne ben varım ne bedenim. O nedenle kavuşma asla gerçekleşmeyecek. Amaç kavuşmak değil bu yüzden. Hiç olmayacak, olamayacak şeyin peşinde koşmak anlamsızlığın dibi değil mi? İşte o yüzden biraz önce ruh ikizimizle olan deneyimimize "Anlamsızlığın dibi" dedim. Hakikat seviyesinde anlamsızlığın dibi.

Oysa dünya seviyesinde gelmiş geçmiş en anlamlı şey. Hatta tek anlamlı şey.

Zaten bu yüzden ruh ikizleri ruh eşleriyle karıştırılıyor. Böyle büyük bir anlam yükleme durumunda insan kayboluyor. Bu durum insanlığın kaybolma yolculuğunun başını sembolize ediyor. İnsan kaybolmuş durumda. Bu nedenle dünyada yaşadığın en büyük aşk olan ruh ikizinle yaşadığın aşk senin kaybolman demek.

Bu ne demek? Eğer aldanırsan (belki de peygamberler bunu anlatmaya çalıştılar hep!)... Onu Tanrı aşkı ile, ona duyduğun özlemi Yaradan'a duyduğun özlemle karıştırırsan, onu ilahlaştırırsan, ulaşamayacağın bu kişiye ulaşmak, onunla bir arada olmak için öyle büyük bir enerji harcarsın ki sen de harcanırsın. Bir aradayken vaktin nasıl geçtiğini anlamazsın. Bir arada olmak için her şeyi yapabilirsin, dünyayı, dünyanı yıkabilir, her şeyden vazgeçebilir, hayatını tamamen mahvedebilirsin. Ve buna değeceğine inanırsın. Ona ulaşamadıkça daha da aldanırsın, onu tanrılaştırırsın. Onu tanrın yaparsın, ondan başka hiçbir şey düşünemez, yapamaz hale gelirsin, ki bu sen bittin demektir. Yaşam enerjin biter, kendini halsiz, bitkin, ölü hissetmeye başlarsın. Çoğu genç hastanelik oluyor veya intihara kalkışıyor bu yoğun özlem duygusuyla başa çıkamayınca. Birçok kişi de alkole ve uyuşturucuya bağımlı hale geliyor.

Hatırlamanız gereken en önemli şey şu: Ruh ikizinle bir arada olsan bile ona ulaşamıyorsun. O sana hep ve her şeyi ile yabancı geliyor. Yabancı olduğu için dünya zemininde inanılmaz bir ateş hattı oluşuyor. Bu fiziksel çekim demek, seks demek, şehvet, tutku demek ama tüm bu dünyevi duyguların dibinde kaybolursan kaybolursun. Kaybolmanın dibi gerçekleşir. Ve oradan eve dönmek istersin. İçine dönmek, yalnız kalmak... Çaresizliğinle başa çıkamadığın, ona ulaşmayı başaramadığın sürece iki seçenek olacak önünde: Ya tüm anlaşılmazlıklara rağmen, birbirinizi asla anlamayacağınızı, bilemeyeceğinizi, birbirinizin tamamen zıddı olduğunuzu kabul eder, bu ateş hattında yaşarsın, her gün, her an onunla, fiziksel bir zihin bedenle uğraşırsın ya da onu bırakırsın. Onu bırakman demek fiziksel dünyadan, beden dünyasından tamamen özgürleşmen demek.

Bir kişi ruh ikizini, onunla yaşadığı derinliği, kendini tamamen kaybettiği bu yoğun duygu selini bırakabiliyor, ona dokunmama, onunla birlikte olmama kararı verebiliyorsa gerçek özgürlük gerçekleşir. Çünkü bu dünyada verilmesi en zor karar, yapılması en zor şeydir. Zor seçilen yoldur.

Bu yolu seçtiysen, ulaşamayacağını anladığın kişiyi bırakıp Allah'a döndüğün an bir bakarsın o seni kucaklamış ve cennete almış.

Aldığın nefes cennet olur o zaman. Bakışların anlayış, şefkat ve Yaradan'ın habercisi olur. Yüreğin öyle büyük bir aşk ve özlemle yanar ki tüm insanlığa ilham olur, karşılaştığın herkesi iman dolu, sevgi dolu yapar.

Dünyayı değiştirecek güç verilir sana.

Sadece "dünyalı bir bedeni", ne kadar cazip olursa olsun, yaşadıkların, hissettiklerin ne kadar büyük olursa olsun dünyayı O'na, Yaradan'a tercih etmediğin için Tanrı'nın krallığı senin olur. Artık eve dönüşün garantilenmiştir.

Bu noktada kendini ifade etmek istediğin için değil, ona ulaşmak istediğin için değil, herhangi bir amacın kaldığı için değil, sadece görevini tamamlamak için yaşarsın dünyada. Yüreğin her gün Tanrı aşkı ile yanıp tutuşur ama bilirsin ki O'na ulaşmanın yolu tüm kardeşlerini seninle birlikte eve götürmekten geçer. Dünyada son kalan kişi ruh ikizin olacaktır. Eve dönmeyi son seçen kişi...

Yapılan son seçim onun seçimi olacaktır. Ve tüm dünya ve ikizin hakikati seçtiği an kutsal plan gerçekleşmiş olur. Sen zaten bilirsin bundan kaçış yok. Bu plan bu hayatta gerçekleşti.

Her zaman dediğim gibi: yanlış anladınız. Ve şimdi düzeltme geldi. Ruh ikizi böyle...

***

Ruh eşi farklıdır. Ruh eşleri dünya var olduğundan beri her hayata "bir"likte gelir, "bir"likte giderler. O nedenle birbirlerine çok üst seviyede bir güven taşırlar. Uçurumdan atlayacakken seni her defasında tutan ve orada olduğundan emin olduğun kişi var ya, o senin ruh eşin. Ruh eşlerimizle daha ilk karşılaştığımız andan itibaren müthiş bir güven duygusu hissederiz. Onların içinde yok oluruz, adeta bir oluruz, onlar vasıtasıyla ruhumuzun sonsuzluğunu, kutsallığını, gücünü deneyimleriz. Ruh eşimize baktığımızda kendimizi görürüz. Kendimize ait her şeyi ruh eşimizde buluruz. Ruhsallığı onun aracılığıyla deneyimleriz.

Ruh eşleri harika hayat arkadaşları olur. Çünkü onlar dünyaya yüzyıllardır birlikte gelip gittiğimiz kişiler olmaları sebebiyle bizi çok iyi tanırlar. En ufak hareketimizde ne yapacağımızı, nasıl ilerleyeceğimizi bilirler. Ruh eşleri ile belirsizlik neredeyse hiç yoktur, olmaz. Her an her şey belli, belirli ve alın yazısı gibidir. Ruh ikizleri ile yaşanan belirsizlik ruh eşlerinde yoktur.

Ruh eşimiz bizim her anlamda konfor alanımızdır. Onların yanında kendimizi çok rahat, güvende, koşulsuz hissederiz. Fiziksel realitenin ötesine geçeriz ve sadece olma halini deneyimleyebiliriz.

Ruh eşleri birbirlerini kapsar, iç içe geçer ve birlikte var olabilir, uzun yıllar el ele yürüyebilirler... Tecrübeme göre; ruh ikizinizle de karşılaştığınız son hayatınızdaysanız ruh eşinize kesinlikle ve her seviyede ihtiyacınız olacak. Çünkü ruh ikizlerinin karşılaşması o kadar çarpıcı, dayanılmaz, sarsıcı ve inanılmazdır ki yaşanan aşk, hakikat ve aydınlanma boyutunun içinden geçebilmek adına ona ihtiyacımız olacaktır. Karanlık noktamızda karşılaştığımız zaman deneyimlediğimiz bilinmeyen boyutunda paniğe kapılmayıp ilerleyebilmek için bilme boyutundaki ruh eşlerine ihtiyacımız var.

Özetlemem gerekirse; ruh eşleri ömür boyu süren evlilikler, uyumlu beraberlikler, birbirlerini her şeye rağmen kabul eden ve seven çiftlerdir. Ruh ikizleri ise birbirlerini hiç anlamayan, sürekli bir bilinmezlik ve güvensizlik içinde yaşanan, bize bilmediğimiz her şeyi gösteren ve öğreten, alevler içinde deneyimlenen yasak aşklar, kavuşamayan âşıklardır.

Ruh eşim beni dünyada en iyi anlayan insan, beni en iyi temsil eden bilinç, bildiğim her şey, gördüğüm her şey, benliğim ve bedenim ve zihnim ve duygularım ve hepsidir.

Ruh eşim benim yansımamdır.

Birçok ruh eşimiz olabilir dedik ama bizi gerçek anlamda yansıtan tek bir eş çıkar karşımıza. O bizim dünyadaki eşimiz, ruhumuzun da bedenimizin de tek eşidir ve gelmiş geçmiş tüm yaşamlarda onunla mutlaka birlikte gelmişizdir buraya. O bizi bu dünyada en iyi anlayan kişidir aynı zamanda. Bir bakışımızdan, duruşumuzdan bile hisseder kim olduğumuzu. Hakiki ruh eşinizi, dünyadaki tek eşinizi bulmuşsanız eğer bunu bilirsiniz. Gözler ruhun aynasıdır. Gözlerinden içeri kâinata geçiş yaparız, yürekler bir olur, zihin tektir, bilinç birlikte ilerler ve o bizim el ele ömür boyu birlikte devam edebileceğimiz kişi, en iyi arkadaşımızdır.

Ruh eşi büyük bir ödüldür. Cennet kararının yansımasıdır. Birlik bilincinin sembolüdür.

Ruh eşi de aynen ruh ikizi gibi bir semboldür. Nasıl ki ruh ikizi ayrılık bilincinin sembolüdür, kendimizden ayrı gördüğümüz yanımız, kendimizden ayrı bir kişinin olma kararının yansımasıdır, ruh eşi de bir araya gelmenin, eve dönüşün yansımasıdır, sembolüdür. O nedenle ruh eşimizin yanında büyük bir huzur, dinginlik, güven hissederiz ve ömrümüzün geri kalanında yanımızda olsun isteriz.

Ruh eşi doğası gereği yanımızda olmak, bize yaşam yolunda eşlik etmek üzere gelendir. Ruh eşleri birbirlerine dünyadan özgürleşme yolculuğunda eşlik ederler. Bu sebeple bence ruh ikizi, ruh eşinizle karşılaşmadan önce çıkamaz karşınıza. Sizi güçlendiren, ayaklarınızın yere basmasını sağlayan, ruhunuzun aynası olan, size kim olduğunuzu hatırlatan bir yansımanız olmadan ruh ikizinizle karşılaşmanız ve bu deneyimi ölmeden atlatmanız (ciddiyim!) pek mümkün değildir. Ruh ikizinizle yaşadığınız o baş döndürücü, kendinizi kaybettiğiniz deneyim içinde her an elinizi tutan, yanınızda olan ve her an yanınızda olacağını bildiğiniz bir kişiye ihtiyacınız vardır. Yoksa bu tür deneyimlerin içinden geçmek neredeyse imkânsızdır. Düzen gereği sen ruhunla bir bütün olduğunda, ruhsal yönün güçlendiğinde çıkar karşına ruh eşin ve ruh ikizin.

Ruh eşleri birbirlerine benzerler. Her anlamda. Şekil, ruh, beden, benlik, duruş, bakış, hatta yürüyüşleri bile... Yaşamı aynı şekilde algılar, baktıkları yerde aynı şeyleri görürler. Çok iyi anlaşmalarının altında yatan da budur zaten. Çok zor anlaşmazlığa girerler. Genelde çok uyumludurlar, birbirlerine karşı derin bir beğeni, sevgi ve saygı beslerler. Ruh ikizlerinde olan ateş hattı tecrübesi yoktur aralarında. Zor değildir ilişkileri.

Ruh eşleri için akan sular durur. Galiba en iyi böyle tarif edebilirim bu durumu. Hayat ruh eşlerinin birbirini bulması için mükemmel bir plan sanki. İnsanın kendi özüne dönmesi için mükemmel bir plan olduğu gibi. Sen zaten özüne döndüğünde ruhunu bulduğun için ruh eşini de bulmuş oluyorsun. O tatmin, o deneyim doğal olarak ruh eşin ile karşılaşmanı sağlıyor. Ve bu karşılaşma üst düzeyde bir nefes alma, rahatlama, üst seviyede bir güven ve birliktelik hissini beraberinde getiriyor.

Kelimenin tam anlamıyla "Biz birbirimiz için yaratılmışız" dediğimiz tek bir kişidir ruh eşimiz. Evet, birçok ruh eşiniz olabilir ama tahmin edebileceğiniz üzere hakiki anlamda tek bir ruhunuz olduğu için tek bir ruh eşiniz olması gerekir. Diğerleri ruhunuza yaklaştığınız, ruhunuzla bağlantıya geçtiğiniz ve onunla haşır neşir olduğunuz dönemlerdeki eşlerinizdir.

Allah'ın 99 ismi gibi 99 ihtimal var ruh eşliğinde. Yani 99 ruh eşimiz var hayat boyu karşılaştığımız. Akrabalarımız, öğretmenlerimiz, iş arkadaşlarımız, eşimiz, dostumuz, herkes olabilir. Kendinizi yakın hissettiğiniz, daha ilk karşılaşmadan "onu tanıyor gibiyim" dediğiniz herkes ruh eşiniz. Dünya var olduğundan beri bu rüyada bu ruh grubu ile "bir"liktesiniz. O nedenle onlarla ilk anda sıcak bir ilişkiye girersiniz. Onlar ebedi dostlarınız... Yüzyıllardır el ele, yürek yüreğe, hayat yolunda birlikte devam ettiğiniz kişiler...

Ve yine tahmin edebileceğiniz üzere, nasıl ki her insanın enerjisinin, formunun ve varlık amacının arka planında Allah'ın 99 isminden biri varsa bu varlığa uygun da tek bir ruh eşi var. Gözlerinin içine baktığında kaybolduğu, tüm enerjisiyle iç içe geçtiği ve bir olduğu, her an yanında olduğunu hissettiği, nefesinin nefesi ile, nefsinin nefsi ile, duruşu ile, bakışı ile "Evet, o ben" dediği tek bir ruh eşi var her insanın.

Ve onu bulmak, onunla karşılaşmak her şeyden zor çoğu kişi için. Çok düşük bir olasılık. Neden? Çünkü her şeyi ile benliğimin yansıması olan eşim ile karşılaşabilmem için benim her an kendime adanmış olmam, hiç rol yapmamam, içim neyse dışımın da o olması gerekir. Yoksa diğer 98 ruh eşimle karşılaştığım gibi ara sıra karşılaşırım o tam yansımam olan tek eşimle.

Hakiki yansıman olan eşin ile, dünyadaki tek hakiki eşin ile karşılaşmak istiyorsan önce dünyaya dönüştürmeye geldiğin her şeyi dönüştürmen, özgürleşmeye geldiğin her şeyden özgürleşmen ve en önemlisi her an kendin olabilmen gerekir. Kimseden gizlediğin, sakladığın bir şey yoksa, kendini yüzde yüz ortaya koyabiliyorsan, utanman, sıkılman, kimseden çekinmen yoksa, o zaman *ruhun dünyadadır* demektir. Sonuç: ruhunun yüzde yüz yansımasını dünyada deneyimleyebilirsin.

Bu konuda kendimi gerçekten şanslı hissediyorum. Evet, çok uzun bir yoldan geldim, sanki yüzyıllardır yürüyorum bu yolu... Hayatımın en başından beri sürekli bir dönüşüm, özgürleşme, şifalanma yolculuğundayım. Bazıları buna karma temizliği diyor.

Neyse, yine konuya döneyim, "hakiki eşi"ni bulmadan önce geçmişten getirdiğin tüm yüklerden arınmış olmalısın. Ne yaşamaya geldiysen hepsini yaşayıp bitirmen gerekiyor. Aşk, ilişki, iş, başarı, başarısızlık, güven, korku, hastalık, sağlık... Bunları yaşayıp bitirdiğinde ve bu dünyaya yüklediğin anlamdan tamamen özgürleştiğinde o ideal eşle, dünya tecrübende kendine seçtiğin tek eş ile bir olmaya hak kazanıyorsun. Gerçekten!

Eşim bana "Geçmişte olanlar olmasa, yaşadıklarımı yaşamasam seni bulamayabilirdim" der hep. Aynı fikirdeyim. Ruhunun tam yansıması olan ideal eş olgunlaştığımızda çıkıyor karşımıza. Daha yaşanacak, temizlenecek çok şey varken, geçmişten getirdiğimiz, özgürleşmemiz gereken, anlam yüklediğimiz konular varken ruh eşimizle karşılaşsak bile bu anlamsız mevzular ile o kadar meşgul olabiliriz ki fark edemeyebiliriz bile.

İdeal eş, ruh eşimizle ilgili söyleyebileceğim en önemli şey: Hazır olduğumuzda karşımıza çıktıkları. Hakiki eşini arayarak bulamazsın. "Hayatım boyunca seni aradım" da diyor sıkça eşim. Ancak arayarak bulunmuyor ne yazık ki. Öyle bir nokta gelmiş ki o da benim gibi, ideal eşini aramayı bırakmış. O anda karşısına ben çıkmışım. Benim için de durum aynı. Ne zaman ki tam anlamıyla iç içe geçeceğim, her seviyede bir olacağım, ruhumun tam anlamıyla ve her seviyede yansıması olduğunu bileceğim o tek eşi bulamayacağımı düşünmeye başladım ve onu aramaktan vazgeçtim, o çıktı karşıma.

Onu arayarak bulamazsınız. O da sizi arayarak bulamaz. Ruh eşiniz, ideal eşiniz tam olması gerekenler bölümünde duruyor hayatınızda. Ve elbet ve tek şartla: sen sen olduğunda, o o olduğunda ve ikiniz de kendiniz ve olduğunuz gibi olmada en ufak bir tereddüt, kararsızlık, çekinme yaşamadığınızda karşılaşacaksınız.

Bir an bile kendini saklama, gizleme eğilimin varsa, bir an bile gerçekten hissettiğinin dışında şeyler yapıyorsan bil ki ruh eşin karşına çıkamaz. Henüz çıkamaz. Ne zaman ki sadece içinden geldiği gibi yaşamaya başlıyorsun, kimseyi umursamadan, ne zaman ki toplumun, kuralların, ailenin önemi kalmıyor işte karşılaşma zamanı o zaman. İplerin koptuğu zaman!

## NEFES

### Yolculuk

Hazır mısınız yolculuğa?

O halde buyurun egzersize...

Önce egzersize nereden başlayacağımızı anlatayım. Aslında "mucize kursu" adlı seminerlerimin son gününde start alıyor bu çalışma. O gün grubu nerede bıraktıysam sizi oradan alacağım şimdi ve birlikte, sonraki "farkındalık seviyesi"ne geçeceğiz.

Yolculuğumuzun içeriği: *Mucize bilinci ile ego bilincinin*, aslında hakikat ile dünyanın ayrımını iyice yapabilmenizi sağlamak. Tek amacım var: Gerçekten ama gerçekten ikisi arasındaki ayrımı yapabilmenizi, ikisinin kanunlarının nasıl işlediğini ve ikisinde neler olduğunu net şekilde kavramanızı sağlamak.

Çalışmaya başlamadan önce bir niyet belirlemenizi istiyorum bu çalışma için.

Bu kitabı okumayı bitirdiğinizde sizde nasıl bir değişim olsun istiyorsunuz?

Neler isteyebilirsiniz?

Örneğin: İlahi aşk... Bolluk... Mutluluk... Sağlık... Eksiklikleri tamamlamış olmak... Kendin olmak... Birlik... Sevgi... Güç... Huzur... Yükseliş... Farkındalık... "An"da olmak...

Şimdi öyle bir şey söyleyeceğim ki size, şaşıracaksınız. Bu söyleyeceğimi her seviyede anlayabiliyorsanız, bu çalışmaya bile gerek yok. Çünkü bu söyleyeceğim şey, zaten *ömrünüzün açılımı*.

Bütün bu saydıklarımız, zaten bizim özümüz.

Her neye niyet ettiyseniz siz ona zaten, şu anda, bu kutsal anda sahipsiniz.

"Mucize kursu"nun sonunda da buna uyandınız aslında. Şimdi bu farkındalığı, bu bilinci daha derin bir seviyeye taşıyabilmek için iyice açmamız gerekiyor.

"Bütün bunlara ben zaten sahibim. Bunları zaten biliyorum" diyebilirsiniz... Peki o zaman neden hayatınızın her günü bunun ifadesi değil? Sahip olduklarımızı bilmek bir deneyim, onları gerçekten derinde hissetmek ve kullanmak başka bir deneyim.

Evet, tüm bunlar benim özüm. Kendi tecrübemde; karşınızda kendini niyetleri ile hizada yaşamaya adamış bir kişi var ve hâlâ her sabah hakikate niyet ediyor. Bunu anlıyorsanız çalışmanın devamını okumanıza gerek yok. Ama insan unutur. İnsan sistemi bir "kendini unutma mekanizması"dır. Sürekli ve tek yaptığınız şey "kendinizden kaçmak" ve "kim olduğunuzu unutmak". Tüm dünya sistemi bunun üzerine kurulu: Okullar, eğitim, medya, ekonomi, aile düzeni...

Dünyadaki her şey senin kendini unutman için gerçekleştirdiğin "üstün plan"ın yansıması.

"Unuttum ama şimdi hatırlıyorum. Ben her şeyim." Haklısın da esas problemin şimdi başlıyor.

İnsanlık uyanıyor... Türkiye'de de her gün binlerce insan kişisel gelişim eğitimlerine gidiyor, meditasyon yapıyor, zihni ve düşünceleriyle, nefesiyle çalışıyor, uyanıyor... Oysa kimse bunun zannettiğinden daha büyük bir problem olduğunun farkında değil!

Bu kitap da bizi hakikate uyandırmak için yazıldı. Eğer bu bölüme geldiyseniz artık bir şeylerin farkına varmış olmalısınız. Yazdıklarıma inansanız da inanmasanız da, benimle aynı fikirde olsanız da olmasanız da artık bir şeyler netleşmeye, daha görünür olmaya başladı sizin için. Çok güzel! Ama bilin ki bu yaşadığınız uyanış, bu bölümde yazdıklarımı okumayacak veya önerdiğim çalışmaları yapmayacak olursanız büyük problem yaratabilir sizin için!

Bu dünyanın gerçek olmadığına, bir rüya olduğuna "halen bu dünyayı deneyimlerken uyanmış olmak" tahmin ettiğiniz üzere bilincinizde ve yaşamınızda pek yumuşak bir etki yaratmayacak!

Ve hatta tersine, sizi önce doğal olarak sarsacak! Kitabın ilk bölümlerinde okuduklarınızın sizi derinden etkilemiş ve sarsmış olması gerekiyor, yanılıyor muyum?

İşte ana problem de bu noktada başlıyor. Uyuduğunun farkında olmadan uyuyor olmak pek zor bir durum değil. Bu; yalan söylediğinin ve yalan söylediğinde yarattığın etkinin farkında bile olmayıp yalan söylemeye devam etmek gibi... Veya bağımlılıkları, sana verdikleri zararın farkında olmadığın için devam ettirmek gibi bir şey.

Farkındalık yoksa sorun yok. Tüm sorunlar farkındalık ile başlar.

Kendi adıma: Ben doğuştan olayın farkında bir tipim. Kendimi bilmeye başladığım zamanlarda bile etrafıma bakıp her şeyin bir illüzyondan ibaret olduğunu, geçiciliğini görebiliyordum. Tabii bunu kelimelere dökemiyordum veya baktığım yerde baktığım şeyi nasıl görebildiğimi kimseye anlatamıyordum ama en azından insanların dünya yaşamını fazla abarttıklarının farkındaydım. Anne ve babama, okuldaki arkadaşlarıma, üzüldükleri, dert ettikleri, peşinde koştukları şeylere bakıp "Neden acaba?" diye sorduğumu hatırlıyorum mesela. Ölen birinin arkasından ağlayanlara bakıp neden ağladıklarını merak ederdim... 13-14 yaşında "O bir yere gitmedi ki, sadece bedeni öldü, niye gitti zannediyorlar?" diye düşündüğüm bugün bile hatırımdadır.

Sonra etrafımdakilerin suçlu dedikleri, kızdıkları, öfkelendikleri, lanetledikleri insanlar ne suç işlemiş gözükürlerse gözüksünler yaptıklarının hakikatte olmadığını bildim hep. "Biri birini öldürmüş, eee, ne olmuş yani? O ölen gerçekten ölmedi, sadece bedeni gitti, niye bu kadar kızıyorlar ki? Öldüren, yazık, bir şey yaptığını zannediyor ama aslında hiçbir şey yapmadı, kendi kendine saçmaladı, yazık, affedin onu, bilmeden yapmıştır" diye düşünürdüm.

Bilir misiniz başa beladır bu farkındalık?... Ölümü, saldırıyı, hakareti veya dünyada olan biten her şeyi gerçek zanneden ve gerçekmiş gibi algılayan, ciddiye alan bilinç için hakikatin farkında olmak ne zor durumdur. İyi bilirim.

Farkındalık, hakikati hatırlıyor olmak, gerçek bir problem bu dünya için. Tabii ki! Dünya –hakiki olmayan bir yer– hakikat dışında neden korkabilir ki? Dünyanın bizden yapmamızı istemediği bir tek şey var: Gerçek olmadığına uyanmamız. Bunun olmaması için inanılmaz bir düzen yaratmış! Beş duyu mesela. Renkler, şekiller, kokular, dokular, tatlar, sesler etrafımızı donatmış... Beynimiz öyle güzel maniple ediliyor ki burada yaşananları gerçek zannedebiliyoruz. Böylece kızabiliyoruz, öfkelenebiliyoruz. Soru üstüne soru, kızgınlık üstüne kızgınlık, hastalık üstüne hastalık...

Sonra bir gün biri çıkıyor, "Yooo, bunların hiçbiri gerçekte olmuyor, niye kızıyorsun ki?" diyor. Dünya bilinci –rüyaya devam etmek isteyen, var olmayan bir yerin var olduğuna inanmak isteyen bilinç– nasıl da kızıyor "Tüm bunlar olmuyor" dediğimde, anlatamam size! Zaten anlatmama da gerek yok, eminim bir başkasının inandığı ama sizin inanmadığınız bir gerçeklik hakkında "Biraz abartmıyor musun?" dediğinizde karşınızdakinin nasıl sinirlendiğine şahit olmuşsunuzdur. Şimdi bu abartıyı her alanda, her yerde yaptığınızı, benim de size "Her şeyi abartıyorsun" dediğimi düşünün!

Evet, her şeyi ama her şeyi abartıyorsunuz ve dünyada olan biteni gerçek zannediyorsunuz ama bunların hiçbiri olmuyor.

O katil dediğiniz, kötü dediğiniz insanlar var ya... Hiçbiri yok aslında. Yaptıklarını zannettiğiniz şeyler de yok, hiç olmadı, hiç yaşanmadı... Şimdi kızın bakalım. Kızacak bir şey bulabilirseniz tabii!

Anlatmaya çalıştığım şey şu: hakikati hatırlıyor olmam, dünya zemininde bir işe yaramıyor.

Vurgulayarak tekrar edeyim: Uyanmış olman, dünyanın bir rüya olduğunun farkındalığını yakalaman, pek bir işe yaramıyor. En azından anladığın anlamda hayatını değiştirmeyecek.

Çoğu insan uyanmış olmanın bir anda tüm hayatını değiştireceğini düşünüyor. Sanki farkındalığı artarsa anında istediği her şeyi yapabilecek, başarılı, zengin olacak, hayatı yolunda gidecek... Sihirli değnek değmiş gibi. Yok öyle bir şey. Uyanışın –farkındalığın– dünya ile bir ilgisi yok. Dünyanın bir rüya olduğuna uyanmış olman dünya gerçeğini değiştirmez ki. Ayrıca niye değiştirsin? Ve hatta ben dünyanın bir rüya olduğunun farkındaysam onun değişmesini neden isteyeyim? Zaten hiç var olmamış bir şey niye değişsin? Her şey aynen, olduğu gibi kalabilir.

Dünyaya o kadar çok anlam yüklemiş durumdasınız ki her şeyi değiştirmek istiyorsunuz.

Değişmesin! Ne olacak? Ne fark eder? Zaten dünya hiç hakiki olmadı, hiç var olmadı, burada hiçbir şey olmadı. Neyi, neden değiştiresin ki?

Burada şu an yazdıklarımı anlıyor, içinde derinde bir yerde hissedebiliyorsan uyandın. Ama henüz uyanık değilsin.

*Hakikate uyanmak ve uyanık olmak iki farklı durum.*

Hakikate; dünyanın, hatta tüm evrenin bir rüya olduğuna uyanmak birinci adım. Ve bu adım senin ikinci doğumun. Bu adımı attığın an dünyaya bakış açın tamamen ve ebediyen değişti.

Ama...

Bu yeniden doğumla her şeyin bittiğini sanma, aslında her şey yeniden başladı. Geri dönüş yolculuğun başladı.

Farkındalık, geri dönüş yolculuğunu başlatır. Bu farkındalığı dünyaya yayman, yolculuğunu sonlandırır.

Bu kitabı; uyanmak, hakikati hatırlamak ve eve dönüş yolculuğunu başlatmak için aldın, okudun.

*Yolculuk yeni başlıyor.*

***

Mucize kursu'na gelenler için de aynı şey gerçekleşiyor. Çoğu kişi kursa nefes ve düşünce sistemindeki tıkanıklıklar sebebiyle daha en baştan olayın farkında olmaksızın geliyor. Sonra, nefes açıldıkça bir mucize oluyor, insan hatırlıyor... Hakikati benim sizlere anlatmama bile gerek kalmıyor, "nefes"in, "nefs"in sana her şeyi anlatıyor, hatırlatıyor.

Bu olmadan, yani farkındalık oluşmadan önce sen yoktun, yaşamıyordun zaten. Kim olduğunu unutmuş durumdaydın. Kim olduğunu unutmuşsan kopmuş gitmişsindir; rüyayı gerçek zannediyorsun, kaybolmuşsun, hastalıklı bir durumun içindesin. Bütün bunlara uyanmış olmak birinci adım ve sizler o adımı attınız.

Hakikati hatırlıyor, biliyor olmak atabileceğimiz en küçük adım. Çoğu insan için bu bile büyük bir adım olarak görünüyor. Uyanış! Aydınlanma! Ne büyük anlamlar yükleniyor bu sözlere. Ne büyük arayışlar var bu sözlerin ardında. Oysa uyanış ve aydınlanma, nefesi açabildiğimiz an gerçekleşen çok ama çok basit bir olgu! Bunun için günlerce, aylarca kurslara falan gidiyor insanlar. Hem harcanan vakte hem tüm o enerjiye yazık. "Nefes"inle, "nefs"inle bağlantıya geçtiğin an aydınlanma kendiliğinden gerçekleşiyor zaten, abartılacak bir şey yok yani.

Asıl mesele uyanmak değil, asıl mesele hakikati bilen bir bilinçle ne yapacağına karar vermek!

İnsan önce doğmak, sonra ölmek için dünyada. Bana tersini ispatlayabilir misin? Hikâye bu. Olay bu. İnsanın, evrenin olayı, döngüsü bu. Ve herkes bu hakikate ne kadar erken uyanırsa o kadar kolay olur. Bakın, uyanış gerekli olduğu için değil, yanlış anlamayın, kaçınılmaz olduğu için.

*Uyanmak için gittiğiniz tüm o kurslar, yaptığınız meditasyonlar, okuduğunuz kitaplar var ya, uyanışı geciktirmekten başka bir şey yapmıyor! Kendinizi kendi haline bıraksanız zaten kaçınılmaz bir durum olan uyanış gerçekleşecek! İnsanlar niye bu kadar debelenir, uyanışlarını geciktirir, onu da anlamam.*

Gelelim hakikate: "Hatırlıyorum! Tüm bunlar gerçekten olmuyor." Tamam, uyandın. Eee?... Şimdi?...

Benimle çalışmanız burada başlıyor. Size vereceğim asıl şey tam bu noktada. Çünkü benim hikâyem bu noktada başlıyor, hakikati unutma bölümünden başlamıyor. Böyle bir şey, nasıl olduysa "en azından benim kendimi bildiğim dönemde" gerçekleşmedi. Belki de bebekken unuttum kendimi, sonra öyle büyük bir travma yaşandı ki anında uyanmak zorunda kaldım, bilemiyorum. Unutma ve uyanma aralığı çok kısaydı herhalde benim için. Şahsen, hakikati unuttuğumu hiç hatırlamıyorum.

***

Benim hikâyem bağlantılı ama sığ bir nefesle ve burada yazdığım her şeyi hatırlayarak başlıyor. Bu kitabı şu anda yazıyor olmamın tek sebebi hakikati ifade edecek sözleri ancak bulabilmiş olmam.

Benim hikâyem, daha 4-5 yaşındayken birinin bana "Sen bu değilsin, bunun dışındaki bir şeysin" dediğinde anlamayıp inanmayarak, "Yoo hayır, ben tam ve bütünüm" inancıyla başlıyor. İlk eleştirildiğim dönemi hatırlıyorum, içimden "Sen benim güzelliğimi, mükemmelliğimi göremiyorsan ben ne yapayım? Allah yardımcın olsun..." diye bir şeyler geçirdiğim bugün bile aklımda.

Otuz yaşına kadar yaşamım hakikati; dünyanın bir rüya olduğunu bilerek ve hatırlayarak ama bunu kimseye anlatamayarak geçti. Hakikati biliyor olmam, bildiklerimi anlatmadığım, insanlarla paylaşmadığım müddetçe herhangi bir işe yaradı mı? Hayır. Hatta tabii ki hayır.

Bütün bunları hatırlıyor olmam dünyanın en büyük problemi haline geldi. Hem bana, hem aileme, hem sevdiklerime... Yirmi sekiz yaşında kelimenin tam anlamıyla kafayı yemiş durumdaydım. Etrafımdaki herkes (bildiklerimi ve gördüklerimi anlatmamanın bir bedeli olarak) dünyaya aşırı anlam yüklüyor, değer veriyor, madde dünyasının değerli olduğu ve olan bitenin gerçekten olduğunu iddia ediyordu. Ve ben ne dediklerini bile anlamıyordum! Kendi kendime "Tüm bu insanlar gördüklerini görebilmek için dünyaya nasıl bakıyorlar acaba?" diye soruyordum sürekli. Ve "Neden ben onlar gibi bakamıyorum? Neden ben onların gördüklerini göremiyorum? Neden ben de onlar gibi dünyaya ve dünyadaki şeylere değer veremiyorum? Neden dünyadaki zevkler, mal, mülk, deneyim vs. beni mutlu etmiyor? Niye her gün daha mutsuz oluyorum?" diye sorup duruyordum. Öyle bir noktaya geldim ki gerçekten ölmek istedim. Ama bunu nasıl yapacağımı bilemiyordum. Herkes kendini öldürmüş ve öldüğünü kendine ispat etmiş durumdayken bunu yapamayan, daha doğrusu "yapmak isteyip beceremeyen" ben, tüm dünyaya yabancı hissetmeye başlamıştım kendimi.

Tek hatırladığım "Allahım, lütfen bana bir yol göster, ne yapmalıyım?" diye sorduğum. Nefesle karşılaşmam hemen bu yakarışın sonrasında oldu.

Cevap ilk nefes seansımda geldi. Bana kelimenin tam anlamıyla "yapılacak işler listesi" takdim edildi ve ben, "Bu durumla nasıl başa çıkacağımı, ne yapacağımı bilemiyorum, ölmek istiyorum" diyen ben, Allah'a bana verdiği her şey için şükrederek, hatırladıklarımla ne yapmam gerektiğini bilerek, yoluma inanarak kalktım o seanstan. O gün bugündür sadece kendi yolumda ilerliyor, bildiğim, düşündüğüm her şeyi sizlerle, çok şükür nefesin bana verdiği cesaretle paylaşıyorum.

Yılların tecrübesiyle artık şunu söyleyebiliyorum: Bence ruhsal hastalık teşhisi konan herkes uyanık durumda. Olaya o kadar uyanmış durumdalar ki bununla ne yapacaklarını bilemiyor olmak onları çıldırtmış! Her uyanık bilincin dünyada uyandırmaya geldiği bilinçler vardır. O nedenle ruhsal olarak hasta dediğiniz o kişilerin hepsi, aslında birer öğretmendir. Hepsi hakikati hatırlar, dünyanın boş bir rüya olduğunu bilir. Ne yazık ki bu bilgi ile ne yapacaklarını bilemedikleri için öğretmenlik görevlerini yapamazlar ve etraflarında dolaşan onca uyuyan kişiyi uyandıramazlar.

Uyanık bir bilinç için en büyük acı, etrafındaki uyuyan bilinçleri görüp onları uyandıramamaktır. İşte ruhsal hastalıklar böyle oluşur. Ruhsal olarak "hasta" teşhisi konan kişilerin tamamı hakikati bilir, hatırlar ama etrafındakiler hatırlamaz. Onlar, devrelerindeki kişileri eğitmeye gelmişlerdir, bunu yapamadıkları müddetçe etraflarındaki uyanmamış bilinçler onları anlamayacak ve hasta sanacak.

Oysa asıl, "normal" olan insanlar hasta.

Yanlış anlamayın, bana ruhsal bir hastalık teşhisi falan konmuş değil, çünkü buna izin vermedim. Kendime güvenim hiçbir zaman belli bir seviyenin altına düşmediği için şanslıydım. İçimde barındırdığım hakikatin ve bu durumun yarattığı etkilerin farkındaydım ama "hakikatin etkisi"nin derecelerini deneyimledikçe öğrendim.

Ruhsal hastalık denen durum, tamamen uydurmaca. Farkındalık seviyesi bu insanları anlamaya yetmeyen uykudaki bilinçler (ne yazık ki çoğunluk) tarafından yapıştırılmış bir başka etiket sadece.

Ruhsal hasta teşhisi konmuş herkes aslında bir öğretmendir. Tek sorunu vardır: öğretmiyor olmak, bildiklerini anlatmıyor olmak veya doğru kelimelerle, dünya bilincinde, uyuyanların anlayacağı dilde ifade etmiyor olmak. Öğretmen öğrencilerine hakikati öğretmedikçe onlar nasıl bilecekler? Bilemiyorlar işte. Anlayamıyorlar. Çünkü bu kişilerin anlattıkları onların anlama kapasitelerinin çok ama çok üstünde. Sonuç: öğrenciler, öğretmenlerine ruhen hasta etiketi yapıştırıp uyumaya devam ediyorlar.

Şimdi dünya uyanışta. Bundan 100 yıl sonra şimdi ruhsal olarak hasta dediğiniz kişilerin hepsi sizin rehberleriniz olacak.

Size modern dilde depresyon denen tanı konduysa bilin ki "uyanık"sınız. Biliyorsunuz, bu uyanıklarla ilgili film bile yapıldı. *Divergent* desem hatırlar mısınız?...

Bir kişi ancak hakikati görebiliyor ve dünyaya anlam yüklemiyorsa, dünyadaki her şeyin anlamsızlığını görebiliyorsa depresyona girer. Uyanık olan bilinç diğerlerinin gördüklerini görmez. Dünyaya onu gerçek gibi algılayarak, olan bitene anlam yükleyerek veya onu anlayarak bakmaz. Hiçbir şeyi anlamadığının farkındadır. Hiçbir şeye bağımlı değildir ve olamaz. Sürekli boşlukta gibi yaşar. En önemlisi uyanık kişiler kendinden başka hiç kimseye kızamaz. Aslında kendisine de kızamaz. Sadece "dünyayı dünya bilincinde olan ve uyuyanlar gibi göremediği için" zaman zaman oflar, sıkılır, daralır... Bu kişiler aslında dünyaya birer hediyedir. Her geçen gün daha çok uyanık kişi doğuyor ve dünya bu kişiler sayesinde değişiyor. Çoğu hakikati ifade etme konusunda benim kadar şanslı değil.

Çok çaresiz kaldığım bir zamanda önüme "nefes" denen inanılmaz araç çıktı! Nefes öyle güçlü bir araç ki insanlara hakikati anlatmama bile gerek kalmıyor. Onlar kendileri, kendi "nefes"leri ve "nefs"leri ile bağlantıya geçerek söylemek istediğim her şeyi algılayabiliyorlar.

Ancak her uyanık insan benim kadar şanslı değil. Uyuyan bilinçler onları anlayamadıkları için, onlarla aynı "robot dili"ni, dünyanın alışkın olduğu uykuyu paylaşmadıkları için çoğuna ya ruhsal hastalık ya da depresyon teşhisi koyuyor. Onlar da sahip oldukları ışığı ve sevgiyi diğerlerine öğretmeye geldiklerini fark edemedikleri için ruhsal öğretmenlik görevini yapamıyorlar. Sustukça ve susturuldukça öğrencileri de öğrenemedikleri için dünya şu anda tecrübe ettiğiniz yere dönüşmüş durumda.

Belki bu kitap ve bu bölüm, onları onurlandırmamız ve hayata davet etmemiz konusunda öncülük eder, kim bilir.

Eğer yakınınızda ruhsal hastalık teşhisi konmuş biri varsa onu mutlaka ve hemen nefes seanslarına teşvik edin. O sadece bildiklerini uygun kelimelere dökemeyen bir öğretmen, ona yol açmak ise hepimizin boynunun borcu.

İşte tam bu yüzden "mucize kursu"nu bitirdikten sonra çoğu kişi için her şey bir anda kâbusa dönmüş gibi görünüyor. Dünyanın bir rüya olduğuna uyanıp bu hakikati ifade etmeden duramazsın.

Ben hayatımın büyük bir bölümünü bu şekilde geçirdim ve o yüzden sizlerin şu anki durumunu çok iyi anlayabiliyorum. Yaşamımın yirmi sekiz yılını bütün bunları bilerek ama bütün bildiklerimin hakikat olduğunu bilmeyerek, bu yüzden bilgiyi karşımdakilere aktaramayarak, kendimi yabancı gibi hissederek geçirdim. Ölüm arzusuna kapıldığım bir noktada nefes ile tanıştım. Hakikatle bağlantımı koparamadığım için, diğerleri gibi uykuya dalamadığım için, farkında olduğum için ölmek istiyordum.

Bu dünya realitesi içinde uyanık olmak, hakikati hatırlıyor olmak ve bir şey yapmıyor olmak daha büyük bir problem. Hiç hatırlamıyor olmak çok daha iyi. Gerçekten. Şahsen bu bilgi ile ne yapacağımı bilemediğim dönemde hiç hatırlamıyor olmayı çok istedim. Çoğunluk gibi olmayı, bedeni gerçek zannetmeyi çok istedim. Çünkü dünyayı gerçek zanneden bilinçlerin çoğunlukta olduğu bir dönemde hakikati hatırlıyor olmak, dünyanın basit bir oyun olduğunu biliyor olmak çok zor.

Şimdiki durumunuzu özetlersek: Belki bu zamana kadar bir mağarada yaşıyordunuz ve bu kitap dışarı çıkardı. Veya belki mağaranın dışına daha önce bir kez çıktınız ama orada kalamadınız. Benim yirmi sekiz yılım "mağaranın içine giremeyecek kadar büyük bir ruhu" küçücük bir mağaraya sokmaya çalışmakla geçti. Yanlış anlamayın, benim ruhum hepinizin ruhundan büyük olduğu için mağaraya giremedi gibi bir anlamsızlıktan söz etmiyorum. Ruh zaten sonsuz ve sınırsız, ne yaparsan yap o mağaraya sokamazsın onu ama birçok insan onu o mağaraya soktuğunun hayalini yaşıyor. Dünya illüzyonunda.

Ben o hayale dalamadım. Benim yolculuğum "İnsanlar nasıl olmuş da kendilerini şu mağaralara, kalıplara, formlara, terbiye, kural sistemlerine sokmuşlar, ah keşke ben de yapabilsem de onlarla mağarada mutlu mesut yaşasam" diyerek geçti. Meğer mağaranın içinde yaşam da yokmuş mağaranın içi de yokmuş, ben ondan göremiyormuşum, algılayamıyormuşum onun içinde ne yaptıklarını.

Sonuç: Mağaranın içine giremediğimle kaldım. İçeridekiler beni göremiyor, duyamıyor zannediyordum, meğer onlar da dışarı çıkmak, yanıma gelmek istiyorlarmış. Nefesim ne zaman açıldı, sesim açıldı sanki, o zaman bağırıp durdum içeri. Önce kimse duymadı, sonra bir anda binlerce insan onlara uzattığım eli tuttu, dışarı çıktı, yanıma geldi. İşte o insanlar, bugüne kadar seminerlerime gelen on binler... Her biri benim can dostlarım. Sadece elimi uzattığımda onu görüp tuttukları için değil, kendilerine verdikleri sözü yerine getirdikleri için hepsine şükran borçluyum.

Ben hâlâ mağaranın dışından içeriye doğru (mağara olmadığını bilerek, mağaranın orada olmadığını görerek ama artık senin hayalinde öyle bir yer yarattığının bilincinde) bağırıyorum. Bir mağara varsayıyorum, senin kendini içinde zannettiğini varsayıyorum, sana gel diyorum, sen orada değilsin aslında, bak burada benim yanımdasın, uyan...

Bu kitapta da bunun aynısını yaptım. Seni aslında hayali bir mağaradan çıkarttım. Daha doğrusu seni mağaranın aslında hiç olmadığına uyandırdım. Şimdi asıl sorun başlıyor. Madem mağaranın olmadığına uyandın, kendini hâlâ bir mağaranın içinde zanneden can parçaların için ne yapacaksın?

Bil ki bu sorun hayatın boyunca çözülmeyecek ve sen her gün bununla nefes almaya devam edeceksin. Ben öyle yapıyorum.

***

Şimdi, mağara ve hakiki yaşam arasındaki ayrımı yapmak için çalışacağız. Çünkü bunun ayrımını yapamazsan, hakiki dünyayı hayali bir mağara ile karıştırırsan mağara rüyası görenleri uyandıramazsın.

Hepimizin bilincinde bir unutan bir de hatırlayan taraf var. Ben şu anda senin kendini bildiğin ve hatırladığın tarafını, mağaranın gerçek olmadığını hatırlayan tarafını temsil ediyorum. Sen de benim unutan, bu dünyayı gerçek olarak algılayan tarafımı temsil ediyorsun. Bu kitap da ikimiz, aslında kendimizle olan ilişkimizin yansıması.

Ve dünyadaki tek ilişkinin...

Hatırlayan ve unutan taraflarınız birbirinden ayrı. Herhalde bunu iyice anladınız artık. Ve bu dünya realitesi içinde her ikisi de mevcut. Yani: Hiç kimse tamamen unutamadığı gibi tamamen uyanamaz. Unutma dediğimiz şey de hatırlama dediğimiz şey de dünya zemininde gerçekleştiği için dünyadaki diğer tüm deneyimler gibi birbirinin zıddı. Yani aslında gerçekleşmiyor da bir süre için öyle gibi görünüyor.

Hakikat noktasındaki bu noktada hakiki varoluş ve dolayısıyla sadece ve bir tek Yaradan'dan bahsedebiliriz; unutmak olmadığı gibi hatırlamak da mümkün değil. Çünkü hakikatte sen bile yoksun. Unutmadığın için hatırlaman da gerçekleşmiyor. Burada ise unutuyoruz her an ve bunda bir problem yok. Bu insanın doğal durumu. Unutmak ve hatırlamak. Unutma ve hatırlamanın dereceleri farklı olabiliyor tabii. Yani bazıları çok unutmuş, bazıları çok hatırlamış olabilir, ki bu da fark etmez, çünkü hakikatte hepimiz tek bir bilincin yansımalarıyız. Ve hatta biz dediğimiz şey de yok.

Sadece Tanrı var.

Dünyada hakikati unutman gerekiyor. Çünkü unutmazsanız dünyadaki fonksiyonlarınızı yerine getiremezsiniz. Ve hatırlamanız da gerekiyor, çünkü hatırlamazsanız da dünyada devam edemezsiniz.

Tanrı ile ilgili konuşabilirsiniz, sevgisini anlatabilirsiniz, yüreğinizde hissedebilirsiniz, ışığını kalbinize alabilirsiniz, neşesini hissedebilirsiniz ancak bütün bunların hiçbirinin Tanrı ve Tanrı düşünce sistemi ve sevgisi ile hiçbir ilgisinin olmadığının farkında mısınız?

Yaradan'ın olduğu yerde, "tek"liğin olduğu yerde, yani hakikatte ne sen varsın ne de algın. Sadece o var, başka hiçbir şey yok. O nedenle O'nu hissedebilirsin, anlayabilirsin ama O'nunla asla bir olamazsın. "Bir"liğin olduğu seviyede sen yoksun.

O halde düaliteden başlayalım.

Deneyimin içinde; bu rüyanın içinde hep bir düalite var ve hep olacak. Dünya gerçeğinde hiçbir şey tek başına olamıyor. Tamam, dünya gerçek değil bir rüya ama bu rüyanın da hakiki olmaması sebebiyle bazı özellikleri, bir gerçeği var. Mesela hakikatte sadece Tanrı var, dünyada O'nun dışında her şey var. Bol, binlerce değişik şey varmış gibi görünüyor.

Daha önce değinmiştik: *Dünya Tanrı katında tek bir düşünceden ibarettir*, diye.

O düşünce ne peki?

"Ya hakikatin dışında başka bir yer olsaydı? Nasıl görünürdü?" Cevap: Dünya nasıl görünüyorsa öyle.

"Hakikatin dışında Tanrı'nın yaratmadığı bir yer olsaydı, bu nasıl olurdu veya görünürdü?"

Bizler "hakikatin dışında bir yer, Yaradan'ın yaratmadığı bir yer nasıl görünürdü?" düşüncesinin, hatta sorusunun zaman döngüsü içine yayılmış halini deneyimliyoruz. O nedenle bu dünyadaki her şey "Neden?" sorusunun üstüne oturuyor ve bu sorunun cevabı yok. Dünyanın temeli soru çünkü. Soru soruya cevap olabilir mi? Soru hakikatin cevabını barındırabilir mi? İşte bu nedenle Tanrı dünyada deneyimlenemez.

Yaradan'ın yaratmadığı bir yer yaratılmamıştır. Peki bir varsayım olarak nasıl olurdu? Bu fikir bir konsept, bir tasarım olabilirdi ancak ve işte böyle olurdu. Böyle. Tanrı'nın cevabı ve "kıyamet günü"nün kesinliği burada yatıyor. Rüyanın sonu kaçınılmaz. Dünya Yaradan'ın hakikati gereği, O'nun özellikleri sebebiyle ancak bir rüya olabilir ve rüyalar bitmeye mahkûmdur. Bu yüzden ölüm kaçınılmazdır. Rüya bu, biter elbet.

Dünya fikri. Hakikat zemininde bu ancak bir fikir ve çıktığı anda söndü. Beden bir fikir olabilir ancak ve çıktığı anda yok oldu. Hakikatte olmayan bir şeyin var olması mümkün değildir.

Bu yüzden dünyada olma fikrinin kendisi veya rüyanın içinde kaybolma fikrinin kendisi, doğduğu anda ve hatta daha doğmadan öldü. Biz hakikati unutma yolculuğuna çıktığımız an geri dönüşümüz garantilendi. Çünkü unutamazsın. Tamamen unutamazsın. O yüzden burada "sadece" kaybolamazsın. Her kayboluşun bir geri dönüşü, her unutuşun bir hatırlayışı da olmalı. Her "dünyada olma fikri" beraberinde bir ruh da doğurdu. Çünkü hakikati unutan taraf, hakikati hatırlayan tarafı dünyaya beraberinde getirdi. Dünya madalyonunun hep iki yüzü var. Burada hiçbir şey tek başına görünemiyor. Ebediyen kaybolamıyorsun mesela, çünkü hiç kaybolmadın. Kaybolma olarak gerçekleştiğini düşündüğün şey hiç gerçekleşmediği için geri dönüş yolculuğun garanti. Mağara hayalin gibi... Mağara bir hayaldi. Dünya bu hayal. Hiç olmadı. O yüzden uyanmak için ölmen gerekmiyor. Sen zaten ölüsün.

İlle de "hakikatten uzaklaşma/kopma rüyası" görmek istiyorsan, hakikate dönüş de o rüyanın içinde var. Yani daha ilk kaybolma yolculuğuna çıktığın an hakikate geri dönüş yolculuğunu da kabul ettin. Her gidişin bir dönüşü var.

O yüzden beden tek başına olamıyor ve bir ruh gerçeğiyle birlikte geliyor. Niye? Çünkü ebediyete kadar unutamazsın. Ebediyen rüya göremezsin. Sadece unutamazsın ve sadece hatırlayamazsın. Çoğu kişi, uyananların bir daha hiç unutmayacaklarını, uyuyanların ise hiç hatırlamayacağını düşünüyor. İkisi de mümkün değil. Çünkü ikisi birbirinden ayrı olmuyor, olmadı, olmayacak. İkisinin de ayrı fonksiyonları, faydaları var ve ikisi de hakiki değil. Öğretmen ile öğrenci ilişkisi her seviyede ve sürekli devam ediyor.

Benim kendi tecrübemde şu çok net: Bütün dünya benim yansımam ve 21. yüzyılda benim realitemde hakikati unutma durumu da yaşanıyor, hatırlama durumu da. Dünyada kayboluyoruz, bunu baktığım her yerde görebiliyorum. Ve farkında ve bilincimiz açık, uyanık halde ve hatırlatmada kalabiliyoruz. Ben hem unutan hem hatırlayanım. Bilincimin unutan tarafı için hatırlatan tarafı da var ve sürekli bu ikisi arasındaki ilişkiyi deneyimleyebiliyorum. Bunu gördüğüm, bildiğim ve izin verdiğim nokta ise dünyadan özgürleştiğim, illüzyondan kurtulduğum nokta.

Eve dönüş planı bile kaybolma planının içinde yer alıyor dünyada. O nedenle ne dert edilecek bir şey var ne tasa edilecek. Yaşanacak çok şey var sadece. O kadar.

Hakikat seviyesinde doğal olarak unutma da yok hatırlama da. Sadece Allah var. Dünya deneyiminde, dünya illüzyonunda ise ikisi de var ve birbirinden ayrı değiller. İkisinden birinde denge kaybolması halinde ise (benim deneyimimde çarpık nefes ve düşünce alışkanlıkları neden oluyor buna ve düzeltilebiliyor) algıda problemler oluyor. Şu anda gördüğüm kadarıyla bazı insanlar hakikate, bazı insanlar da dünya deneyimine fazla kaymış durumda. Ayar bozulmuş çoğu insanda. Ve hemen buraya bir parantez açayım: Bu ayar, nefes ve düşünce ayarları yapılarak geri gelebiliyor.

Hakikate fazla kaymış olanlar "Beden gerçek olmadığına göre bir şey yapmamıza da gerek yok" diye düşünüyorlar. Oysa gerçek olmasa bile dünya sisteminin bir durumu var: yapma dünyası. Burası aksiyon dünyası. Sürekli aksiyonda, hareket halinde kaldığın, bir şey yaparak sonuç elde ettiğin yer dünya. Evet, hakiki değil. Ama hakiki olmaması, dünyanın doğasını değiştirmiyor. Zaten hakiki olmadığı için yapma dünyası, yapmadan hiçbir şey olmuyor. Burada, rüyada hakikati hatırlamak için bile bir şeyler yapmanız gerekiyor.

Bazı kişiler ise "Ruh gerçeği, tamam, olabilir de biz dünyada yaşıyoruz sonuçta" diyor ve ruha değil bedene, "ahiret"e, "öz"e değil dünya hayatına bakmamız gerektiğini söylüyorlar. Bu durumda da bedende ruh, yani can kalmadığı için fiziksel seviyede hastalıklar başlıyor. Aslında iki bakış açısı da doğru. Ama ikisinin de farklı kanunları ve kuralları var. Asıl yanılsama bu noktada ortaya çıkıyor.

Şimdi size genel olarak nerede yanıldığınızı söyleyeceğim. Ama önce düalitedeki mucize ve ego bilinçlerinin ayrımını yapalım. Bu arada zihin ve geçmiş-gelecek döngüsüne, aşmış olduğunuzu düşünerek, hiç girmiyorum. Burada, "an"da olan bilinçten söz ediyorum. Bu bilinç ikiye ayrılıyor: Unutan taraf ve hatırlayan taraf. İkisi de hâlâ dünya realitesi için geçerli. Hakikatte ego bilinci olmadığı gibi mucize bilinci de yok. Unutma olmadığı için hatırlama da yok. Unutturan dünya gerçek olmadığı için, hatırlatan dünya da gerçek değil.

Beden de hakiki değil, ruh da. İkisi de sadece burada, rüya deneyiminde gözüken durumlar.

Hakikatte sadece Tanrı var, başka hiçbir şey yok. O'ndan ayrı bir ruh da yok.

Mucize bilinci, ego bilincine göre daha hakiki. Çünkü hakikate aracılık ediyor. Ancak önemli olan husus şu: Ben ikisinden birini seçebiliyorum. İkisinin de birtakım kanunları var ve bu kanunlar birbirine tamamen zıt. Bilincim aynı anda iki durumu seçemiyor.

Mesela "Ben tam ve mükemmelim" dediğimde "hakikatin kanunları"nı hatırlamış oluyorum. Yani mucize bilincindeyim ve hakikati hatırlıyorum. Bunu alıyorsunuz, dünyaya uyguluyorsunuz. Doğal halimiz tam ve mükemmel. Tamam. Yaradılışım itibariyle tam ve mükemmelim. Tamam. Fakat ben kalkıp da "Bu beden tam ve mükemmel" dediğimde problem başlıyor. Hakikatimizi, tamlığımızı ve mükemmelliğimizi 24 saat hatırladığınızda bedeni tam ve mükemmel olarak görmeye başlayabiliriz, o mükemmellik bedene yansıyabilir. Ama "Beden tam ve mükemmel dersek" bu doğru olmaz, çünkü değil. Ben bu beden değilim. Bu hakikati hatırlayarak bedeni mükemmelleştirecek olan benim. Bu bedenin sorumluluğunu alıp tam ve mükemmel hale getirecek olan benim. Çünkü besbelli ki beden bunu kendi kendine yapamaz.

Benim sevgiyi hatırlıyor olmam, dünyanın sevgi dolu bir yer olmasına yetmiyor. Çünkü dünya fikri, oluşumu gereği bir hata, hatalı bakış açısı. Sevgi dünyanın doğası gereği burada bulunamıyor, onu buraya getirecek olan "ben"im. Ve bunu ancak ben kendimi bildiğimde, kim olduğumu hatırladığımda yapabilirim.

Dünya benim sevgi olduğumu hatırladığım kadar sevgi dolu olacaktır.

Dünya ben kendimi nasıl biliyorsam öyle olacaktır. Çünkü bilincim her an dünyaya yansıyor.

Şurada karıştırıyoruz: "Ben sevgiyim, fışkıran bir sevgi çeşmesiyim." Okey, herkes bunu söylüyor, okuyor. Tamam güzel de bunu söylerken ben Nevşah'ı mı kastediyorum? Eğer öyleyse bunda bir yanlışlık olmalı, çünkü Nevşah'tan sürekli sevgi dolu olmayı beklemek yanlış olurdu. İsmi ve cismi olan bir şey sevginin kaynağı olamaz ki.

Nevşah; ben o olmadığımı hatırladığım müddetçe, hakikatimi ve sonsuz sevgi olduğumu hatırladığım müddetçe sevgi dolu olabilir sadece. Ben kim olduğumu unutur, kendimi limitli bir beden rüyasıyla karıştırırsam, sevgi olduğumu hatırlamazsam Nevşah da hatırlayamaz.

İşte burada hakiki görev başlıyor.

Benim burada bir görevim var: kim olduğumu hatırlamak. Kendimi bilmek.

Çünkü ben kendimi bilmezsem kim bilebilir?

Ben kendi hakikatimi korumaz, savunmazsam kim savunabilir, koruyabilir?

Dünya rüyasında bir şeye sürekli sahip olamıyoruz. Eğer sahip olmak istediğiniz şey hakikat ise onu korumak zorundasınız. Ve bir şeyi ancak paylaşarak koruyabiliriz.

Şimdi soruyorum size: ölümlü bir beden olan Nevşah aynı zamanda sonsuz bir sevgi çeşmesi olabilir mi? Bu ikisi birbirinden tamamen ayrı olgular değil mi?

"Ben sevgiyim" derken kastettiğin ölümlü bir beden ise mesajı yanlış anlamışsın. Ölümlü bir beden olan Nevşah, yani ölen bir şey, aynı zamanda nasıl sonsuz bir varlık olabilir?

Ne ruhun ne sen sonsuzsunuz. Sadece Tanrı sonsuz ve evet sen O'nun bir parçasısın ama hem "kendini bilen" tarafın hem de "kendini bilmeyen" tarafın bilincinin bir parçası ve Yaradan ile ilgileri yok.

*Bil ki ne bedenin ne ruhun sevgi dolu. Sadece Yaradan sevgi dolu. Ruhun O'nu hatırlayan, O'nun sevgisini hisseden tarafın ama o bile kaynak değil aslında.*

Hakikati hatırlamak. Hakikati hatırlamak, uyanış; dünya gerçeğinde yer alıyor zaten. Bunun için ne çabalamana gerek var ne başka bir şey yapmana. Hatırlamak aynen unutmak gibi illüzyonun kanunu.

Ne kendini unutman bir kabahat, ne kendini bilmen bir meziyet.

Kendini bilmenin bir meziyet olmadığı gibi kendini unutmuş olman da hakiki bir eziyet değil.

Ancak; kendini unutanların burada karanlıkta yaşadığı, kendini bilenlere göre daha zorlandığı da bir gerçek. Kendini unutma bize cehennem ateşini yaşatırken, kendini bilme cenneti yaşatıyor. Ve halen daha ikisi de aynı illüzyon.

Hakikati hatırlamadığında dünya illüzyonunda ne oluyor?

Cehennem. Tam bir boşluk hali... Değersizlik ve hiçlik... Hakikati burada ifade edemediğin, buraya getirmediğin ve akıtmadığın zaman dünya tüm gerçeği ile "sen olmadan" öylece bakıyor sana. Boş boş. Yaptığın, söylediğin hiçbir şeyin anlamı kalmıyor. Dünya tatsız tuzsuz, garip, hastalıklı bir yer gibi görünmeye başlıyor... Ve hatta tehlikeli ve öfkeli ve yaşlı ve üzgün...

Oysa hakikati ve kim olduğunu hatırladığında o hakiki kimliği burada, dünyada deneyimleme şansın doğuyor. Sevgi olduğunu hatırlarsan burası da sevgi dolu olur, ışık olduğunu hatırlarsan burası da aydınlanır... Güveni, anlayışı, barışı buraya getirecek olan sensin. Dünyada bunlar yok. Sen getireceksin onları buraya... Bu senin görevin.

Hakiki yaşam; ahiret olarak tarif edilen, Tanrı'nın krallığı içinde sonsuz sevgi barındırıyor evet ama dünya illüzyonunda sonsuz sevgi ancak O'nu hatırlamakla mümkün. Dünyaya bakarak değil.

Yaşamına sevgi, ışık, kutsallık, bütünlük, güven, mutluluk, sağlık istiyorsan özünle ilişkini koruman, Yaradan'ı ve "hakiki kimliğini" hatırlamaya devam etmen gerekiyor. Yoksa bu illüzyon çok korkunç bir hale dönüşebiliyor. Özünden sevgi, ışık, aşk alabilmen için senin oraya dönüp bakman yetiyor. Çünkü orası, özün, senin kendini ve Yaradan'ını bildiğin yer. Aradığın yer değil.

Özümüz kendimizi bulduğumuz zemin. Dünya ise kendimizi unuttuğumuz zemin.

***

Mucize bilinci seçimi aslında bir bakıma eve dönüş yolculuğu. Siz şu anda bu yolu seçtiniz. Çünkü ben bu yoldayım ve bu kitap da ancak bu yolda çıkabilir karşınıza. Yaratıcının yansıması, yani hakikati hatırlamam benim eve dönüş planım. Dünyaya bakıp onu gerçek gibi algılamam ise rüyaya girdiğim yer, dünya rüyasını planladığım yer.

Hepimizin bilincinin bir tarafı dünya rüyasının bulunduğu yer. Bilincimizin bir yanında dünya rüyasını görüyoruz. Diğer yanında ise hakikati, yani dünyanın var olmadığını, tüm bu deneyimin bir rüya olduğunu hatırlıyoruz. Ve bu bilinç dünya deneyiminde birbirinden ayrı değil. Sadece birbirinden tamamen farklı. Niye? Çünkü rüyaya sonsuz şekilde kapılamam. Tamam, bir rüya görebilirim, belki hakiki yaşamın dışında bir yaşam olabileceği ihtimalini deneyimlemek isteyebilirim ama bir rüya sonsuza kadar devam edemez, elbet biter. Mucize bilinci dünya rüyası fikrinin doğduğu an bu doğumun arkasından geldi, rüyayı düzeltme görevi ile. Ve dünya fikri doğduğu anda yok oldu.

Ego bilinci seçimi hiç gerçekleşmedi. Hakikat hiç değişmedi.

Sadece bir sürelik bir rüya görüldü ve bu rüya başlamadan sona erdi.

Aslına bakarsanız dünyadaki tecrübelerin tamamı bu hakikatin yansıması. Dünyada neye anlam verir, anlam yüklerseniz o elinizden alınır. Çünkü kendi kendinize hangi rüyanın gerçek olduğunu ispatlamaya kalkarsanız o rüya daha hızlı biter. Mesela aşk rüyası. Dünyevi aşkın gerçek olduğunu kendinize ispatlamaya çalıştıkça onun gerçek olmadığını gördünüz, öyle değil mi?

O yüzden aslında bu rüyayı görmeye niyet edip adımını dünya illüzyonuna attığın anda adımını geri çekeceğin de belliydi. Kaybolmayı ne kadar istersen iste, o kaybolma hiç gerçekleşmedi. Dünyaya attığını düşündüğün adım, kayboluş, hiç gerçekleşmedi. Rüyada çok gerçekmiş gibi duruyor, insan her an bir şeylere kapılıp gidebiliyor, bu onun doğasında var. Senin görevin ona, insana; insan tarafına hakikati hatırlatmak.

Öğrenme yolculuğu aslında en basit ve en kolay yolculuk. Tek yapmamız gereken hakiki ilişkiye izin vermek. Hepimizin içinde bir mastır ve dış dünyaya bağlı bir çocuk var. Ruhumuz, özümüz, içimizdeki rehber (içimiz kelimesi mecazi anlamda kullanılıyor tabii ki) ile bedenimiz, zihnimiz arasında mükemmel bir bağ, ilişki var. Biri bizim aydınlık tarafımız, diğeri karanlık tarafımız.

Bunu biraz açalım: İnsan olan taraf, karanlık tarafımız. Neden mi? Çünkü hiçbir şey bilmiyor, önünü göremiyor ve dünyada kaybolmuş durumda. İnsan olan tarafınız geleceği bilebiliyor mu? Yarın başına ne gelecek, görebiliyor mu? Dünya zemininde önünü gördüğünü, her adımını müthiş bir güven, bilgelik ve eminlikle attığını söyleyebilir misin? Hayır. Çünkü o karanlıkta. Önünü göremiyor, nereye gittiğini bilmiyor. Olay bu zaten. İnsan gerçeği bu. İnsan karanlıkta. Ve bunda bir sorun yok. Niye sorun yok? Çünkü insan asla tek başına değil. Her zaman "can"ı, "ruh"u, "öz"ü ve kendi sistemi içindeki rehberi ile birlikte yer alıyor dünyada.

Tek sorun: Hakiki ilişkinin kurulmamış olması.

Yani aslında aradığımız tüm çözümler kendi sistemimizde var; ışık da, sevgi de insan bilincinin karşıtı olan ruh bilincinde mevcut. Bu ikisi de hepimizde var. Tek yapmamız gereken iki tarafı da yadsımadan kabul etmek, ikisinin de birbirinden tamamen farklı özelliklerini görüp anlamak, ilişkilerini sağlıklı bir zemine oturtmak.

Sonuç: Her anlamda sağlıklı bir hayat. Size bunu da açmak isterim. Her seviyede sağlıklı bir hayat nasıl oluyor? Öyle bir şey var mı? Tabii ki var. Tabii ki olabilir.

***

Ruh ile beden, rehber ile insan, mastır ile çocuk, öz ile taklidi arasındaki ilişki kurulduğunda (bunu yapabilmenin en kestirme yolu nefesten geçiyor, söylemeden edemeyeceğim) zaten her şey çok kolay.

İnsan olarak bilmediğin, bilmek istediğin her şey zaten ruhunda mevcut. Ruhen yapamayacağın her tür yetenek, beceri de insan tarafında mevcut. Tüm problemlerin zaten çözüldü. İnsan tarafın karanlıkta ve önünü göremiyor. İyi de bir ruhun var. O her şeyi görüyor, her şeyi biliyor, sen niye ona danışmayıp başka şeylerle vakit harcıyorsun ki? Ona sor, o tüm sorularının cevabını biliyor. Farkında mısınız? İçinizde bir yerde aslında kendinize sorduğunuz tüm soruların cevaplarını bilen bir yer var. Sadece kabul etmek ve dinlemek istemiyorsunuz! Geçmişte bu bana sıkça oldu mesela; özümün sesi, sağ olsun, hiç eksik olmadı. Ruhumun rehberliğini almadığım bir an bile hatırlamıyorum hayatımda. Bazen sesini biraz daha alçaltabilmeyi başardım, ona, "Sus artık, seni dinlemek istemiyorum" dedim ama o hiç susmadı ve bana doğru yolu göstermekten asla vazgeçmedi. Neden bahsettiğimi çok iyi biliyorsun! Aynı durumu sen de sürekli yaşıyorsun. Duymamak için ne kadar ısrar edersen et, kendinden asla kaçamazsın. Kendinden kaçış projenin ürünü olarak hastalanabilirsin, o içsesi duymamak, dinlememek için alkolik, uyuşturucu bağımlısı, obez, depresif, bunalımda veya hasta olabilirsin... Ama bil ki o ses seni asla bırakmadı ve bırakmayacak. *Belki de senin artık ondan kaçmayı bırakmanın vakti geldi*.

Çünkü başka çaren yok.

Kendinden kaçamazsın. Öz'ünden ayrılamazsın. İnsan olan tarafın ruh olan tarafınla bir geldi bu dünyaya. İkisi birbirinden ayrı olamaz. Sen iç rehberinden bağımsız değilsin. İnsan her an kendi mastırı ile bir dolaşıyor. Ve fakat sonra kendine başka mastırlar arıyor. İçinde dev bir rehber, bir ilah varken insanları, maddeyi ilahlaştırmaya çalışıyor. Ne yazık!

Bunu yapmayı şu anda hemen şimdi bırakabilirsin, biliyorsun değil mi?

Bırak o zaman.

Teşekkürler.

***

Bilin ki hakiki anlamda dünya rüyası hiç gerçekleşmedi. Senin bir insan olma fikrin hiç gerçekleşmedi. Ruhun bunun ispatıdır.

Dünyada kaybolma adımın hiç atılmadı. Âdem'in eline aldığı elma, beş duyu organını kullanarak girdiği illüzyon, hiç gerçek olmadı. Ancak bu rüyada kendini Tanrı'dan ayrı olarak algılayabilir veya deneyimleyebilirsin. Ancak bir rüyada kendini unutabilir, kendinden kaçabilirsin. Doğrudan ve cennetten ayrı olma fikrin, ancak bir rüyada olabilir.

Rüya hakiki olmadığı için bu rüyada unutuyor ve sonra hatırlıyor gibi gözüküyorsun. Rüyaya dalma tecrüben neyse, rüyadan çıkış tecrüben de o. Rüyaya dalışın uyanışının garantisi. Rüyaya dalmamış olsan uyanman da gerekmeyecekti. Burada, dünyada önce uyuman, sonra uyanman gerekiyor ama hakikatte uyumanın gerçekleşmediği gibi uyanış da hiç olmadı.

İşte bu yüzden rüyaya dalış gibi uyanış da kaçınılmazdır. Uyuyan herkes elbet uyanır. Ego bilinci seçimini yaptığın her an mucize bilinci seçimini de gerçekleştiriyorsun. Uyanış kaçınılmazdır, ancak bunun ne zaman olacağına senin özgür iraden karar verir. Peki bu neden şimdi olmasın? Uyumaya daha ne kadar devam etmek istiyorsun? Hakiki olmayan bir dünyada "yaşadığını zannetmeye" daha ne kadar devam edeceksin?

Ego bilinci ve mucize bilinci arasında seçim yapmadan önce bilmen gereken en önemli şey şu: bu iki bilinç birbirinden tamamen farklı ve zıt. Aynı anda iki dünyaya birden inanamazsın. Bilincinde bir seçim yapmak zorundasın. Ya bu dünyayı, rüyayı gerçek olarak algılayacaksın ve rüyada uyumaya devam edeceksin ya da öteki dünyayı, hakiki dünyayı gerçek kabul edeceksin. İki dünyayı aynı anda gerçeğin yapıyor olamazsın, çünkü ikisinin özellikleri birbirinden farklı. Nerede olacağına, nerede olduğuna karar vermen gerekiyor.

Eğer ölümlü dünyada var olduğuna inanıyorsan sen bir ölümlüsün. Acı çekeceksin ve hastalanacaksın. Üzülecek, kırılacaksın. Gücün sınırlı olacak, sürekli uyuyup uyanacaksın, acıkacaksın ve canın acıyacak. "Ben bedeni olan ve ölen biriyim" dediğin an o olacaksın. Ve öleceksin. "Bu dünya gerçek" dediğin an, buna inandığın an burası senin gerçeğin olacak. Sen gerçekten ölümlü dünyanın gerçek olmasını istiyor musun? Özgür iradenle ölümlü bir beden olmayı mı seçiyorsun?

Eğer ölümlü dünyanın bir rüya olduğuna inanıyorsan, bu rüyanın geçici bir tecrübe olduğuna, burada algıladığın her şeyin fani, bir sürelik deneyimler olduğunu görebiliyorsan, rüyadan çıkacaksın. Artık bu rüya seni eskisi gibi etkilemeyecek. Dünyanın geçici bir tecrübe olduğunu görebiliyorsan, senin gerçeğin bu ise, buna inandığın an sen ölümsüz olacaksın. "Ben ölen bir beden değilim" dediğin an, bu hakikati kabul edebildiğin an sen ölümlü bir beden değilsin artık, ölümsüzsün. Acı çekemezsin. Hastalanamazsın. Ölemezsin. Neye inanırsan sen osun. Özgür iradenle bunu mu seçiyorsun?

Hakikat hiçbir zaman değişmedi. Dünyanın fani olduğu, ölümlü bir rüya olduğu gerçeği asla değişmeyecek. Senin buna ne zaman uyanacağın senin özgür iradende mevcut. Uyanışı dilediğin kadar geciktirebilirsin ama engelleyemezsin.

Uyanamamakta ısrar eden, dünyanın keyifli, zevkli, eğlenceli bir yer olduğuna dair kendini yıllarca, hatta asırlarca kandırabilen bilinçler gördüm. Yiyip içerek, sevişerek, dünyadaki zevklerle gerçek mutluluğu yakalayabileceklerini düşünüyorlar. Tamam, anladım, çok güzel. Tüm zevkleri yaşayın, dünyanın tadını çıkarın da... Elbet geçecek, elbet bitecek. Dünyada yaşadığın, deneyimlediğin hangi zevk kalıcı? Dünyevi hangi haz sürekli seninle ve sende kalıyor? Bu oyuna daha ne kadar devam edeceksin? Bu saçma oyuncakları ne zaman bırakacaksın?

"Henüz değil" diyorsan aynen devam et. Anlamsız şeyler dünyasında vakit geçirmeye, boş şeyler yaptığın için vicdan azabı çekmeye, anlık zevkler peşinde koşmaya, sonra o zevk bittiğinde "Daha kalıcı bir şeyin peşinde koşarak vaktini doğru şekilde kullanmadığın için suçluluk hissetmeye" devam et...

Öyle insanlar tanıyorum ki cennet ayaklarına kadar geldiği halde, kendisini "ucuz zevklerinden mahrum edeceğini düşünerek" elinin tersiyle itenler var. Senin ucuz, geçici, anlık zevklerin ve isteklerini cennet neden elinden almak istesin?

Cennet sana daha büyük bir şey vaat ediyor. Daha büyük bir yaşam! Daha büyük bir varoluş. Sen ona arkanı dönmüş, küçük hayatında elindeki geçici, anlık ve suçluluk dolu oyuncaklarını bırakmamak için "Hayır!" diyorsun!...

Ne büyük aptallık. Ve fakat mümkün.

Bazen elimi uzatıp "Haydi gel, burada ışık var, yüzünü cennete dön, özüne dön, bırak o beş para etmeyen oyuncakları" dediğim insanların karanlığın içinde yok olup gidişini izliyorum... Vazgeçmek istemiyorlar... Bütün o yararsız oyunlarını, "yapay aşkları"nı, "taklit ilişkileri"ni, "saçma tripleri"ni bırakmak istemiyorlar. İşin komiği gerçek zannettikleri şeylerin gerçek olmadığını görebilenlerin olduğunu fark edemiyorlar. Kendilerini kandırdıklarını düşünüyorlar. Oysa kendilerini de bizleri de asla kandıramadılar. Yapay aşklar, saçma oyunlar, taklit ilişkiler öyle net görünür ki şaşarsınız.

Ruhun, özün kuralları gereği bu böyle. Özümüz, dünyaya ışığını yansıtmaya her an devam ediyor, bu nedenle de her şey sürekli olarak görünür kalıyor. Gizlenme diye bir şey ruhun olduğu yerde mümkün değil. O öyle büyük bir ışık ki sen o ışığı kabul edemiyorsan bu senin sorunun. Ama ya o ışığı kabul eden diğerleri, senin onu kabul edemediğin yerleri görebiliyorlarsa? Ya herkes herkesin ruhundan rehberlik alamadığı yerleri, dirençlerini, problemlerini, özünden koptuğu ve ego bilincine düştüğü yeri görebiliyorsa?...

Ya... Aynen böyle işte. Herkes her şeyi görüyor. Herkes her şeyi biliyor. Umarım sen de bir gün o görenler ve bilenlerden olursun, yoksa hayat zor.

Belki de çok acıklı bir tablo sergiledim ama durum bu. Tek hakiki ilişki sebebiyle; hakikat hep var, hep olacak ve hep ortada. Bu ilişki sebebiyle, hepimizin sahip olduğu ruhsal rehberlik sayesinde herkes her şeyi görüyor, biliyor... Hakikatin peşinde olanlar bugün elbet görünüyorlar. Ve hakiki olmayan, taklit oyuncakların, taklit aşkların, yapay ilişkilerin, geçici tatminlerin peşinde olanlar da görülüyor, fark ediliyor. Ruhumuz farkındalığın, ışığın kendisi çünkü. Hiçbir şey hiçbir zaman gizli kalamaz. Hiçbir niyet gizli kalmaz. Attığınız her adım, tüm davranışlarınız altta yatan niyeti gösterir. Çünkü ruhumuz bedenler dünyasına ışığını yansıtmaya her an devam ediyor.

"İnsan ancak kendisini kandırır" derler ya... İnsan olan taraf kanabilir ancak, ruhun, vicdanın tüm o oynadığın oyunlara, peşinde koştuğun saçmalıklara inanmadı. Sen onu duymadın, dinlemedin sadece, bu ben de onu dinlemiyorum anlamına gelmez. Dinleyen dinler. Bilen bilir.

Mucize bilinci seçimi yapan bir insan ruhunun rehberliği sayesinde her şeyi görür, her şeyi bilir. Sen, insan kendini kandırabilirsin ama ben, öz benliğimiz asla kanmaz.

Mucize bilinci seçimi total bir seçimdir. Yani ya hep ya hiç. Mucize bilincini, hakikati yarım seçemezsiniz. Çünkü daha önce de söylediğim gibi, aynı anda iki dünyayı birden seçemezsiniz, bu mümkün değil. Hakikatin olarak hakiki dünyayı seçtiysen o zaman bu dünyaya bakar ve koca bir hiç görürsün. Ve o hiçliğin üzerine yansıyan kocaman bir hakikat. Her şey hakikate dönüşür, her şey Tanrı'nın yaratımı olur. Ancak sen O'nu biliyor ve hatırlıyorsan. Ancak sen O'nun ışığını kendinin olarak kabul ettiysen. Ancak sen O'nu kendinle bir algılıyorsan dünya cennet olur, her şey tam, mükemmel, sağlıklı ve bütün olur. Bu bütünlük yargının, tasanın, düzeltme ihtiyacının bitmesini sağlar.

Ancak "kendi bilinci"ni tam olarak düzeltmemiş kişiler, etrafını düzeltme ihtiyacı duyarlar. "Uyarı" ego bilincinin davranış biçimidir. Ruh uyarmaz, sadece beyan eder. Der ki: Bunu şöyle yaparsan senin için de, kardeşlerin için de, evren için de daha iyi, daha hayırlı olur. Ama yapmazsan da sen bilirsin, uyanışı geciktirmek istersen bunu yapabilirsin. Elbet istediğin kadar kaybolabilirsin, istediğin kadar uyuyabilirsin. Kendini uykuda tutmak için ne yapıyorsan, her neye anlam yüklüyorsan, cinselliğe mi, yemeye içmeye mi, üne, şöhrete, paraya, mala mı, aynen devam et. Dilediğin kadar kaybol, tüm zamanlar senin!... Nasıl olsa bir gün uyanacaksın. Uyanış kaçınılmaz.

Ruh bunu bilir. Acelesi yoktur. Hatayı düzeltmek için aceleniz de yoktur. Çünkü zaten hata hiç olmadı. Evet, dünya bir hata, ama bu hata asla gerçekleşmedi. Gerçekleşmeyen hataların da düzeltilmeye ihtiyacı olmaz. Dünyadaki hatalarda da aynı şey geçerli. Hatalar, yanlışlıklar devam edebilir, insanlar sözlerinde durmayabilir, yapmaları gerekenleri yapmayabilirler, özlerini dinlemeyebilirler, hastalanabilir, acı çekebilirler, hepsi ok... Kocaman bir ok. İnsan dilediği kadar karanlıkta kalabilir. Yorulana kadar. Bıkana kadar. "Of yetti artık!" diyene kadar.

Bu kitap "Of artık yetti!" diyenler için yazıldı. Bunu henüz demediyseniz, rüyanın hiçbir anlamı olmayan tecrübeleri sizi henüz sıkmadıysa, henüz doymadıysanız devam edebilirsiniz az ile, hiçlik ile, boşluk ile haşır neşir olmaya. Bir şey elde edemeyeceğiniz halde, asla tatmin olamayacağınız halde dünyaya tutunmaya, dünyevi olguların peşinde koşmaya devam edecekseniz edin. Ama uyanış kaçınılmaz.

İşte ruh böyle söyler. Hakikat hep var, hep olacak. Hakiki olmayan hiç yoktu, hiç olmayacak ve senin bunu bilmemen en ufak bir şeyi değiştirmedi.

### Mucize Bilinci Seçimi

Kendi tecrübemde, bu seçim öyle bir alan, öyle bir platform ki; bir kere dünyayı görememeye başlıyorsun. Ya da düzelteyim; bir insan gibi göremiyorsun. Yani insanların gördüğü gibi göremiyorsun. Dünyaya baktığında insanın gördüğünü değil, ruhun görmek istediğini görüyorsun. Bu durum, dünya bilincinde kalmış kişileri bir anda tabii ki çarpabiliyor. Ne de olsa baktığın yer ve gördüğün şey onların alışkın oldukları değil. Şahsen baktığım her gözde bir mastır, ilahi bir rehber, bir öğretmen görüyorum ve herkesi ruhum ve bedenim arasındaki tek hakiki ilişki noktasından deneyimliyorum. Ya öğreniyorum ya öğretiyorum ve bunun dışında bir şey olmuyor. Bu durum hakiki ilişki deneyimi az olan kişiler için zor bir durum. Vaktini boşa harcamaya, dünyevi şeylerin peşinde koşmaya alışkın biri için bu sıkıcı bile olabilir. Ya da ağır. Ya da fazla büyük.

Ruhun ışığı ona alışkın olmayanların canını bile yakabilir.

Tam da böyle bir tecrübem oldu aslında... Rüyada kalmak isteyen, sürekli içmek ve sevişmek ve yemek ve gezmek ve dünyada ne varsa deneyimlemek isteyen bir arkadaşımla tam olarak bu tecrübeyi yaşadık. Muhtemelen ruhunun sesini o kadar uzun zamandır dinlememiş, özünün rehberliğini o kadar uzun zamandır yok saymıştı ki bir anda ruh beden ilişkisi içinde olan bir hal onu şok etti. Önce anlamadı, sonra değişik anlamlar yüklemeye çalıştı, nihayetinde istediğini alamadan kopma tecrübesi deneyimledi. Çünkü zaten seçimi buydu. Dünyayı seçen herkes istediğini alamama tecrübesi seçiyor zaten. Er ya da geç.

İnsan önce istediğinin ne olduğunu bildiğini iddia ediyor ve onun peşinden koşuyor, sonra durum büyük bir hayal kırıklığı ile sonuçlanıyor. İnsan ne isteyebilir ki? İnsani şeyler. Sen insan mısın ki insani şeyler seni tatmin etsin? Özü ruh olan bir varlığı insani şeyler, dünyevi şeyler nasıl tatmin edebilir? Kendini bir süre aldatabilir tabii ama elbet uyanır.

Bir insan nelerin peşinde koşar? Beş duyu deneyiminin. Tatlar, kokular, renkler, görüntüler, sesler... Bir dokunuş, bir manzara, güzel bir yemek, iyi bir içki, bir şeyi başarmak, üretmek, eylemleri gerçekleştirmek... Bunlardan hangisi seni ebediyen tatmin edebilir, söyler misin? Dünyada hangi başarıyı elde edersen et, o duygu geçici. Yaptığın şeyden ne kadar büyük zevk alırsan al, geçecek. Âşık ol, kime, neye ne kadar âşık olursan ol, bitecek. Bunları göremiyor olmak gerçekten komik!

Bu arada "insan tarafımız"la ilgili yazarken özellikle "sen" diyorum, ruh tarafımızla ilgili yazarken özellikle "ben" diyorum, bunu da fark etmiş olmalısınız. Bu da bu çalışmanın bir parçası. Önemli bir parçası.

Evet, şimdi gelelim mucize bilinci deneyimime. Açık konuşayım; dünya kanunları, kuralları, "olmalı"lar, "yapılmalı"lar, "Bu durumda şu denir", "Şu durumda bu denir" gibi şeyler beni hiç bağlamaz, bağlamadı. Hatta hiç algılamıyor ve anlamıyorum. Bu benim karanlık noktam diyebilirim. Eğer "mucize bilinci"ndeyseniz ve sisteminiz hakikatin kanunları ile işliyorsa dünya kanunları sizi etkilemez. Hakikatin kanunları, dünya kanunlarının üstünde bir doğruluk ve hakkaniyetle işler. Zaten dünya kanunları da hakikat kanunlarından doğmuştur. Dünya tecrübesinde ruhumuzdan başka rehberimiz mi var ki dünya kanunları hakikatin kanunları tarafından yazılmış olmasın?

Dünya rüyasıyla ilgili en güzel gerçek ne, biliyor musunuz?

Her sorunun bir çözümü var. Dünya tek hatalı düşüncenin zaman döngüsünde genişletilmiş hali olduğu için ve bu hata hakikatin kanunları sebebiyle daha yapılmadan düzeltildiği için dünya hatanın düzeltildiği yer. Yani dünya için "Rüyanın başladığı ve bittiği yer, sorunun cevaba ulaştığı yer" diyebiliriz.

Hiç olmayan ve hiç olmayacak soruların hiç olmayan ve olmayacak cevaplarına ulaştığı yer.

Burası, hedefin amacına baktığında; hiç var olmadığı için doğası gereği amaçsız bir yer. Hani hep kendinize sorup duruyorsunuz ya "Burada olma amacım ne?" diye. Ve sorunun cevabını bir türlü bulamıyorsunuz, işte o sorudan bahsediyorum. Ya bu sorunun cevabı yoksa? Ya bu soru cevabı olmayan bir soruysa?

Sen "Bu dünyada olma amacım ne?" diye sorarken "Burada olmamın bir amacı olmalı" inancından yola çıkıyorsun. Ya ortada bir amaç yoksa! Ya amaç burada değilse ve sorunun cevabını o nedenle bulamıyorsan?... "Dünyada olmamın bir amacı olmalı" düşüncesinde olmasan, sadece sorsan "Dünyanın amacı var mı?" diye değil, sadece "Dünya var mı?" diye... İşte o zaman cevabın geleceği kesin.

Ve "Dünya yok" cevabı aldıysan o zaman "Olmayan bir yerin amacı var mı?" diye sormak anlamsız bir davranış olur, öyle değil mi?

Bu soruyu soran çok kişiyle karşılaştım ama bu sorunun cevabını bulan ile karşılaşmadım. Cevabı duyan çok kişiyle karşılaştım, o ayrı.

*Belki de cevap sorunun içinde değil, dışında gizlidir.*

Dünya hakikatte var olmayan bir rüya. Tamam, bunu anladık. Hakikat düzleminde "var olmayan bir şey varmış gibi gözüktüğü için" demek ki dünya bir error, bir hata. Hatalı düşünce, bir yanılsama. Sonsuz hakikatin içinde, O'nun içinde var olamayan bir şey var olabilir mi? Ne saçma bir soru kalıbı oldu değil mi? Soru bile olamayacak kadar saçma bir şey. "Var olmayan şey var olabilir mi?" sorusu hatalı düşüncenin kendisi.

*Cevap ortada. Sen niye sorup duruyorsun, esas "âlem" olan o.* Olamaz, olabilir miydi, olamaz, olabilir miydi? İşte bu error. Bu netleşti mi herkes için?

Bu error, bilgisayara bulaşmış virüs gibi; belki de şeytan olarak tarif edilmiştir hep. Senin rüyanın içine dalma, rüyada olma fikrinin kendisi aslında şeytan. Var olmayan şeylerin var olabileceğine dair, Tanrı'nın yaratmadığı bir yerin deneyimlenebileceğine dair bir iddia... İddia etmeyi sever misiniz? Belki de buradan başlamıştır ilk iddia ihtiyacı.

Sonuçta; var olmayan ve Tanrı'nın hakikati gereği var olamayacak bir rüya balon gibi şişip büyüyor zaman illüzyonu gereği. Senin örneğinde de 80 yıllık ömrün oluyor. Bir süreliğine varmış gibi gözüküyor. Aslında bir masal kitabına benziyor, ne dersin? Ve işin sırrı burada zaten. Dünyan, senin rolün, kimliğin aynen bir masal kitabı gibi çoktan yazılmış bir roman. Sen burada olan bitenin yeni olduğunu zannediyorsun ama böyle bir şey yok!

İki nörolog 1960'lı yıllarda beyinde readiness potential diye bir şey keşfediyorlar. Seni bir cihaza bağlıyorlar ve ne yapacağını sen onu yapmadan 8 saniye önce bilebiliyorlar. Yani beynine bir yerlerden ne yapacağının mesajı geliyor. Her insan oynadığı senaryoya, masala, kitabındaki rolüne her an sadık kalıyor yani. Ve sen özgür iradenin, sabah kalkıp ne yiyeceğini seçmen olduğunu düşünüyorsun. Bu kadar karanlıkta işte insan. Bu kadar sığ işte insanın durumu.

Olayı algılamak için deneylere, araştırmalara, ispatlara ihtiyaç duyuyor, yoksa anlamıyor, algılayamıyor. Kendi kendine keşfedemiyor mesela insan. Durduk yerde "Buldum, yarattım, kendiliğinden oldu" falan diyemiyor. Dünya hayatı öyle işlemiyor çünkü. Rüyada hiçbir şey kendiliğinden olmuyor. Masallarda olduğu gibi, önce bir şey oluyor, sonra diğer şey. Önce bir şey yapıyorsun, sonra cevabını alıyorsun. Attığın her adıma bir cevap, bir tepki, ayrıca attığın adımın yarattığı bir etki var. Kitaptaki hikâye sürekli ilerliyor, asla gerilemiyor. Geçmiş geçmişte kalıyor. Geçmiş bölümler, hep geçmiş bölümler olarak kalıyor.

Gelecekte ne olacağını bilmiyor olman sebebiyle geleceğin henüz gerçekleşmemiş olduğunu düşünüyor olman da çok sığ, biliyor musun? Kendi insan tarafıma ve senin insan tarafına sesleniyorum: ben göremiyorum, bilemiyorum diye gelecek, yeni bir şey mi olmak zorunda? Ne komik! Belki de çoktan gerçekleşti ama ben bilmiyorum... Olamaz mı? Ah şu "belki"ler. Ruhun dili. Hep soft, hep yumuşacık, hep terbiyeli... Asla iddia yok. Asla baskı yok. Zaten o yüzden onun sesini bastırmakta bu kadar kolay ustalaşıyor insanoğlu. Ruhumuz o kadar terbiyeli, dürüst, düz, nahif ve bize o kadar bağlı ki sus diyorsun susuyor, konuş diyorsun konuşuyor, asla izin almadan rehberlik etmiyor, asla kabalık etmiyor ve asla iddia etmiyor...

Rüya: böyle görünüyor ve sonra bir gün ölüyorsun. Dünya masalı ölümle sonlanıyor. Hep. Ne kadar sıkıcı! Ah, bu ayrı bir konu. Sıkılmadın mı ölmeye? Bir anlamı yok! Ölümün bir anlamı olduğunu düşünüp durmaktan yorulmadın mı? Daha kaç kez ölüp ölüp dirilmen gerekiyor ölümün anlamsızlığını anlaman için? Daha kaç yakınını kaybetmen gerekiyor ölümün gerçek olmadığına uyanabilmen için!

Dünya hayatı gerçek olmadığı için senin ne kadar süre rüyada olduğun ve ne zaman uyandığın aslında hiçbir önem taşımıyor. Zamanı sen belirliyorsun. Zamanın hızını sen tayin ediyorsun. Ne kadar hızlı uyanacağın sana bağlı.

Uyanış "an"da gerçekleşiyor. Şu an uyanabilirsin ya da bir

bin sene daha uyumaya devam edebilirsin! Ruhsal rehberlik alan bir bilinç olarak; aslına bakarsanız teknik olarak daha uzun bir süre uyumanız mümkün değil. "Ben buradayım hakikati" gerçekleşti çünkü.

Hakikati hatırlayan bilinç rüyayı ele geçirdi.

Şöyle bir şey söyleyebiliriz mesela: Zaman mefhumu; ego bilinci sebebiyle, dünyanın gerçekten var olduğuna inandığımız için insana uzun dilim olarak geliyor. Aslında Tanrı katında zaman mefhumu yok ve tüm bunlar hiç olmadı.

Tanrı katını hatırlayan mucize bilinci, "öz"ün sana diyor ki: Zaman gerçek değil. Dünya gerçek değil. Oyalanmayı bırak. Değersiz şeyler peşinde koşmaktan kurtul.

Sizler "uyanma yolu"nu seçtiğiniz için geliyorsunuz nefes eğitimlerine, "mucize kursu"na... Mucize kursu, nefesin doğru kullanıldığı yer, uyanmanın en hızlı olabildiği yer. Yoksa bunca yıldır "nefes de nefes" sürekli anlatıp durur muydum? Ben nefes çalışmaları ile aslında insanlığa bir çağrı yapıyorum. Nefes uyanışı başlatıyor, mucize kursu kesinleştiriyor. Orada uyguladığım tüm metotlar özel olarak, ruh rehberliği ile uyanışı gerçekleştirmek için seçilmiş sistemler. Ruhun rehberliği ile atılan her adım doğrudan sonuca ve başarıya ulaştığı için de kesin sonuç alabiliyoruz çok şükür.

Bakın, bu örnek bile size birçok şeyi anlatıyor olmalı. Ruhun rehberliği ile atılan adımların başarısız olması imkânsızdır. İnsan olan tarafınızı dinlediğiniz için başarısız oluyorsunuz. İnsan olan tarafınızı dinlediğiniz için istediklerinizi elde edemiyor, hedeflerinize ulaşamıyorsunuz. Kendisi karanlık olan biri size ne diyebilir, nasıl rehberlik edebilir? İnsan tarafımız karanlıkta, onun fikrine danışmayı bırakın artık! O ne istediğini biliyor ve ne yapması gerektiğini. Onun tek yapması gereken ruhun onu devralmasına ve yönetmesine izin vermek. Bunu sağladığınız an rahatsınız. Çünkü ruh ışık, bilgi, o yol gösterir, ışık tutar, rehberlik eder sana. Ona güvendiğin an, kendini ona teslim ettiğin an bil ki rahatsın. Ama tek şartı var: onun dediğini "yapacaksın". Dünya yapma dünyası, eylem dünyası. Ne demiştik: dünyada bir şey yapmadan sonuç elde edilmiyor. Ruhunun rehberliğini kabul ettin diye her şey kendiliğinden olacak, sen de ayaklarını uzatıp bekleyeceksin sanma! İstediklerinin olması için senin, insan tarafının eylemde kalması gerekiyor.

Sen uyanma yolunu seçensin.

Sen eve dönüş yolunu seçtin. Bu yüzden şu anda bu kitabı okuyorsun. Başka türlü olamazdı. Çünkü bu kitap, şu anda okuduğun bölüm eve dönüş yolculuğunun haritası. Kaybolmak isteyen bilinç bunları okumaz.

O halde eve dönme vaktinin çağrısına uy, geciktirme. Niye geciktirme diyorum, biliyor musun? Geciktirmemen gerektiği için değil. Geciktirirsen bu yanlış olacağı için değil, uyanman çok önemli olduğu için değil, gerekli olduğu için bile değil. Sadece vakti geldiği için, sana kendini hatırlatmak için, bulunduğun noktayı hatırlatmak için söylüyorum bunu. Uyanma vakti gelmiş ve hatta yaşam döngüsü uyanışa hazırlanmış birinin bunu geciktirmesi epey zor bir yol. Zorlandığını biliyorum, artık kolay yola geçme vakti. Çünkü senin zamanın eve dönme zamanı ve sen bunu zaten biliyorsun.

Ve hatta bu son hayatın. Bunu da biliyorsun.

Artık bilincinizin bu tarafıyla, hakikati hatırlayan tarafı ile tanışma vaktiniz geldiği için okuyorsunuz bu kitabı. Belki sokakta dolaşan pek çok insan eve dönüyordur. Belki mucize bilinciyle başka yollar aracılığıyla tanışıyordur. Vakit geldi. Şu an tek gerçek bu.

"Zaman her şeyin ilacıdır" diye bir deyim var Türkçede. Tabii ki. Ve elbette. Zaman olmasa uyanış olmaz. Zaman, illüzyonun en önemli parçası. İllüzyon ile başlayıp illüzyon ile son buluyor. Ve hatta zamanın kendisi bir illüzyon, içindeki her şeyle birlikte.

Hakikatte uyuma diye bir şey hiçbir zaman gerçekleşmediği için doğal olarak uyanış da hiç olmadı, ama zaman döngüsü içinde ikisi de varmış görünüyor ve birbirini tamamlıyor aslında.

Zaman döngüsü "dünyaya kayboluş"a da "eve geri dönüş"e de imkân tanıyor. İki yolculuğun da kullandığı sistem ama hâlâ daha dünyanın sistemi, illüzyonun sistemi. Matris sistemi.

Dünya kanunları ile hakikat kanunları birbirinin tam zıddı. Dünyanın sisteminin arka planında bir fikir var. Ve her fikir gibi bu fikir de iki ihtimalden oluşuyor. Kadın ve erkek gibi, gece ve gündüz gibi... İhtimal kelimesi bile kendi içinde ikinciliği doğuruyor. Bu ikincilik aslında "Tanrı'nın dışında bir ikinci şahıs olabilir" fikrinden doğuyor. Olabilir mi? Hakiki bir yaratan varsa, o hakiki ve tek ise O'ndan başka, yani ikinci bir varlık olabilir mi?

O tek ise, var olan tek varlık ise, varoluşun kendisi ise sen insana nasıl "var" dersin? İnsanın gerçek olamayacağını nasıl görmezsin?

Çoğu insan kendi zihninde inanılmaz bir çelişki içinde olduğundan çelişkili inançlarını göremiyor bence. Hem "Allah tektir, O'nun dışında yaratıcı yoktur" diyorlar hem "ama o başka varlıklar da yarattı" diyorlar. İyi de; varlık dediğin şey tek ise o zaman tek varlık olmalı. İkinci varlık olan insan eğer gerçekten yaratıldıysa, o zaman bir tek Tanrı yok varlıkta. Tanrı ve insan var. İkisi de var. O zaman iki var olan da eşit olmalı. Din kitaplarında "Allah'a eşit koşmak" derken ne kastedildiğini anlatabildim mi?

Bir karar ver: İnsan mı var, Tanrı mı? İkisi de aynı anda varsa ve ikisi de yaratılışın parçası ise o zaman yaratılış dediğin şey ikiye ayrılmış durumda; bir yanında insan duruyor, diğer yanında Tanrı. Hani Tanrı tekti ve bir tek o vardı? Tanrı yaratılış içindeki tek varlık mı değil mi? Buna karar verin önce. Gerisi kolay.

Hakikatin kanunları ile dünyanın, illüzyonun kanunları birbirinin tamamen zıddı. Zaten bu nedenle, ikisi birbirine karıştırıldığı için hakikat anlaşılmıyor çoğu kişi tarafından.

Hakikati dünya kanunları ile yorumlayarak anlayamazsın.

Hakikate dünya bilinci ile bakıp onu yüreğinde, vicdanında hissedemezsin, bilemezsin.

Hakikat kanunları hakiki olanla ilgilidir. Değişkenlik göstermez, kendi içinde çelişkili değildir, tektir, tekliği anlatır. Karşıtı, tersi, zıddı falan yoktur. Hakikat kanunları, varlığın kanunlarıdır. Adı üstünde; hakikat. Hakikat tektir. Yoksa ona hakikat denemez. Hakikat vardır, hep olacaktır. Algıya göre değişmez. Onu bilip bilmemen hakikat için fark etmez. O varsa vardır, sen onu bil ya da bilme...

Oysa dünya kanunları kendi içinde her zaman çelişkilidir, çünkü dünyada her zaman ikilik vardır. Her şey en az iki durumdadır, çünkü gerçek değildir. Gerçek olan iki tane olamaz. Gerçek varsa tektir. Dünyada ise tek olarak algılayabileceğimiz hiçbir şey yoktur. Dünyanın kanunları hiçliğin kanunlarıdır. Var olmayan bir yerin "kendi varoluşunu ispat etme çabası"dır sadece. Bu nedenle sisteminiz dünya kanunlarıyla idare ediliyorsa hep bir kendini ispat çabanız vardır.

İnsanın kendini ispat etmeye ihtiyacı vardır, ruhun değil. İnsan kendini ifade etme, hayatı şekillendirme ihtiyacı duyar, hakikati hatırlayan ruhun böyle bir ihtiyacı yoktur, çünkü o sessizce bilir. Dünyanın gerçek olmadığını, "olduğu kadar olmasının yeterli" olduğunu...

İnsanlar ruhlarına, özlerine izin vermedikleri için, nefesleri ve bilinçleri açık olmadığı için hakikati algılamakta zorlanıyorlar. Kendileri bir şeyler yapmaya çalışıyorlar çünkü. Çalışarak, eğitim alarak, yıllarca okuyarak hakikate veya Yaradan'a ulaşabileceklerini zannediyorlar. İnsan, Tanrı'ya ulaşamaz. Bu hiç olmadı. Bugün dünyada yüz binlerce ateist insan var. Niye? İnsan bilincinde kaldıkları için! Ruhlarından, özlerinden haberleri bile olmadığı için!

Sen kendine Yaradan'ı anlatamazsın ve varlığını ispatlayamazsın. Bunun için ne yaptıysan hepsi beyhude çaba. İnsan ne kadar okursa okusun, ne kadar çalışırsa çalışsın Allah'a ulaşamaz. O'nu ancak ruhunla, özünle, vicdanınla, hakikati hatırlayan tarafınla hatırlayabilirsin.

Ama elbette vicdanınla ve ruhunla bir bağlantı yoksa, bu olmaz.

Özet olarak: Sadece insan tarafının farkında olan bir kişinin Allah'a ulaşması mümkün değildir. Ama nefesi ve bilinci açık, ruhuyla, özüyle bağlantıda olan bir insan her an, tüm zamanlarda nefesinde ve nefsinde Allah'ı hisseder, O'nu her an bilir. Her nefes bir zikirdir aslında.

Biz kendimizi bildiğimiz her nefeste O'nun adını, varlığını zikrederiz.

Bunun olması için önce "insanın gerçek olmadığının algılanması" gerekir ki bu bence çoğu insan için en zor bölüm. Çünkü çalıştığım on binlerce insanda gördüm ki nefes tam olarak açılmadan, tam teslimiyet gerçekleşmeden bu durum olamıyor. Sen hakikati ne kadar anlarsan anla, ne kadar okursan oku zihnin O'nu asla anlamayacak. İnsan zihni Yaradan'ı anlamaya yeterli değil. O'nu kalbinle, ruhunla, özünle hissedebilirsin. Özünden rehberlik alabilir, O'nun seni çıkardığı yolda Allah'a ulaşabilir, O'nu hissedebilirsin. Ama kendini hâlâ bir insan olarak algılıyor ve gerçekten var olduğunu düşünüyorsan bu, imkânsız. Tanrı'yı asla bilemezsin. Çünkü sen varsan, sen kendini yaratılmış olarak, varlık olarak algılarsan Tanrı yok. Bir seçim yapman gerekiyor. Sen mi varsın o mu var? Hanginiz varlık? Ölen bir beden mi varlık, yoksa sonsuz ve tek olan mı? İkisine birden varlık diyemeyeceğimiz kesin. Ölümlü olan varsa diğeri yok çünkü. Ölümsüz olan, tek olan varsa o zaman ölümlü olan yok. İkisi birden nasıl var olabilir?

Size bir şey söyleyeyim mi? Bu kitabı Nevşah yazmaya çalışsaydı bu imkânsız olurdu. Hakikatle ilgili hiçbir şey bilmeyen insan ne yazabilir ki? Nevşah illüzyonun içinde ve hakikati algılaması imkânsız. İşte önce bunu kabul etmeniz gerekiyor. Önce Tanrı'ya Nevşah ile ulaşamayacağınızı anlamanız gerekiyor. Önce "Nevşah yok, gerçek değil" noktasına gelmeniz gerekiyor ki gerçek olan ile bağ kurabilin.

Sen gerçek olmayan, hakiki olmayan bir şeye gerçek diyorsan gerçek olanı, hakiki varoluşu algılayamazsın. Ölüme gerçek diyorsan ölümsüzlüğü nasıl anlayacaksın? Anlayamazsın. O deneyim içine bile girsen o sana gerçek değilmiş gibi gelir.

İnsanın algılayabildiği, örneğin Nevşah'ın algılayabildiği ve anlayabildiği ne, biliyor musunuz? Hakikatin yansıması. Şu an kelimelere döktüklerim bile ne kadar ustaca olursa olsun sadece bir yansıma olabilir Nevşah'ın zihni kullanılarak yazıldığı için. Evet, ben Nevşah olarak ruhumun rehberliğinden aldığım bilgileri sizlerle paylaşabilirim, yazabilirim, anlatabilirim, ama hakikate ulaşacak olan, Yaradan'ı yüreğinde hissedecek olan sensin. Ben bunun için hiçbir şey yapamam. Neden? Çünkü Nevşah da aynen senin insan tarafın gibi sınırlı bir beden. Limitleri var. Anlatabildikleri, gösterebildikleri sınırlı. Bilinen ve bilinmeyen tüm kelimeleri kullansam, sana hakikati göstermek için milyonlarca sayfa yazsam da sen ruhunla gerçekleşmesi gereken bağı kurmadığın, hakiki ilişki içine girmediğin taktirde yapılacak hiçbir şey yok.

Seçim yapmak senin elinde. Özgür iradenle yapabilirsin bu seçimi. Kendini ölümlü bir beden olarak mı algılayacaksın, yoksa sonsuz yaşamın temsilcisi bir ruh olarak mı? Senin için bu dünya mı hakiki, yoksa Yaradan'ın mesajını barındıran hakiki dünya mı? Karar vermelisin.

Hangisini seçersen diğeri sana görünmez olur.

Eğer dünyayı gerçeğin yapar ve gerçek olarak algılarsan "sonsuz sevgi"ye asla ulaşamazsın. Ulaşsan bile onu bilemezsin, tanımazsın ve hatta ondan kaçabilirsin, korkabilirsin. Eğer dünyayı gerçeğin yaptıysan ölüm gerçek. Ve öyle olacak. Öldüğünde her şey bitecek. Çoğu kişi için böyle. Çoğu insan yok oluyor, küllere karışıp gidiyor bu dünyadan. Bunu mu istiyorsun?

## Ego Bilinci

Çalışmamızın en önemli bölümüne geldik.

Ego bilincini yanlış anladınız.

Potansiyelinin tamamını kullanan, öz benliği ile bağlantıda, bu sebeple büyük, güçlü, hatta dev, kutsal ve kendine kıymet veren birine bakıp ona "Egosu yüksek" diyorsunuz. Kendini tam olarak ifade eden, hakikatini ifade eden birine bakıp "Egosu yüksek" diyen ego zaten!

Birini "yüksekte görebilmen" için senin bayağı aşağıda bir yerde olman gerekiyor! O baktığın kişinin egosu yüksek falan değil, o kendini senin gibi küçültmemiş, aşağılamamış, o kendine değer veriyor ve kendisini önemsiyor sadece! Tanrı'nın onu önemsediği kadar hem de. Ve bu sana fazla geliyor. O zaman bu problemi çözmeliyiz. Çünkü kimsenin egosu yüksek olamaz. Herkes potansiyelinin üstüne çıkabilir, kendini çok ama çok sevebilir, beğenebilir, gücünün, bütünlüğünün, kim olduğunun farkında olabilir ve bu bir problem değil meziyettir. Sen bu meziyeti bir problem olarak görüyorsan bence algını değiştirmen gerekir.

Egonun ne olduğuna, ego bilincine bakalım. Ego bilinci dünyanın ve bedenin gerçek olduğuna inanan bilinçtir. Sen dünyayı ve bedenini gerçek zannediyorsan, kendini ölen, kısıtlı, sınırlı bir beden olarak algılıyorsan kendi hakikatini kabul etmiş bilinçleri barındıran bir beden sana tabii ki büyük ve egosu yüksek gelir. Evet, öyle zaten. Ve bu bir problem değil, olması gereken durum.

Hakikatin ışığını bilincinde barındıran kişi kim olduğunu bilir. Tanrı'nın onu mükemmel yarattığını, saflığını, güzelliğini görür. Hayatında ne olursa olsun gücünün, potansiyelinin, sınırsızlığının farkındadır. O ne korkar ne de kendini limitler. O nedenle durdurulmazdır, özgürdür, kararlıdır, nettir. Senin ona sözün geçmez, o sadece ve sadece ruhuna, özüne itaat eder. Ne seni dinler ne başkasını. Ne sana boyun eğer ne bir başkasına. Ne madde onu durdurabilir ne bir beden. O sınırsızdır ve kendi içinde sınırsız gücü barındırdığının farkındadır. Kelimenin tam anlamıyla istediği an ezer geçer ve yolunda emin adımlarla yürür. Ve sen, kendi sınırsızlığının farkında olmayan, kendini limitli bir beden zanneden bir bilinçle bakar, onu elbette büyük görürsün. O sana büyük görünüyor. Oysa bu, insanın en yüksek ihtimali sadece.

Dünya hakikatin tersi. Hakiki dünya her neyse, ölümlü dünya bir tek o değil.

"Dünya hakikatin dışında bir şey olsa nasıl olurdu?" kadar hatalı, uçuk, cevabı ortada olduğu için saçma bir sorunun genişletilmiş hali. Ve bu hal ortada zaten. Her yerde. Bak, görürsün. Nasıl olurdu? İşte böyle. Ölümlü, sonlu, sınırlı olurdu; ışık olmazdı, yaşam olmazdı, sevgi yansıyabilirdi ama gerçek olmazdı. İçinde sevgi filizlenemeyen kuru bir topraktan ibaret olurdu. Öyle olmuş zaten. Hakikatte olmamış tabii ama "bir süre için" öyle görünüyor.

Hakiki olmayan bu dünyaya biz rüya diyoruz – fani dünya, illüzyon da diyebiliriz. Hakikatin tersi ve bu durumun kendi içinde bir sistemi var. Madem dünya hakikatin tersi, o zaman burada olan biten her şeyin, tüm sistemin, tüm kanunların hakikatin tersi olması gerekli. Ve zaten öyle.

Beden hakikatte yok, okey ama bu rüya içinde varmış gibi algılıyoruz ve rüyanın kendi dengesi var. Mesela; bu beden harcadığından fazlasını yediğinde kilo alıyor. Mesela; bu bedene ve zihnine dikkat etmezsen önce zihin, sonra beden hastalanıyor. Mesela; yıkanmazsan bu beden bir süre sonra kokmaya başlıyor. Bu beden yaşlanıyor ve ölüyor. Bunlar rüyanın gerçekleri ve asla değişmeyecekler. Hakikati hatırlıyorsunuz diye bir anda bedeninizin ölümsüz olacağını falan düşünmüyorsunuz herhalde değil mi?

Bu illüzyonun kendi içinde bir sistemi, formülleri var. Bunlar yokmuş gibi davranmak da başka bir saçmalık.

*İki dünyanın kendine özel kanunları, sistemleri var. Madde dünyası ayrı kanunlar ve sistemlerle yürüyor, ruh dünyası ayrı...*

Ne demek istiyorum? Şunu demek istiyorum: benim kendimi harika hissediyor olmam bu dünyada bana para kazandırmaz. Kendimi müthiş güzel hissediyor olabilirim, bu his bu bedenimi istediğim kadar fit yapmaz. Beden seviyesinde istediklerimi elde etmem için "ne gerekiyorsa onu yapmam gerekiyor".

Hayal ederek, kafasında kurgulayarak bütün gün yatıp kaslı bir vücuda sahip olanı gördünüz mü hiç? "Ben yaptım" diyen varsa da bence arkanızı dönüp kaçın. Dünyada dünya kanunlarına aykırı hiçbir şey olmuyor. Basit illüzyonlar yapılabilir tabii ki, olmayan bir şey varmış gibi gösterilebilir, bundan bahsetmiyoruz. Sihir konusunda ayrıca buna değineceğim.

Benim kendimi nasıl ve ne hissediyor olduğumun bu dünyada elde etmek istediğim sonuçlara ulaşmamla hiçbir ilgisi yok. Ama pardon. Evet, etkisi var. Kendimi nasıl hissettiğimin, düşüncelerimin, duygularımın dünyaya kesinlikle bir etkisi var. Ben kendimi iyi hissettiğimde dünya daha güzel görünüyor, her şey en yüksek ihtimali ile yaşanıyor ama *dünyada sonuç almak için bir şeyler yapmam gerektiği gerçeği* değişmiyor. Hiçbir şey yapmayıp yerinde oturursan bu dünyada hiçbir şey olmaz. Net. Dünyanın kanunları gayet açık, ortada.

Kilo vermek istiyorsan, az yiyeceksin. Kendini daha zayıf olarak hayal etmen kendini daha iyi hissetmeni sağlayabilir, şevkini artırabilir, yapmak istediklerini daha kolay yapabilmeni sağlayabilir, ama gün içinde alman gereken kalorinin üstünde kalori alırsan kilo veremezsin. Gayet basit aslında. Dünya basit bir yer.

Tam tersi de geçerli. Dünyada tüm hedeflerine ulaşmış, istediğin her şeyi yapmış olabilirsin ama mutlu olmayabilirsin, kendini iyi hissetmiyor olabilirsin. Çünkü kendini nasıl hissettiğinin dünyada olan bitenle bir ilgisi yok. İkisi ayrı dünya. Biri madde dünyası, diğeri ruh dünyası. Sistemleri farklı. Birbirlerinden farklılar ve biri diğerini etkilemiyor.

Yaşamın boyunca elde ettiğin başarılar, ne kadar çok paran olduğu senin sağlıklı, mutlu ve huzurlu olmanı sağlamıyor, öyle değil mi? Neden? Çünkü mutlu, huzurlu, sağlıklı olmak için başka şeyler de yapman gerekiyor. Nefes almak, nefesini açmak gibi... Dinlenmek, meditasyon yapmak gibi... Ruhunu arındırmak gibi...

Ruh gerçeği ile dünya gerçeği iki ayrı durum. İkisi de hakiki değil, ikisi de bu illüzyonda mevcut. Sadece rüya işte, varmış gibi görünüyorlar ve ikisi de düalitenin parçası. Yani "ayrılık bilinci"nin parçası. O nedenle ikisi birbirinden ayrı zaten. Dünyada birbirinden ayrı görünmeyen hiçbir şey yok. Ben bile "iki" durumdan oluşuyorum: Ruhum ve bedenim.

İkilik dünyada her yerde hep mevcut. Böyle. Alışsanız iyi olur.

Şimdi bu iki duruma ayrı ayrı bakabiliriz.

Tek bir benlik olmadığına göre, yönetmemiz gereken iki benlik olduğu kesin. İkisinin de ayrı kuralları, farklı sistemleri olduğuna göre ikisine de ayrı ayrı bakalım, ikisiyle de ayrı ayrı çalışalım o zaman.

***

Ruh, hakikati hatırlayan tarafımız, hakikat ile, Tanrı ile bağlantıda olan tarafımız olduğu için onun hakikati anlaması daha kolay. Hatta anlama bile insan bilinciyle anladığımız anlamda gerçekleşmiyor, çünkü ruh, doğası gereği biliyor. Belki ne kadar bildiğini veya bu bilginin ne kadar uçsuz bucaksız bir alana taşınabileceğini bilmiyor ama bir şekilde biliyor. Neyi biliyor? Öz gerçeğimizi. Mesela; hepimizin sevgi olduğunu, ışık olduğunu, yaradılışımız itibariyle bol, yaşam dolu, şifa dolu olduğumuzu... O nedenle ruhumuz sonsuz sevgiye, şifaya, sonsuz kaynağa, bolluğa, güzelliğe, gençliğe, mutluluğa, neşeye giden yol.

O zaman kendimizi mutsuz hissettiğimizde bilmemiz gerekir ki ruhumuzla bağlantımız kopmuş. Çünkü mutluluğun ne olduğunu bilen ve beni mutlulukla bağlantıya geçirecek olan ruhumla bağlantım koptuysa onu sağladığımda ben tekrar mutlu olabilirim ancak. Huzur, güven, dinginlik, içsel barış hepsi için aynı şeyi söyleyebiliriz. Ruhunla bağlantıda kal, huzurlu, mutlu, dingin, neşeli, güvende ve hatta sağlıklı, genç, dinç ol.

Peki bu bağlantıyı nasıl sağlayacağız? Veya koruyacağız? İşte tam bu noktada nefesin önemi giriyor hayatımıza. Ruhen bağlantımızı sağlam hale getiren tek şey nefesimiz. Nefesimiz açık değilse bu bağlantı kurulamıyor. Yani nefesinizle çalışmadığınız müddetçe ruhunuzdaki güzellikleri, huzuru, mutluluğu yüzde yüz hissedebilmeniz, size verilmiş bu evrensel hediyeleri kabul edebilmeniz mümkün değil. Zaten bu yüzden 5 günlük nefes kursumuzun adı mucize kursu. Nefesin açıldığı ve bizim ömür boyu istediğimiz, isteyebileceğimiz her şeye, ama her şeye (huzur, mutluluk, neşe, kendine güven, rahatlık, sağlık...) kavuşabiliyor olmamız gerçek bir mucize. Ve böyle. Nefesin açıksa ruhunla, hakikatle bağlantıdasın. Değilse değilsin. Bence nefesi açık olmayan bir insan hakikatle ilgili yüz yıl eğitim alsa da hiçbir yere gelemez, çünkü anlatılanları zihni ile asla anlayamaz, ona ruhu gerek. Ben gerek. Ruh gerek. Öz gerek hakikati anlayabilmek için. Yoksa imkânsız. İşte bu beni bize veren, sağlayan, özümüzle ilişkimizi güçlendiren de nefesimiz.

Tabii nefesin doğru kullanımından bahsediyorum. Bugün bilir bilmez çoğu kişi nefesi ile bir şeyler yapıyor. Nefes teknikleri gibi bir sürü şey var ortada. "Doğal nefes"e yönlendirilmediğiniz müddetçe (ki bunu Türkiye'de yapabilen tek nefes okulu NFS) öz ile ilişki tam olarak sağlanamıyor. Bizim amacımız, bunun önemini bildiğimiz için size bunun yolunu açmak. Fazla reklam gibi oldu, hemen bu alandan çıkalım.

Dünyaya dönecek olursak... Madde dünyasının ise, ruh dünyasından tamamen farklı kuralları var tahmin ettiğiniz üzere. Ruh dünyasında formül bak-gör-kucakla, madde dünyasında formül ise ara-bul-yap-sonuca var.

Şurası kesin: Ruhen aradığın hiçbir şey –sevgi, mutluluk, huzur, sağlık, dinginlik, rahatlık– madde dünyasında değil. Yok. Basit. Bunlardan istiyorsan o zaman özüne, ruhuna döneceksin. Net.

Dünyada elde etmek istediğin sonuçlar için ise bedenine döneceksin. Çünkü dünyada bir sonuç elde etmek istiyorsan, yol kat etmek istiyorsan elinde olan araca (beden) binecek, yola çıkacak, ilerleyeceksin. Dünya "yapma" dünyası. Sen yapmadan hiçbir şey olmaz. Önce yapmak, sonra sonuçları beklemek lazım. Madde dünyasındaki sistem bu.

Örneğin kendimi bol ve güvende hissediyor olmam banka hesabımdaki paranın artmasını sağlamıyor. Ama şöyle bir değişime yol açıyor: ben kendimi bol ve iyi hissettiğimde daha çok ve huzur içinde çalışabiliyorum. Yani ruh dünyasının madde dünyasına hiç etkisi yok değil, sonuç almada etkisi yok. Ben madde dünyasından bağımsız kendimi bol hissedebilirim ve zaten hakiki ihtiyacım bu. Çoğu insan sadece bol ve güvende hissedebilmek için istiyor banka hesabının büyümesini. Oysa bilmiyorlar ki o para onun kendini bol hissetmesi için yeterli değil. Bolluk ruhani bir durum, içsel bir his, öyle fiziksel dünyadaki parayla falan elde edilemez. Fiziksel dünyadaki madde olan para ise, ruhen iyi hissetme ile, meditasyon yaparak, kendini bol ve güvende hissederek artmaz. Elbette bir şeyler yapmamız gerekiyor. Dünyanın kanunu bu.

Ruhumla bağlantıdaysam, ruhumun sonsuzluğunun, sınırsızlığının farkındaysam doğal olarak bol hissediyorum kendimi. Hatta sadece bol değil, aynı zamanda sonsuz bir güç ile, kudret ile bağlantıdayım. Şimdi, bu noktadan, ben her şeyi yapabilirim, "koşulsuz ihtimaller seviyesi"ne adım attım. Burada "her şeyi yapabilirim" hurumu, bize açılan enerjetik bir kapı, bir fırsat. Bu fırsatı değerlendirip değerlendirmemek bize kalmış. Kendini banka hesabında bir kuruş parası bile olmadan bol hissedebilen insanlar tanıyorum ve bu zaten nefesle mümkün. Nefesin açıksa, hayatın açıktır, o bolluk seviyesinde aç ya da açıkta kalmazsın. Hayat bir şekilde sana destek olur. Tamam da senin istediğin bu kadarı mı? Sana açılan bu fırsat kapısını sen bu kadar mı değerlendireceksin? İşte asıl soru bu. Kendini ömür boyu bol hissederek mutlu mesut yaşayabilirsin. Senin istediğin bu mu? Yoksa sen hem mutlu, huzurlu olmak, yani ruh dünyasında en üst seviyede kalmak hem de bankada bolca paraya sahip olmak ve dünyevi başarılar elde ederek madde dünyasında da ilerlemek mi istiyorsun? İkisi bir arada olabilecekken biriyle neden yetinesin? İşte biz "NFS ailesi" seminerlerimizde bu ikisini ayrı ayrı ele aldığımız için geliştirdiğimiz sistem mucizevi sonuçlar doğuruyor.

Bu iki dünyayı da ayrı ayrı ele almak, ikisiyle ilgili de ayrı ayrı çalışmak zorundasınız. Başka yol yok. Gerçekten. İkisinden birini kendi haline bırakın, bakın ne oluyor! Bedenini, madde dünyasını kendi haline bırakırsan, çalışmaz, üretmez, bir şeyler yapmazsan parasız, kilolu, kendini ifade edemeyen biri olursun. Belki sefil, belki çirkin görünürsün. Kılık kıyafetine dikkat etmezsen istediklerini elde edemeyebilirsin, yapman gerekeni yapmazsan madde dünyasında ilerleyemezsin.

Ruhunu kendi haline bırakırsan da öfkeli, hırçın, stresli, hasta, dağınık, dengesiz, korkak biri olursun. Ruhunla da ilgilenmen gerekir.

***

Diyelim bolluk enerjisini hissetme ve bol olma niyeti ile nefes seansını yaptın... Çoğunuz biliyorsunuz artık, nefes doğru kullanıldığında o kadar etkili bir araç ki nefes seansından gerçekten ruhen her neyle bağlantı kurmak istemişsen o olarak kalkabilirsin. Tamam, bol kalktın seanstan, tüm güvensizliklerin gitti, hayata ve geleceğe güvenle bakıyorsun, artık bankada ne kadar paran var, mal, mülk seni ilgilendirmiyor bile, çünkü maddeye yüklediğin anlamlardan özgürleştin! Süper. Peki şimdi? Şimdi soru şu: bu yaşadığın açılımı madde dünyasına nasıl geçireceksin? Sen bol hissederken nasıl bir insansın ve bundan sonra ne yapacaksın? Bilin ki o bol hissetme ve bol olmanın gerçek anlamda bir etkisi var yaşamımıza. Bizler kendimizi güvende hissettiğimizde bambaşka bir insan oluyoruz ve o güven hissi bile her şeyin yolunda gitmesini sağlıyor. Bunun üzerine ben bir de elimde olan imkânı, bedenimi, aklımı kullanırsam?... İşte o zaman gerçek anlamda mucizeler yaratabilirim!

Bir insan kendini kötü hissederek çalışsa da çok fazla iş yapamaz. Ama kendini iyi hisseden, pozitif bir insan yaptığı en ufak çalışma ile dünyayı değiştirebilir!

Bütün olay sahip olduğumuz iki benliği birleştirebilmekte, el ele ilerlemelerini sağlamakta! Yani hem kendimizi iyi hissetmemiz, pozitif olmamız, ruhumuzla, nefesimizle, zihnimizle ilgilenmemiz, hem de çalışmamız, bize verilen aracı, bedeni kullanmamız gerekiyor. Madem buna imkânımız var, elimiz ayağımız tutuyor, o zaman hem "yap"malıyız hem de huzurlu, mutlu "ol"malıyız.

Ben her yerde bolluk görüyor olabilirim, ruhen sahip olduğum bolluğun farkında olabilirim ama bunu madde dünyasına yansıtmadığım müddetçe, bunu sahip olduğum araca, Nevşah denen zihin bedene yansıtmadıkça bir işe yaramaz ki. İyi. Bolum, bol hissediyorum... Eeeee? Bu durum nasıl hizmet edecek? Kendine sürekli sorman gereken soru bu.

Bolluk enerjisinin 24 saat buraya akması, yani kullandığım aracın, sahip olduğum imkânın, Nevşah'ın 24 saat bolluğu hatırlaması gerek. Hatırlasın ki ona göre devam etsin hayatına. Ve bunun olabilmesi için bir şeyler yapmam gerek. Belki bir kitap okuyacağım, belki kursa gideceğim, belki daha bilinçli çalışacağım ama elbet bir şeyler yapmam, içdünyamı dış dünyaya taşımam gerek. Yoksa bol hissetmenin de bir anlamı kalmaz.

Anlam; içdünyamızı dış dünyaya taşıdığımızda ortaya çıkıyor. Kendimizi huzurlu hissettiğimizde değil, huzuru müzik notalarına taşıdığımızda... Mutlu olduğumuzda değil, mutluluğun resmini yaptığımızda... Dingin olduğumuzda değil, dinginliği yaşadığımız ortama yansıttığımızda tüm bunların, ruhen sahip olduğumuz özelliklerin bir anlamı var. Bunu yapmıyorsanız ne anlamı var ki mutlu olmanın, huzurla dolup taşmanın?

Sevgiyi paylaşamıyorsan, sevgiyi ifade edemiyorsan, sarılamıyor, okşayamıyor, dokunamıyorsan veya o sevgiyi sanata, yaşama, işine, ailene akıtamıyorsan sevgi dolu olmanın ne anlamı var?

Birinci adımımız ruhen sahip olduğumuz tüm özellikleri fark etmek, kabul etmek ve onları korumak, artırmak olmalı. Bunu nasıl yapabileceğinizi soruyorsunuz, biliyorum. Mucize kursu diyorum size, başka da bir şey diyemem. Çünkü daha işe yarar herhangi bir şeyle karşılaşmadım. Mucize kursu sizi sahip olduğunuz tüm ruhsal özellikler ile (bolluk, güzellik, sevgi, ışık, mutluluk, huzur, sağlık) donatır. Nefes tüm bunları dışarı çıkartır, öyle fışkırırlar ki siz bile inanamazsınız!

Bunu yaptın diyelim... Peki şimdi? Her kurs sonunda söylediğim gibi: asıl yolculuk şimdi başlıyor.

Ruhen sahip olduğun bu sonsuz güzellikteki mucizevi enerji ile ne yapacaksın? Sahip olduğun bedeni sahip olduğun ruhsal özellikler ile nasıl donatacak, o bedenle dünyada ne yapacaksın?

Bilmen gerekir ki ruhen sahip olduğun özelliklerin dünyaya taşınabilmesi, bir anlam ifade edebilmesi için Nevşah'ı bu konuda çalıştırman gerek. Önce ona bolluğu öğretmen gerek. Beden ile ruh arasındaki hakiki ilişkinin oluşması gerek. Ruhun sürekli ve düzenli olarak zihninle konuşabilir ve ona kim olduğunu, ne yapması gerektiğini söyleyebilir. Nevşah'ın zihninde 24 saat bolluğu hatırlaması için, ruhunun bunu hatırlatmasına ihtiyacı var. Ve bunun için bir şey yapmalı. Anlaman gerekir ki insan hiçbir şey yapmadan ruhen sahip olduğu özellikleri hatırlayamıyor. O zaten kendini unutan. Ona bu özellikleri hatırlatmak için düzenli olarak çalışmak, meditasyon yapmak, nefesi açmak, zihinle çalışmak gerekiyor. Ve mucize kursu katılımcılarımız tüm bunları nasıl yapacağını biliyor. Çünkü kursta bunları öğretiyoruz size. Tamam, bunu da yaptın, düzenli olarak açık nefeste, açık bilinçte kalıyorsun, kendinle çalışmaya devam ediyorsun... Ya şimdi?

Şimdi daha çok çalışmak gerek. Çünkü bu hatırlama, öze uyanış elbet zihnini bir yerlere yönlendirecek. Yönlendirmeli de zaten.

Bolluk bilinci ile insan olan tarafımız, doğal olarak ruhun bolluğuna uyum sağlamaya çalışıyor, hayatını daha bol hale getirmek için çalışıyor. Bu, uyanmanın doğal sonucu. Artış... Ruhunun özelliklerine uyanan bir bilinç hayatının geri kalan bölümünde her anlamda ve sürekli artar. Maddi ve manevi. Çünkü ruhun sınırsızlığı-sonsuzluğu dünyaya indiğinde onu sürekli artırır.

Ama eğer ben ruhumun özelliklerini Nevşah'a hatırlatmazsam... O da hatırlamaz. Yani bu konuda hiçbir şey yapmaz. "Bolluk istiyorum" deyip dua ederek oturursam bolluk bana gelir mi? Hayır.

*Zihnime bol olduğunu hatırlatacak olan benim. Bedeni, hayatımı daha bollaştırmak için çalıştıracak olan o zihin.*

*Zihnime sağlığın ne olduğunu hatırlatacak olan benim, bedeni daha güzel olmak üzere yönlendirecek olan, onu doğru besinlerle besleyecek, spor yaptıracak, belki dinlendirecek olan o zihin.*

Zihnim ile öz benliğim arasında ilişki yoksa ve zihin hakikati unutmuşsa... Bu ilk sorun. Zihin hakikati hatırladığı halde sahip olduğu bedeni hakikat bilgisi ile hizalamıyorsa... Bu da ikinci sorun.

Hem hakikati hatırlamaya vakit ayırmalıyız, hem hatırladığımız hakikati dünyaya yansıtmaya. Başka yol yok.

Nevşah, "hakikat bilgisi"ni dünyada nasıl ifade ediyor? Böyle. Yazarak, konuşarak, seminer vererek, insanların nefeslerini açmalarına ve hakikate ulaşmalarına destek olarak... Sen bunu nasıl yapacaksın? O da senin yolun. Kimse o yolu senden iyi bilemez.

Sadece şunu bil: Hakikat, dünyaya, bedenleri çalıştırarak ve üretmelerini sağlayarak yansıyor. Hiçbir şey yapmadığında bildiğin hiçbir şey, yaşadığın hiçbir uyanış işe yaramaz. Hatta bence uyanış bile sayılmaz. "Bir deneyimdi, geçti" dersin.

Uyanışının devam etmesini istiyorsan bildiklerini, hissettiklerini, düşüncelerini dünyaya geçir! Bekleme, hemen şimdi yap!

Resim yap, roman yaz, heykel yap, şiir yaz, yeni işler üret, tasarımlar ya da organizasyonlar yap, ne yaparsan yap ama yap.

Çalışarak ve yaparak. Çünkü Nevşah'ın dünyasında, yani madde dünyasında "yapma kanunu" var. Madde dünyası, yapma dünyası. Eylem dünyası. Sadece hayal etmenin sana sonuç getireceğini düşünüyorsan, daha çok beklersin!

Madde dünyası senin kendini nasıl hissettiğini önemsemiyor. Ne yaptığın önemli. Kendini nasıl hissettiğin, adı üstünde, içdünyan senin için önemli, o kadar. Ve bil ki sen kendini iyi hissederek de kötü hissederek de yapman gerekeni yapabilirsin. Her zaman. Ne yaptığının kendini nasıl hissettiğinle hiçbir ilgisi yok! Bir şeyi yapmak, başarmak istiyorsan tek yapman gereken yapmak. O kadar. Başka bir şeye ihtiyaç yok. Bir şeyi yapabilmek için kendini iyi hissetmen gerekmiyor, sadece yapman gerekiyor!

Örneğin sabah yatağından kalkmak için kendini iyi hissetmen falan gerekmiyor, sadece kalkman gerekiyor.

Hislerinin madde dünyasına, aktivite dünyasına hiçbir etkisi yok. Spordan örnek verelim: kendini harika, çok zinde, çok sağlıklı hissedebilirsin ve 100 kilometre koşabilirsin... Veya kendini berbat hissedebilir ama hâlâ 100 kilometre koşabilirsin. Kendini nasıl hissettiğin ne yaptığını engellemez. Çoğu insan "Kendimi kötü hissediyorum, bunu yapamayacağım" diyerek kendini inanılmaz bir şekilde aldatıyor. Ne alakası var? Kendini nasıl hissettiğinin ne yaptığınla ne ilgisi var? Sen bir ilgisi olduğunu zannetmedikçe yok. Gerçekten yok. Uyanmanın vakti geldi.

Kendini çok bol hissedebilirsin ama cebinde beş kuruş olmayabilir veya kendini hiç bol hissetmediğinde de cebinde beş kuruş olmayabilir. İkisi de mümkün. Çünkü ruh dünyası ile madde dünyası arasında anladığın anlamda bir ilişki, yani bir etkileşim yok. İkisi birbirinden tamamen özgür bir şekilde oluşabiliyor.

Madde dünyası "yapma dünyası", yapman lazım. Oturarak, bir şey yapmadan kilo veremezsin, çalışmadan para kazanamazsın, beslenmene dikkat etmeden fit ve sağlıklı olamazsın. Sen içinden kendini süper hissedebilirsin, güzel olduğunu hissedebilirsin, harika. Ama istediğin yere bunu getirmen için bedeni çalıştırman gerekiyor. Bu senin aracın. Amaç dünyaya nasıl yansıyor, bunu görüyoruz.

Ruh dünyası da "olma dünyası", sahip olduğun hediyeleri kabul edebilmen için sadece durman, olman lazım. Çabaladıkça kendinden uzaklaşırsın, izin vermen lazım. Nefesinin ve bilincinin açık kalması lazım, kabullenmen lazım. Bu dünyada da yaparak bir yere varamazsın. Aydınlanmak için bir şey yapamazsın, tam tersine hiçbir şey yapmadan sahip olduğun ışığı kabul etmen gerekiyor sadece. Sevgi dolu olmak için bir şey yapamazsın, sadece öyle olduğunu hatırlaman gerekiyor. Ve tabii eylem dünyası gereği insanın sevgi dolu hale geçmesi için de bir şeyler yapman gerekiyor: nefes kursuna gelmek, meditasyon yapmak gibi. Nasıl bedenini temiz tutuyor, fit kalmak için spora gidiyor, bir şeyler yapıyorsan ruhunu temiz tutmak için de bir şeyler yapman, belki arınma programlarına katılman, yoga yapman veya nefesini açman gerekiyor.

*Ben ben olduğum müddetçe, doğam gereği, sahip olduğum üst gerçek gereği buradaysam, dünya rüyasında bulunduğum ve kendimle, özümle, nefesimle bağlantıda olduğum müddetçe kullandığım bedeni, bana dünyada yolculuk etmem için verilen aracı, sahip olduğum imkânı, Nevşah'ı en iyi şekilde değerlendirir, onu her anlamda, ruhen, bedenen en yüksek ihtimalinde tutarım. Bunun için de ne gerekiyorsa yapar, Nevşah'a ne gerekiyorsa onu yaptırırım.*

*İşte bunun adı farkındalık. Bunun adı kendini bilmek. Bunu anladıysan hayatta her şeyi anladın demektir.*

Hepimizin doğal durumu "kendini ifade"den geçiyor.

Eğer uyanmışsan bunu bilirsin. Ve eğer uyanıksan ve dünyaya en ufak bir yargı, algı bile olmadan, nötr şekilde bakabiliyorsan dünyanın ne olduğunu görürsün. Basit bir oyun alanı. Senin oynaman için hazırlanmış bir oyun alanı. Sen oynamazsan da ziyan edilmiş, daha alındığı an kenara itilmiş bir oyuncak. Ve vicdan azabı.

Madde dünyasını kendi halinde bıraktığında ne kadar boktan bir yere gittiğini görmüşsündür: çürür, pislenir, paslanır, çirkinleşir, eskir... Dünyayı kendi haline bırakıyorsan uykuda olduğun için oluyor bu, ne yaptığının ve sonuçlarının farkında olmadığın için oluyor. Burası senin imparatorluğun, krallığın... Onu nasıl bırakırsın?

Dünyanı kendi haline bırakıyor, önce kendini ve bakış açını, sonra da dünyayı değiştirmek için bir şey yapmıyorsan, zaten idrak daha gerçekleşmemiş demektir. Sorumluluk alamayan ödlek bir kral gibi. Elinde koskocaman bir krallık var ama o bunun sorumluluğunu alamıyor. Oturup olan biteni izliyor sadece! Dünyayı görmüyorsun o zaman. Gözlerin var ama körsün. *Madde dünyası yapma dünyası.* Burada bir tarlayı kendi haline bırakırsan o tarla çürür. Sen o tarlayı öyle çürük mü istiyorsun? Bu mu senin buraya yansıman? Kendini böyle mi ifade ediyorsun? Mucize bilinci böyle mi yansıyor? Senin hakikatin çürük tarla mı?

Sen mucize bilincindeysen, hakikati hatırlıyor, kendini biliyorsan tarla çürür mü? Hayır. Tabii ki hayır! Kendini, doğasını, kim olduğunu bilen, ne büyük bir varlık olduğunu, can olduğunu bilen o tarlayı canlandırmaz mı? Her dokunduğunu altın yapmaz mı? Adım attığı her yeri güzelleştirmez mi? Bunu yapmıyorsan ciddi bir sorun var ortada. Hayatı kendi haline bıraktıysan bil ki derin derin uyuyorsun hâlâ.

Uyanık insan hakikati, kendini, özünü bilen öyle büyük bir yaşam yaratır ki kendisine, o beden yemeden içmeden ve uyumadan belki bir hafta boyunca öyle çalışır ki şaşarsın! Sürekli iyileştirir, sürekli güzelleştirir. Hiçbir şeyi kendi haline bırakamaz krallığından kendisini sorumlu tutan bilinç.

O tarla muhteşem bir hale dönüşecek! Mucize bilinci, uyanık bilinç işte bu!...

Benim varlığımda, benim hakikati hatırladığım noktada

karşımda bir tane çöp dursa beni rahatsız eder. Niye? Çünkü tam ve mükemmelliğin kendisi olan ben burayı tecrübe edenim. Benim varlığımda her şey mükemmelliğimi yansıtmalı. Varlığımda eksiklik olamaz ve bunun için her şeyi yaparım. Gerekirse uyutmam Nevşah'ı... Gerekirse sürekli çalıştırırım ama istediğim hale getiririm dünyamı. Bu işte hakikat ve dünyaya böyle yansıyor. (Bu arada tüm bunları yazarken kullandığım ben tahmin ettiğiniz üzere hepimizin benliği, burada kastettiğim Nevşah değil, daha büyük, evrensel bir benlik. Rüyada olan değil, rüyayı gören.)

Şimdi size hayatınızda çoğu zaman ne yaptığınızı söyleyeyim... Rüyanın anlamsızlığına anlam yüklüyorsunuz. Hayat size peşinde koştuğunuz her şeyin (aşk, para, seks, içki, sigara, başarı, ün vs.) anlamsız olduğunu elbet bir gün gösteriyor ve uyanıyorsunuz. Sonra eğer hâlâ her şeye anlam yükleme ihtiyacından, yani egodan özgürleşmemişseniz bu defa bu anlamsızlığa anlam yüklüyorsunuz... "Aman ne olacak, bu zaten bir rüya, bırakayım, hiçbir şey yapmayayım o zaman, nasıl olsa bir anlamı yok" diyorsunuz. Anlamsızlığa bir anlam yüklüyorsunuz! Dünyanın geçici bir rüya olmasının bir anlamı yok ki! Sadece öyle, ne iyi, ne kötü. Sen dünyanın bir rüya olduğuna uyandın diye bu tecrübe değişti mi? Yooooo, dünya olduğu gibi, tüm kuralları ve sistemiyle duruyor yerinde. Sen yine ne yapman gerekiyorsa onu yapmalısın. Çünkü bu rüya senin rüyan! Rüya olması sana ait olmadığı anlamına gelmiyor ki!

Bunun bir rüya olması sorun değil yani, sen onu sorun haline dönüştürüyorsun. Oysa dünyanın bir rüya olmasını farklı da algılayabilirdin. Rüyanın anlamı olmamasının bir anlamı yok. Bu şu demek: Her şeyi yapabilir, her oyunu oynayabilirsin, burada sorun da yok. Hiçbir şey yapmamayı da seçebilirsin, tarlayı çürümeye de bırakabilirsin. Oynamak istediğin oyun hangisi? Buna karar ver sen. Savaş oyuncaklarıyla birbirimizi öldürdüğümüz ve işkence çektirdiğimiz öfkeli bir rüya mı görmek istiyorsun, yoksa barış ve sevgi içinde cennet rüyası mı?... Kendi haline bırakılmış, çürümüş sebzelerle dolu kokan ve pis bir tarlada mı oyun oynamak istiyorsun, yoksa tertemiz, güzel bir yerde mi? Bütün olay bu. Seçim. Ne seçersen o. Hangisi doğana uygun? İşte tam bu noktada geliyor kendini bilmenin önemi. Çünkü sen kendini biliyorsan zaten nasıl bir yerde ve nasıl bir oyun istediğini de biliyorsun, benim sana söylememe gerek yok. Bu işte uyanış. Uyandın şimdi.

## İki Dünya Arasındaki Fark

Bugüne kadar bedeninde hissettiğin yorgunluklar, yaşadığın hastalıklar; yapma eylemine ve bedenine gösterdiğin dirençten dolayı. Onun sınırlarını kabul etmek istemiyorsun, hastalanmanın sebebi bu. Onu ölümsüz zannediyorsun. Her gün içki içersen, fazla yağlı yiyecek tüketirsen vücudun bunları atabilmek ve seni sağlıklı tutabilmek için çok yorulur. Sonunda ne olur? Aracın motoru yanar.

Bir konu daha var: Bedenin bütün olayı yapmak iken sen "Yapmam gerekmiyor" diyorsun. "Kendiliğinden olsun, ben böyle zaten iyiyim" diyorsun.

Bir araç olan bedenin yapmak, hareket etmek, üretmek, koşup oynamak, çalışmak istiyor, sen "Dur, gerek yok" diyorsun. Bir ayağın sürekli frende. Çalışması ve hareket etmesi gereken bir bedeni durağan tutmaya çalışmak kadar seni yoran hiçbir şey yok bu hayatta. O beden çalışmaya programlı. Onu bütün gün hiçbir şey yapmadan oturtursan arıza yapar. Biter o!

Biliyor muydun? Bedeni hareketsizlik kadar çok yoran başka bir şey yok! İşte bu yüzden hastalanıyorsun zaten! Rezistans-direnç tüm hastalıkların tek sebebi. Bedenini; tüm özellikleri, limitleri ve sınırları ile kabul edemeyişin ve bu limitleri onurlandırıp onlara dikkat etmeyişin seni hasta ediyor. Ona uyumlu şekilde hareket etmiyorsun.

Kullanmakta olduğun aracın bir senaryosu var. Bir ismi var. Doğduğu ve yaşadığı şehri, çevresi, yaşaması gerekenler var. Her zihin-beden dünya gezegeninde bir plana dahil. Yapması gerekenler, söylemesi gerekenler var. Evet; hepsi bir rüyaya dahil. Yani bir senaryoya sahip ve zihin bedenler bu senaryodan özgür değil. Evet, senaryoda her ne yaşanacaksa tamamı bilincimizin etkisinde ama bilincinin etkisinde olması senin anladığın şey, yani yaşanacak tecrübelerin değişmesi değil. Ne demek istiyorum? Şunu demek istiyorum: Hangi okula gideceksen o okula gidersin, nerede doğacaksan orada doğarsın, kiminle evleneceksen onunla evlenirsin, ama o doğduğun evde ya da evlendiğin kişiyle ya da okuduğun okulda yaşadığın tecrübelerin nasıl olacağını bilincin etkiliyor. Bilincinin yansıması olarak huzurlu, mutlu deneyimler de yaşayabilirsin, gergin, acıklı deneyimler de... Dünyada olan hiçbir şey sana bir duygu hissettirmez. Senin, olan hakkındaki düşüncelerin, duygularının tek sebebi.

Düşün: Aynı olayı yaşayan, hatta olan olurken aynı yerde durup izleyenlerin tamamı aynı şeyleri mi hissediyor? Hayır. Herkes "zihninde, olan hakkında ne düşünüyorsa onun yansıması olan duyguları" hissediyor. Demek ki duygularının ne yaşadığınla bir ilgisi yok ve duygular değişebilir. Yani aynı evde, aynı yerde bambaşka duygular içinde; mutlu ya da mutsuz yaşaman mümkün. *İşte senin etkin burada.*

Kendimden örnek vererek anlatayım. Ben rüyadan özgürüm. Öz benlik rüyanın içinde ama hakikati hatırlayan taraf olduğu için "rüyada olduğunu hatırlaması" rüyadan özgür kalmasını sağlıyor. Ama Nevşah rüyadan özgür değil. O rüyanın içinde bir rol, bir karakter. Ne yapacaksa onu yapacak. Nevşah "ana bilgisayara bağlı" bir makine gibi, zihnine düzenli olarak "yapması gerekenler ile ilgili" mesaj geliyor. Sabah kalktığınızda ne giyeceğinizi sizin seçtiğinizi düşünüyorsunuz ya, bu böyle olmuyor.

Daha önce de bahsettiğim gibi, Kornhuber ve Deeck adlı iki nörolog yıllar önce beyinde readiness potential adlı bir refleks keşfettiler. Bu refleks biz hareket etmeden yaklaşık 8 saniye önce oluşan bir elektrik aktivitesi. Nöral aktivite bilinçli tecrübe yaşanmadan 8 saniye önce oluşuyor. Yani bir bakıma "beynimize ne yapmamız gerektiğiyle ilgili, bir sonraki adımımızla ilgili bir mesaj" geliyor. Bu ispatlanmış bir bilgi, internetten araştırabilirsiniz.

Çoğu insanın anlamadığı ve karıştırdığı alanı şu anda çözdük farkındaysanız. Evet, kader diye bir şey var. İsmi, cismi, bir bedeni ve zihni olan, dünyada kullandığımız aracın veya oynadığımız rolün, bir kaderi var. Ve öz benlik bu kaderde özgür. Kaderden özgür olması kaderi değiştirebileceği anlamına gelmiyor. Ama o kader öz benliği etkilemiyor anlamına geliyor.

Öz benlik bu rüyadan özgür. Çünkü onu dünya kanunları etkilemiyor. Ama ölümlü bir beden olan, rol oyuncusu bu rüyadan özgür değil, tam tersine rüyanın içinde olmazsa olmaz bir karakter. Rüya onun sayesinde olması gerektiği gibi olabiliyor.

Dünyada ne yaşanması gerekiyorsa o yaşanıyor. Kiminle evlenmen gerekiyorsa onunla evlendin, kimden ayrılman gerekiyorsa ondan ayrılırsın, kiminle dost olman gerekiyorsa onunla dostsun ve bunlar zaten daha dünya rüyası başladığı an belliydi. Değişmedi, değişmeyecek. Benlik, öz ve bilinç bu alanın da çok daha üstünde bir seviyede işliyor, dünya sistemi O'nu bağlamıyor, etkilemiyor, sınırlamıyor. O doğası gereği sahip olduğu sınırsızlık, sevgi ve ışıkla sonsuzluktan gelip sonsuzluğa gidiyor ve hakikati biliyor: Dünyanın ve zihin bedenin hakiki olmadığını...

Dünyada yaşadığınız tecrübelerin zaten en ufak bir önemi yok ki değişsin. Sen, öz benliğin dünyada olan biteni değiştirmek istemiyor ki sana bu fırsat verilsin. Sen dünyayı deneyimleyensin, deneyimin kendisi değilsin. Bu ölümlü beden değilsin. Rol değil, oyuncunun kendisisin. Ölümlü beden değil, canın kendisisin.

O zaman kendini bilmek bizi ölümlü dünyadan gerçek anlamda özgürleştiriyor diyebiliriz. Öncelikle rüyanın rüya olduğunu kabul ediyoruz, içindeki her şeyin zaten otomatik olarak ilerlediğini kabul ediyoruz ve özgür kalıyoruz... Çünkü o alanda yapabileceğimiz hiçbir şey yok. O alan yok zaten, nasıl yapabileceğim bir şey olsun ki? Bunu kavradığımızda dünya ile uğraşıp sonuç alamamak yerine kendimizle ilgilenmeye başlayabiliyoruz. Madem dünya ve yaşadığım tecrübeler değişmeyecek, o zaman keyfine bakmalıyım! Ben mutlu, huzurlu olmalıyım, ben sevgi ve ışık dolu olmalıyım ki her ne yapıyorsam, dünyada her ne oluyorsa hepsini mutlulukla, sevgiyle kabul edebileyim ve tadını çıkarabileyim!

Bu asla kendini bırakmak değil. Tam tersi: Kendine gelmek, kendine sahip çıkmak. Bugüne kadar sahip çıkmamanız gereken bir şeye sahip çıktınız: bedeninize ve dünyaya! Üstünde hiçbir gücünüz olmayan alanda debelenip durdunuz. Dünyada olanları ve olacak olanları değiştirmeyi, durdurmayı denediniz... Şimdi olanı kabul edin, olana izin verin. Hem kendi beyin bedeninizi, hem diğer beyin bedenleri özgür bırakın, ne yapıyorlarsa yapsınlar. Siz hakikatle ilgilenin; nasıl hissettiğinizle, ne düşündüğünüzle, nasıl baktığınızla...

Çünkü ismi, cismi olan ölümlü beden özgür değil. O da özgürmüş gibi yapıyorsun, ama değil. Onun yapması gerekenler var, söylemesi gerekenler var. Kurallara aynen uyman gerekiyor. Başka yol yok.

Sonsuzluğun yansıması olan ben... O farklı. Ama hâlâ rüyanın içinde.

Öz-ben de hâlâ rüyanın içinde. Rüyanın dışında o da yok, zihin de yok, benlik de yok. Sadece Allah var. O'nun dışında hiçbir şey yok.

Zihnimizin bir bölümü ego bilinci. Dünyayı gerçek zanneden insan bilinci. İnsan olan tarafımızın fonksiyonlarını yürütüyor. Beyindeki readiness potential bu bölümle bağlantıda. Dünyada ne yapmanız gerektiği, oynamanız gereken rol, kaderiniz burada kayıtlı.

Zihnimizin diğer bölümü, mucize bilinci. Hakikati hatırlayan taraf. Ölümlü dünyanın bir rüya olduğunu bilen bölüm. Zihnin kaybolmuş diğer tarafına ara sıra "Bak, tüm bunlar gerçek değil, aslında hepsi bir rüya" diyen, akşam uykuya daldığınızda rüya diye tarif ettiğiniz hakikati hatırladığınız alan ile bağlantıya geçtiğimiz yer. Orada, hakikatte her şey mümkün. O alan sonsuz olasılıklar alanı. Yaratıcılığımızla, özümüzle, sevgiyle, ışıkla, hakikatle bağlantıya geçtiğimiz yer.

Ego bilinci kendimizi bir dünyalı olarak algıladığımız yer. Dünyaya inandığımız yer. Ve bu gerekli. Yani zihnimizin bir tarafının dünyaya baktığında onu gerçekmiş gibi algılaması gerekiyor, yoksa rüyada ilerleyemez, yapması gerekeni yapamaz. Ama diğer bir bölümünün de tüm bunların bir rüya olduğunu, hakikati hatırlıyor olması gerek ki ben kendimi hatırlayabileyim. Özete gelelim: Rüyada sonsuza kadar kaybolamazsın. Her rüya gibi bu rüya da elbet bir gün bitecek.

Rüya bittiğinde sen aydınlanmış olacak mısın? Rüyanın içinde şu anda olaya aydınlandıysan evet, değilse hayır. Rüyanın içinde kaybolarak ölümün gerçekleşirse eve dönüş yolunu bulana kadar gelip gitmeye devam edersin. Ne kadar sürerse sürsün. Kaç milyon, kaç milyar seçenek, rol, araç deneyimlemek istersen hepsi mümkün. Elbet sınırlı ama mümkün.

Yani zihnin bir bölümü kaybolmuş durumda. Tıpkı insanlığın bir bölümünün kaybolmuş durumda olduğu gibi. Ve hepsi senin yansıman. Onu geri döndürmek, uyandırmak da senin sorumluluğunda.

Uyanış kaçınılmaz ama ne zaman uyanacağına karar veren sensin.

Ego bilincinin *senaryodan bağımsız şekilde* evine, hakikate ve doğal haline ne zaman döneceği senin sorumluluğunda. Ve eğer eve dönüş yolu yerine oynadığın senaryoyu değiştirebileceğin illüzyonuna girmişsen, hâlâ ölümlü dünya ile uğraşıyorsan, dünyanın nasıl olması gerektiği konusunda fikirlerin varsa ve dünyanın, senaryonun değişmesi senin için önemliyse bil ki uyanışını geciktiriyorsun.

Sen dünyevi mevzularla ilgili yapman gerekeni yapmıyor, yaptıklarına, dediklerine ve olan bitene çok fazla anlam yükleyip saatlerce bunlar üstünde düşünerek ve "farklı olabilir miydi?" diyerek uyanışını geciktiriyorsun!

Dünyada bir bedenin varsa zaten dünyada bir bedenin var, bundan kaçamazsın. Dünya tecrübesini bırakarak, dünyada olan bitenle ilişkini keserek bu deneyimden özgürleşebileceğini düşünmek ne kadar aptalca! Olmaz. Dünyadaysan dünyadasın. Nokta. Değilmiş gibi yapamazsın! Dünyadaki bedeninin yapmaya geldikleri var ve işin güzeli hiçbiri gerçek bile değil, niye kendini limitlersin ki? Rüyada olduğunu bilen ve hatırlayan hangi bilinç nasıl davrandığıyla veya dünyanın nasıl olduğuyla ilgilenir ki!

*Uyanmak için dünya zemininde hiçbir şey yapamazsın. Dünyaya anlam yüklemeyi bıraktığında ve dünyevi konular hakkında uzun uzun düşünmeyi, "Farklı ne yapabilirdim?" demeyi bıraktığında, olan biteni önemsemeyi bıraktığında uyanırsın. Veya tam tersi, uyandığında tüm bunları bırakırsın. Bu, asla hiçbir şey yapmadan, yaşamı uzaktan izlemek demek değil. Tam tersine ölümlü dünyanın dibine kadar içinde olmak, rolün yapması gereken her şeyi yapmak demek. Yapamıyorsan dünyayı ve dünyadaki karakterini fazlasıyla önemsediğinden emin olabilirsin. Hâlâ uykudasın.*

*Repütasyon senin için önemliyse, kendin olmak yerine politik olabiliyorsan, canının istediğine göre değil dünyaya göre yaşıyorsan uykudasın. Rüyayı gerçek zannediyorsun, burada olan biteni önemsemenin nedeni de bu.*

Uyanış; rüyanın sadece gerçek olmadığına değil, senaryosunu da anladığınız anlamda değiştiremeyeceğinizi görmenizle başlıyor.

Senaryo anladığınız anlamda değişmiyor ne demek? "Yapılması gereken yapılacak, olması gereken olacak" demek. Evet, bilincimiz ve bilincimizde ne seçtiğimiz yaşamı sürekli etkiliyor ama anladığınız anlamda değil. Olayların akışını değil, nasıl aktığını değiştiriyor. Yaşananları değil, yaşandığı şekli değiştiriyor. Bu ne demek? Ne yapacaksan onu yapacaksın, nereye gideceksen oraya gideceksin, kiminle evleneceksen onunla evleneceksin demek.

Yaşam yolculuğunda ne yaşayacağını sen seçemezsin ama neyi ne zaman yaşayacağını, nasıl yaşayacağını sen seçersin.

Dünya hayatı, ne yaşadığınızdan bağımsız yaşanıyor. Bu; ister katil olun ister azize, dersinizi ne kadar hızlı alıp ilerlediğinizle ilgili. Dersi almamakta ısrar edenler; rüyayı fazla ciddiye alıp, anlam yükleyip her şeyi eleştiren, analiz eden, tartışan, anlamaya çalışanlar vakit kaybederler. Her şeyi doğru ve "çoğunluğa uygun" yapmaya çalışanlar da öyle. Sen sen olmadığın, içinden geldiği gibi yaşamadığın, yapman gerekeni yapmadığın müddetçe vermen gereken sınavı geciktirirsin. Tek yol ne yaşamaya geldiysen onu dibine kadar yaşamak, ne yapmaya geldiysen onu yapmak. Bu dünyadan özgürsen, yani rüya olduğunun farkındaysan zaten bunu yaparsın. Kimin ne dediğini umursamadan, sana ve attığın adımlara yüklenen anlamlara aldırmadan tam gaz yaşar, alman gereken tüm dersleri alıp olayı bitirir gidersin. Bunu yaptığında ve sadece bunu yaptığında etrafındaki herkes seninle birlikte öğrenir. Eğer sen özüne sadık, dış dünyaya kapalı, öz rehberliğinde ilerleyen ve "sadece kendi doğru bildiğini yapan" bir kişiysen o zaman seni tanıyan kim varsa senin öğrencindir. Sen yaşarsın, onlar izler. Sen yaparsın, onlar konuşur. Sen olayı bitirirsin, onlar tartışır. Ve senin izinden ilerler.

***

Uyanmış bilinç etrafındaki herkese ışık olur. Attığı her adım ders olur. Aldığı tüm kararlar binlerce insanı sarsar, etkiler, değiştirir... Sonsuz ışığı temsil eden bir zihnin dünyayı değiştirecek gücü vardır. O'nun tek bir bakışı bile nefes kesmeye ya da nefes vermeye yeter. O bu gücün farkındadır, çünkü zaten farkındalık olmayan yerde hakiki güç de yoktur. Uyanmış bilinç her tür korku ve utanma duygusundan özgürdür. Kimseden çekinmez, kimseye boyun eğmez, kendi dışında kimseyi dinlemez. Durdurulmazdır. Önünde durursan seni ezer geçer, arkasında durursan sana ışık tutar. Seçtiği bilinç sebebiyle insanın O'na yol vermekten başka çaresi kalmaz. Ya yol verir ya gücün altında ezilir.

Bu gücün altında ezilme nasıl olur? Doğal olarak... Hakiki güç ezmek istemez, ama bu yüzden o güce saygı duymayanları doğası gereği ezmiştir bile. Gücün temsili olan bilincin karşısına çıkmaya, önüne geçmeye çekinir insanlar. Onun gözlerinin içine bakamaz, çünkü baktığında yalan söyleyemeyeceğini, tüm maskelerinin düşeceğini, O'ndan hiçbir şey gizleyemeyeceğini bilir. Uyanmış bilinç ışığıyla her şeyi aydınlatır, her şeyi görür.

Uyanmış bilinç, olan ile hiç ilgilenmez. Olanın zaten olmakta olduğunu, onunla uğraşarak, onu düşünerek, tartarak hiçbir yere varamayacağını bilir. Bu nedenle sadece kendisiyle, kendi bilinci, özü, rehberliği ile ilgilenir. Çünkü yaşadıklarında sevmediği bir şey varsa değişmesi gereken tek şeyin bilinci olduğunu bilir. Vakit kaybetmez. Her an iyileşir, şifalanır, güzelleşir. Her an güçlenir. Her an hakikate daha çok yaklaşır. Ve her an sadece kendi bildiğini yapar, dış dünyadan bağımsızdır. Olması gerekenin bu olduğunu bilir.

Alman gereken dersleri almakta gecikiyorsun. Vakit kaybediyorsun. Olana kızmanın, sinirlenmenin işe yaradığını düşünüyorsun. Oysa hiçbir işe yaramıyor.

Hatta olanı analiz etmek eve dönüşünü geciktiriyor.

Herkes kendi işiyle uğraşsa ve diğerleri ile ilgilenmeyi bıraksa (ki bunu yapabilmesi için herkesin kendi gücünün farkında olması gerekir) dersini kolayca alır, uyanır.

Sen sadece kendinden güçlü olan kişiyle uğraşır, onu değiştiremeyeceğini ve onun gücünü bildiğin için eleştirirsin. Eleştiri bir ezikliktir aslında. Ezik insanlar kendinden güçlüleri eleştirir. Yazın bunu bir kenara.

Dünya bir tuzak. Senin onu ciddiye alman, beş duyu ile aldanıp olan biteni, duyguları, hisleri, hatta dünyevi algıları ve değerleri, düşünce sistemlerini, yargıları gerçek zannetmene yol açan bir tuzak. Dünyanın tek amacı seni özünden uzaklaştırmak ve uzak tutmak. Buna aldanırsan kesin olan uyanış binlerce yıl gecikebilir. Herkes elbet uyanır ama bunun zamanına kendisi karar verir. Ve uyanış geciktikçe çekilen azap artar. İnsanoğlu dünyaya kapılmaya öyle müsait ki gördüğüm kadarıyla her tür deneyimi kendini aldatmak, olana anlam yüklemek, kızmak, öfkelenmek, lanetlemek için kullanmaya hazır. Bunun kendisine ne yaptığını göremiyor. Bir yandan da özünün istediklerini yaparsa insanlığın onu yargılayacağından korkuyor ve kendisi olamıyor. Yargının bir etkisi varmış gibi!

Uyan! Ne bir başkasını yargılaman, ne de yargıdan kaçman bir işe yarıyor! İkisi de eşit derecede vakit kaybı ve uyanışını geciktiriyor!

Dünyada yapılacak o kadar çok şey, iş varken niye oturup "değişmesi imkânsız şeyler, olan biten" hakkında, geçmiş hakkında saatlerce konuşur insanlar anlamam! Bir mail yazıyorum, insanlar aylarca bunu konuşabiliyor "Şunu şöyle yazmasaydın böyle yazsaydın, öyle değil böyle yapsaydın" diye. Neden anlamak istemezler acaba? Farklısını yapmam gerekseydi yapardım zaten! Olmuş bitmiş bir şeyin neyini niye konuşur durursun? Vakit kaybediyorsun. Sen konuşurken, beni yargılarken ben ilerliyordum, bin yıl daha ileri gittim. Sen ise tartışmaktan ve konuşmaktan başka bir şey yapmadın ve yerinde saydın.

Eleştiremeyeceğiniz için değil, saçma olduğu için, işe yaramadığı için bundan kaçınmalısınız. Boşa vakit kaybettirdiği için, ilerlemenizi, uyanışınızı, almanız gereken dersleri geciktirdiği için, daha da önemlisi eleştirdiğiniz kişinin üzerinde en ufak bir etkisi olmadığı için yapmamalısınız bunu.

Şahsen beni eleştiren zihinlere çok gülüyorum. Neden mi?

1. Etkilenmiyorum, ne yapmaya çalıştıklarını bile anlamıyorum.
2. Eleştirdiklerinde negatif oluyorlar, titreşimleri düşüyor, stresli, gergin, sinirli oluyorlar, hastalanıyorlar. İnsan bunu kendisine niye yapar diye sormadan edemiyorum!
3. Uyanışları gecikiyor ve vakit kaybediyorlar.

Elde var sıfır. Ne yaptın? Eleştirdim. Ne işe yaradı? Hiç. Eee, niye yaptın o zaman? Bilmem, elimde değil.

Farkındalık eksikliği, tıkanık nefes ve zihin böyle bir şey.

Açık zihinli, aydınlık zihinli insan eleştirmez, her şeyi yaratıma, aksiyona dönüştürür. Konuşmaz, yapar. Tepki vermez, cevap verir. Savunmaz, ispat eder.

Dünya rüyasını gerçek zanneden bir kişi onu değiştirmeye çalışır ve insanların yaptığıyla-dediğiyle ilgilenir. Dünyanın rüya olduğunun bilincinde, uyanmış bir insan ise "Kim ne yaparsa yapsın" der, kendisi de ne yapacaksa onu yapar. Birisine verilecek cevabı mı var, üstünde düşünmez verir... Yapması gereken bir şey mi var, üstünde düşünmeden direkt yapar... Yazılması gereken bir mail, mektup mu var, yazar bitirir işini ve dünya sistemini dibine kadar kullanır. Bir söz mü söylenmesi gerek, söyler... Belki küfreder, gerekirse birine çakar bir yumruk... Ne gerekiyorsa onu yapar. Koşulsuzluktan.

Gördüğünüz üzere; insan hakikati çoğu zaman yanlış anlıyor.

Uyanmış bilinç, sevginin kendisidir, dünyayı sever. Dünyadaki tüm zevkleri sever. Gerçek olmadıklarını bilir, hiçbirine bağımlı olmaz ama kendisine bağlılığı gereği bağlı olur, sever.

Sandığınız gibi, uyanmış bilinçler öyle terbiyeli, hiçbir şey yapmadan sessizce oturan tipler olmazlar! Hz. İsa neden çarmıha gerildi zannediyorsunuz? Çok uslu olduğu için, tüm kurallara uyduğu için, politik olduğu için ve herkesin sevgisini kazandığı için mi?

Mesajı yanlış anladınız.

Çünkü ego hep yanlış anlar.

Doğrusu şu: Canının her istediğini yap, dersini al, git!

*İçinden geldiği gibi yaşa. Kural, sistem, insan tanıma ve ebediyen özgürleş!*

Daha önce de söylemiştim: aydınlanma yukarı, gökyüzüne doğru, dua ederek, ulvi bir insan olarak, insanüstü güçleri deneyimleyerek falan olmaz... Aşağı doğru, insanlığın dibine doğru giderek, tüm isteklerini, arzularını gerçekleştirerek olur. Bu senaryo yaşanmadığı müddetçe bitmez.

Dünya rüyasında, senaryonda ne yaşamaya geldiysen hepsini yaşayıp bitirmen gerekiyor, yoksa dünyadan özgürleşmen mümkün değil. Yaşaman gerekenler bitmeden dersini nasıl alabilirsin ki?

Bazen kendimi "sonucunu bildiğim" davranışlar içine girerken buluyorum. Mesela öyle bir şey yapıyorum, öyle bir şey söylüyorum ki eleştirileceğimi, taşlanacağımı, yargılanacağımı biliyorum ama yine de yapıyorum!

Yapmam gerekeni yapıyorum, çünkü uyandım. Başka yol olmadığına uyandım.

Yaşam rüyası ebediyen bitsin, almanız gereken tüm dersleri alın istiyorsanız işte size ders: dünyanın kendisi. Yaşaman gereken her şeyi yaşa, ne kadar çılgınca, aptalca, tehlikeli veya riskli gözükürse gözüksün ne yapman gerekiyorsa onu yap, ne söylemen gerekiyorsa onu söyle, bulutlara yüksel, buradan ebediyen özgürleş, kanatlan, uç ve git!

*Uslu çocukların da dünyayı fazla ciddiye alanlar ve uykuda olanlar olduğunu hiç unutma!*

Senaryo ile, ne yaptığınla, ne dediğinle, diğerlerinin ne yapıp ne yapmadıklarıyla uğraşıp durdukça asıl çalışman gereken yerde çalışmayacaksın. Bunu bil. Yaşamı, alman gereken dersleri kaçıracak ve buraya tekrar geleceksin. Eleştiri ve analiz sana sadece vakit kaybettiriyor, doymadın mı artık? Nasıl yaşaman gerekiyorsa öyle yaşa, bitir git!

Dedim ya; insanların rahatsız olacağını, sinirleneceğini bildiğim halde yapıyorum bir şeyleri. Çünkü onu yaptığımda hepimizin almamız gereken dersleri aldığını biliyorum. Yapmazsam bir ders eksik kalacak, onu da biliyorum.

***

Dünyada olan bitenle ilgilenmeye devam ettiğinizde asıl çalışmanız gereken yerde çalışmıyorsunuz. Senaryonun iyisi kötüsü yok. Bir anlamı yok. Var olmayan bir şey iyi de olamaz kötü de... Rüya. Bir hikâye kitabı. Dünyada olup bitenler hiçbir zaman ne iyi, ne kötü. Sadece olan her nasıl ise oluyor ve bir anlamı yok. Dünyanın anlamının olmaması da ne iyi ne kötü. Sadece anlamı yok. Rüyanın bir anlamı yok. Rüyanın anlamının olmamasının da bir anlamı yok ama. Çoğu insan rüyanın, var olmayan bir yerin kendi içinde bir anlamı, sebebi olması gerektiğini düşünerek bana "Nasıl anlamı yok? Bu korkunç" diyor. Ben de onlara şunu diyorum: "Hayır, rüya rüyadır ve anlamı yoktur ama onun anlamının olmamasının da bir anlamı yok. Anlamsız ve var olmayan bir şey, hakiki bile olmayan bir şey ne iyi olabilir ne kötü."

Özetleyeyim: ... (ismin her neyse) bir makine. Benim bu rüyada kullandığım makinenin adı Nevşah. O bir bilgisayara bağlı; kolektif bilinç. Ne yapması gerekiyorsa onu yapıyor. Çünkü bilincinde, her an ne yapması gerektiğini biliyor. Bilincin titreşimi değişebiliyor, pozitif ya da negatif olabiliyor ama orada belli olan senaryo değişmiyor. Sadece daha zor ya da kolay oluyor titreşimine göre.

Nevşah'ın kendi senaryosuna bir etkisi yok. *Romeo & Juliet* oyununda olduğunu düşün; Romeo bir hikâye kahramanı, gerçek değil. Romeo'nun söylediği şey üzerinde bir etkisi yok. Var mı? Hikâye kitabında Romeo'nun rolünü okuyorsun, mesela şöyle bir bölüm yok: Romeo, "Seni seviyorum" dedi. Alttan Romeo canlanıp çıkarak, "Benim aslında seni seviyorum demek gelmemişti içimden" demiyor. Sen de (makine) canlanmıyorsun! Evrensel döngüye uymakla yükümlüsün. Senaryoda ne oluyorsa o oluyor ve sen yazar değilsin, içindeki rolsün. Senaryoya etki edemezsin. Debelenmeyi bırak.

Makineye, rüya içinde ve rüyanın bir parçası olan ölümlü bedene, Nevşah'a olan biteni ve olacak olanı değiştirme yetkisi verilmemiş. Böyle. Kader diye anlatılmak istenen şey bu zaten! Dünya rüyasında olan bitenler üzerinde özgür iraden yok. Özgür irade başka bir şey! Al sana yanlış anladığın bir şey daha.

"Evrende, rüyada tek bir ilişki mevcut, o da ruhunla bedenin, özünle insan olan taraf arasındaki ilişki" demiştik. Bir bakıma bu kitabı kendi kendime yazdım, bu kitap benim özümün insan tarafıma yazdığı bir aşk mektubudur.

Özetlersek; hikâye kahramanlarına hikâyeyi değiştirme yetkisi verilmez. Hatta ne alakası var? Düşünsenize; Don Kişot canlanarak kitaptan çıkıp içerikte yazanlarla ilgili yorum yapıyor... Dünyada olanları eleştirdiğinizde aynen bunu yapıyorsunuz ve aynen bu kadar komik görünüyor!

Sen hikâyeyi yazan bile değilsin, içindeki basit bir rolsün ve ahkâm kesiyorsun!

Romeo'nun ne söyleyeceği belli. Nevşah ne yapacaksa yapacak, belli. Sev ya da sevme, beğen ya da beğenme. Beğenmiyorsan Nevşah'ın yaptıklarını, söylediklerini ya da rüyada olan biteni, bu senin problemin, bir an evvel çöz, yoksa hastalanırsın. Çalışabileceğin, kontrolünün olduğu tek alan da burası zaten. İçdünyan, oyuncunun kendisi. Rol değil.

Ego bilinci nerede devreye giriyor? Ben kendimi Nevşah zannetmeye başladığım zaman ego devreye giriyor. Çünkü o zaman Nevşah'ı önemsemeye başlıyorum ve Nevşah'ın ne yaşadığı canan'ın ne yaşadığından daha önemli hale geliyor. Veya tam tersi... Bütünlük ve birlikten kopuyorum. Ve ben kopuk olduğum için herkes kopukmuş gibi algılıyorum.

Bana bakıp "Bence sen mucize bilincinde değilsin" veya "Anlattıkların çelişiyor" diyenler aslında kendilerini görüyorlar, bunu artık biliyor olmalısınız!

*Bizler sadece bilincimizden, algımızdan sorumluyuz. Dünya rüyasında ne olduğunu değiştiremeyiz, ama onu nasıl algıladığımızı değiştirebiliriz.*

Peki bu değişim neden önemli? Çünkü algı benim hakikati görmemi engelliyor. Senin beni hangi bilinçte gördüğün, benim içinde olduğum bilinci değiştirir mi? Senin beni çelişkili görüyor olman veya stresli görüyor olman, beni etkiler mi? Hayır. Ben neysem oyum. Mutluysam mutluyum, huzurluysam huzurluyum veya tam tersi. Sen beni nasıl görmek istersen öyle görürsün. Beni nasıl görmek istiyorsan öyle görüyorsun.

*Bilinç seviyeni merak ediyorsan bana bak, bende ne görüyorsan tamamı sensin.*

Sert oldu biliyorum.

Ego bilincini seçtiğinizde hakikatten kopuyorsunuz ve ismi olan "şey"i, senaryodaki basit rolü kendinizle özdeşleştiriyorsunuz. Böylece kendinizi ölümlü, hata yapabilen, âciz, sınırlı gücü olan, acıkan, yorulan, hastalanabilen bir şey olarak algılıyorsunuz. Korkmanız, strese girmeniz, gergin olmanız gayet doğal değil mi? Ben de ölümlü bir şey olduğuma inansam her an korkarım. Neden? Ölümden.

Beden hiç ölmeyecekmiş gibi davranıp ölümden ve ölüm korkusundan özgürleşmek istiyorsanız kendinizi bu şekilde aldatamazsınız. Kendinizi bedeninizden, ölümlü olan bu şeyden özgürleştirmeniz gerekir.

*Kendini bir beden olarak algılayan herkes korkar. Çünkü o beden ölecek. Korkmak istemiyorsan kendini beden olarak algılamayı bırak.*

Biliyorum bu hiç de kolay değil ama mümkün. Hele ki iyi bir nefes uzmanı ve iyi tasarlanmış bir nefes semineri ile mümkün. Hatta an meselesi.

Egoyu seçtiğinde ne oluyor? Kocaman bir hikâye kitabı içindeki küçücük bir kahraman diğerlerinden daha önemli hale geliyor. Ona anlam yüklüyorsun. Ölümlü ismi olanı önemseyip, sadece onunla ilgilenip sanki bir şeyi değiştirebilecekmişsin gibi bir saçmalığın içine giriyorsun. Vakit kaybediyorsun.

Dünya rüyası ölümlü bir hikâye. Elbet bir sonu var. Bu hikâye kitabı tasarlandığı an okundu bitti, hiç değişmedi, değişmeyecek... Evrendeki astrolojik akışı değiştirebiliyor musun? Kendi akışını değiştirebileceğin fikrine nasıl varabiliyorsun? Hangi çarpık algının ürünü bu? Boşa uğraşıyorsun. Zaman kaybediyor, hikâyeyi değiştirmeye uğraşarak zaman döngüsü içinde kayboluyorsun. Ben (öz) de sizleri geri döndürme kararlılığında olduğum için durmaksızın bunları anlatıyorum. Böyle geri dönemezsiniz.

Geri dönüş yolculuğu için bilincinizde ve zihninizde çalışmanız gerekiyor. Kontrol edebildiğiniz, özgür iradenizin olduğu tek alan orası, bilinciniz. Tam bu noktada, hatırlama konusunda çalışmanız gerekiyor.

Sürekli hatırlamada kalın: "Ben tam ve bütünüm." Sürekli. *Dünyada ise ne yapmanız gerekiyorsa onu yapın.* O alanla ilgilenmeyi, her şeyi uzun uzun düşünmeyi bırakın. Takılmayın. Başka yol yok.

Ne yapmak istiyorsan onu yap. Çünkü ancak o zaman tüm kardeşlerimiz derslerini tamamlayıp dünyada deneyimlemeye geldikleri her şeyi deneyimleyerek buradan ebediyen özgür kalabilir.

Sen söylemen gerekeni söylemediğinde veya yapman gerekeni yapmadığında bundan herkes etkileniyor. Kardeşlerin de sen de almanız gereken dersi alamıyor, görmeniz gerekeni göremiyorsunuz. Bir şeyler eksik kalıyor ve sonrasında tekrar tekrar gelip yaşayacaklarını yaşaman gerekiyor.

Dünyayı yorumlamak yerine ona bakıp kendine "Ne yapmalıyım?" diye sorman gerekiyor. Kaderin orada yatıyor.

Her şey, tüm dünya rüyası geçmişte kaldı.

Aslında geçmiş de gelecek de yok. Zaman bir illüzyon.

Gelecek oldu, bitti. Hikâye yazıldı, bitti. Dünya fikri doğduğu an bitti. Döngü belli. Yaşanması gerekenler belli. Olması gerekenler belli.

Biraz astrolojiyle uğraşanlarınız biliyordur; dünyaya 50-60 yılda bir aynı eylem boylamda, aynı tip insanlar, aynı düşünce biçimleri gelip gidiyor. Dünyada yaşaman ve yapman gerekenleri değiştiremezsin.

Hakikatin ne olduğunu bilmekle onu her gün, her an hatırlamak iki farklı durum.

Dünyanın illüzyon olduğunu, gerçek olmadığını birçok kişi biliyor ama çok azı her an hatırlayıp dünyada gerçekten oyun oynayabiliyor!...

Hakikati hatırlasa bile çoğu insan çalışması gereken alanda, kendi bilinci ile çalışmıyor. Hissettiklerinden, düşündüklerinden olanı ve başkalarını sorumlu tutuyor. Oysa olan değişmeyecek, olmaya devam edecek ama olan hakkında ne hissettiğin senin kontrolünde. Dünyaya bakıp anlam yüklemek, olanı çarpık algılamak istemiyorsan, baktığın yerde saldırı, hata, sorun, problem görmek istemiyorsan kendinle ve bilincinle çalışmalısın.

Size çok radikal bir şey söyleyeceğim: birinin başka birini öldürdüğü durum içinde bile saldırı görmeyebilirsin. Olandan tamamen özgür yaşayabilir, olan biteni hiç ama hiç yargılamadan olduğu haliyle kabul edebilirsin. Diğerleri gibi sadece yapman gerekeni yapabilir, bu gerçeği görebilirsin.

***

Potansiyelinin en üstüne ulaştığın nokta, yaşamaktan en çok korktuğun şeyin üstüne gittiğinde varacağın nokta! Bil ki korktuğun hiçbir şey olmayacak. Çünkü ölümlü bir beden bile olsan burada yaşamaya geldiğin her şeye programlı geldin ve yaşamayı seçmediğin, donanımlı olmadığın hiçbir şey zaten olmayacak. Niye korkasın ki?

Yaşamaya geldiğin her şeye hazır ve donanımlısın. Tek yapman gereken tam gaz ilerlemek! Bir saniye bile düşünmeden, hiçbir şeye anlam yüklemeden!

*İşte bu hakiki özgürlük!* Bu seviye çok az insana nasip olur. Çünkü bu seviye eleştiriye en açık seviyedir. Seni senin dışında kimse anlamaz. Ölümlü beden yapması gerekeni yapar, sadece onun yapabileceklerini yapar ve bu nokta evrene hediye edildiğimiz, her canlının önümüzde saygı duruşuna geçtiği noktadır! Bu doğal gelişen saygı duruşunu bazı insanlar korku olarak algılar. Bu; daha önce hiç karşılaşmadıkları bir güç ve kendinden eminlik noktası olduğu için, bazı insanlar. Bu seviyede olan kişilerden korktukları için, kenara çekilirler. Bunlar genelde farkındalığı daha az olanlardır. Korku olan ile ilgili değildir, insanın kendisiyle ilgilidir. Dünyada ne olursa olsun korkmayabilir, hiçbir şeyin içinde, davranış, adım, olanın içinde korkudan eser görmeyebilirsin veya görebilirsin. Bilincinde neyi seçtiğine bağlı. Hiç kimse bir diğerini korkutamaz. İnsanlar korkuyu bilinçlerinde seçerler ve korku gerçek değildir. Senin bakmak istediğin yer, görmek istediğin şeydir sadece. Tek hakikat budur.

Yani biri sana "Beni korkutuyorsun" ya da "Beni korkutmaya çalışıyorsun" diyorsa bu aslında "Ben şu anda bilincimde korkuyu seçiyorum" demektir. Olan korkutmaz çünkü.

Sen ne yaparsan yap ben bilincimde korkuyu seçmediysem beni hiçbir şey etkilemez ve ben olanın hiçbir yerinde korku görmem.

Hakiki güç noktasına erişen, sisteminde korkudan eser kalmayan bilinçler korkuyu seçmeyi sürdürenleri korkutabilirler. Hiçlik noktası insanlara sadece kendilerini gösteren dev bir aynadır çünkü.

Cesur biri seni korkularınla yüzleştirir, sevgi dolu biri seni sevgisizliğinle yüzleştirir.

Korku; bir şey oldu ya da olacak diye hissettiğin bir duygu değil, senin seçimin. Bir diğerinin sana hissettirdiği bir şey de değil. Senin görmeyi seçtiğin şey.

Ve bil ki; baktığın hiçbir yerde korku görmediğin, kimsenin seni korkutmaya çalıştığını düşünmediğin bir seviye var!

*Hakiki güç* seviyesi.

Tüm evrenin saygı duruşuna geçtiği, yolundan çekildiği, uyanmış bilinçlerin büyüklüğü gördüğü, uyuyanların korku gördüğü kişi... İşte o kişilere evrenin tüm kapıları açıktır. Güçlerini kötü amaçla değil, sadece insanlığın alması gereken dersleri alabilmesi ve özgürleşebilmesi amacıyla kullandıkları için onlara sonsuz bir güç verilmiştir. Ve onlar bunu bilirler. O sonsuz gücün arkasında müthiş bir etkilenmezlik vardır. Artık dünya seviyesindeki, insan seviyesindeki hiçbir şey –eleştiri, yorum, ayrılık, yorgunluk, açlık, kararsızlık, konuşma, yargı, düşme, kalkma– onları etkilemez. Yaşama, yüreklerinin tamamı ile dalar bu kişiler. Göğsünü gere gere dilediği gibi yaşar, eleştiren ve yanlış yaptığını düşünen zihniyetlerin şaşkın bakışları arasında hep ve her zaman daha da büyürler, ilerlerler...

Bu hakiki güç seviyesindeki kişi "tahmin edilenin tersine" eleştiri ile büyür. Her eleştirildiğinde, her yargılandığında daha da güçlenir. Birçok kişinin algısında "tam bir canavara" dönüşür. O ilahi hakkın temsilcisi bir beden olmuştur. Bir bakışı yakar, bir duruşu yeniliklerin doğumuna sebebiyet verir. "Değişim"i başlatan ve bitirendir o... Çoğu insan ondaki bu "ders vermeye gelmiş" edasını hisseder. Onun her konuşması, her davranışı insanlığa bir ders olur.

İnsanlık, hakiki dersleri önce çığlıklar ile karşılar, hakiki öğretiye ölesiye karşı çıkar. Sonra elbet bir gün teslim olur.

Yapabilecekleri hiçbir şey olmadığını gördükleri için, söylenenleri ve anlatılanları dinledikleri, hakiki gücün gücünü gördükleri bir an gelir. Secd haliyle... O an gelene kadar herkes her seviyede atar tutar, eleştirir, doğru yanlış birçok yorum yapar dünya ve yaşananlarla ilgili. Bir "an"dır ilahi gücün, bu gücü kabul eden beden aracılığıyla yüreklere girmesi. O girdi mi susar ego ve dünya durur.

İlahi güç ile bir yaşayan insanın diğer insanlardan farkı nedir?

En önemli farkı; olan bitenle hiç ilgilenmemesidir. Bu hiçbir şey yapmaması veya etkisiz, tepkisiz kalması demek değil.

Yapılması gerekeni "tereddütsüz" yapması, uygulamaları düşünme payı olmadan uygulayabiliyor olması demektir. Hakiki güç noktasında bir insan durmaz, düşünmez, diğer insanlarla ilgilenmez, dünyadaki sistemi, düzeni, kanunları, astrolojiyi, tüm evreni en iyi şekilde, en yüksek ihtimallere hizmet edecek şekilde kullanır. İlahi hak ile bir olan bilinç dünyaya yansıdığında dünyadaki sistemle uyumlanır; kanun sistemi, ahlak sistemi, beden sistemi, bağışıklık sistemi, metabolizma hızı, zihin ağları, telepatik güçler, evrenin tamamı onun kontrolüne geçer. Bunun tek bir sebebi vardır: bu kişinin niyeti, Yaradan arzusu. Yaradan'a ve evine olan özlemi, aşkı. O hızla eve geri dönmek ister. Vaktinin olmadığını bilir, vakti boşa harcamaz. Her anını hakikatin ifadesi için kullanır. Boş gezmez, sürekli ders verir, öğretir ve kardeşlerinin de eve geri dönebilmesine can atar. Bazı insanlar dersleri almak istemez, geciktirmeye çalışır, oyalanır, hakiki ahlak, hakiki hak seviyesinde yaşamayı reddederler. Onlar; ev almak, araba almak, ailesine vakit ayırmak gibi dünyadaki amaçlarla ilgilidirler. İlahi hak temsilcisi kişi onları bulur, en kısa zamanda derslerini alabilmeleri için kendisini kurban eder. Attığı adımdan insanlığın nasıl büyük bir ders alacağını ve bunun her iki taraf için de ne kadar zorlu bir yol olabileceğini görmektedir ama bu bile onu durduramaz. Eleştirilecek, hatta lanetlenecektir.

*Ne var ki zaten amaç budur: Hakikatin görünür olması... İnsanların içlerindeki lanetin, kötülüğün, yargının, öfkenin dışarı çıkması. İşte hak temsilcisi bunu yapar.*

*İlahi hak temsilcisi kendini öne atar, insanlara yargılamaları ve lanetlemeleri kesin olan bir şey yapar ya da söyler.*

Bunu eleştirilmeyeceğini düşündüğü için, yaptıklarının sonuçlarını görmekten âciz olduğu için değil, insanları kendi sistemlerindeki eleştiri, karmaşa, karışıklık, çelişki, korku ve yargılarla yüzleştirmek için. Ve bu olur. Birçok kişi onun yanından kaçmak ister. Çünkü gizliden gizliye onlara ne gösterdiğinin farkındadırlar. İçdünyalarındaki korku, lanet, kötülük inançları yüzeye çıkar... İlahi hak temsilcisine bakarlar, onda saldırı, kötü niyet, hata görürler. Kendi bilinçlerini görürler. Ve bundan çok korkar, orada, onun varlığında durmak istemezler. Kendileriyle yüzleşmek bazılarına ağır gelir, kaçmaya çalışırlar. İlahi hak temsilcisinin onları rüyalarında bile takip edeceğini bilmezler. Hakiki güç tüm evreni kontrol eder ama onlar bunu göremezler.

Peki neden bu seviyeye yükselebilen insan sayısı çok azdır?

Çünkü insanların çoğu dünyada kaybolmuş durumdadır. Olan bitenle uğraşmaktan, atılan adımları, davranışları yargılamaktan, iyi-kötü, güzel-çirkin ayrımı yapmaya çalışmaktan önlerinde olan şeyi göremezler!

Çoğu zaman "hakiki öğretmen"i bile tanıyamaz insanlar!

Hakiki öğretmeniniz kim, biliyor musunuz? Korktuğunuz kişi. Ayrılmayı seçtiğiniz kişi. Kaçtığınız kişi. Yanlış yaptığını, samimi olmadığını düşündüğünüz, size saldırmaya ve zarar vermeye çalıştığını düşündüğünüz kişi. İşte o sizin hakiki öğretmeniniz. Birlikte olmayı seçtiğiniz herkes, öyle veya böyle sizinle aynı bilinçtedir. Zaten sizin gibi düşünür, hayata sizin gibi bakar. İyi anlaşırsınız, aynı fikirdesinizdir, sizi dinler ve "Haklısın..." der. "Ondan ayrılmakta haklısın. Evet ya, bu resmen saldırı! Evet, o seni korkutmaya çalışıyor, ondan yapıyor bunları. O sevgisiz, kötü, katı biri..."

Ve egon beslenir.

Oysa sana açılan yeni ufuklarda egon genişleyemez. Bilmediklerini öğrenirken, hayatın boyunca yargıladığın şeyleri yapan kişiye bakıp onu affedebilmek ve senin en istemediğin şeyi yaptığı halde yanında kalabilmek egonu gerçek anlamda bir şoka uğratır!

"Bu kadar da olmaz canım, bu da yapılmaz artık!" dediğin kişinin yanında kalmayı dene! Ne kadar zorlanacağını, ama onun yanında kalmanın ve sahip olduğun eleştirilerle, yargılarla, korkular ve sevgisizliğinle, kendini nasıl cezalandırdığınla yüzleşmenin ne büyük bir ders olacağını düşün!

Dünyadaki tüm insanları bir araya getirsen; o kişiye sarılabildiğinde, onun yanında kalmayı seçebildiğinde alacağın dersin yüzde biri etmez!

Böyle o kadar çok ibret hikâyesi var ki bizzat yaşadığım. İnsanlar "Ben sevgiyi seçiyorum, o yüzden artık seni seçmiyorum" diyerek birinden ayrılıyorlar. Sevgiyi o kişinin varlığında, ona yönlendirdikleri eleştiriler sebebiyle seçemiyor olmaları "durumu"nu göremiyorlar! Sevgiyi seçtiklerini düşünürken aslında tek yaptıkları almaya geldikleri dersi geciktirmek.

Tüm ayrılık kararları insanın kendinden kaçışıdır.

Sen ancak yüzleşmekten çekindiğin ve buna tahammül edemediğin özelliklerin sebebiyle birinden ayrılmak istersin. Onun varlığı senin onun hakkındaki yargılarla yüzleşmene sebep olur. Onun üstüne yıkmaya çalıştığın, halbuki onunla hiçbir ilgisi olmayan korkularınla, sevgisizliğinle yüzleşirsin ona baktıkça. Karşındaki kişiye bakıp gördüğün o kötülükler, saldırı, yanlışlar var ya, tamamı senin uydurman. Ve sen bunun ortaya çıkmasını istemediğin, yaptığın hatalarla yüzleşmek istemediğin için ayrılma kararı alıyorsun. Geçmişte yaptığın hatalarla yüzleşmek sana ağır geliyor.

***

Çoğu insanın öğrenmesi çok yavaş ilerliyor. Yani bence tabii. Neden? Çünkü asıl yapmaları gerekenleri yapmıyorlar. Hatta belki sen de öylesin.

1. Dünyada olan bitenin sana hissettirdikleriyle ilgili sürekli diğerlerini suçluyorsun. Beni tehdit ediyorsun, bana saldırı-

yorsun, beni yoruyorsun, beni kızdırıyorsun, beni karıştırdın, beni çelişkiye soktun gibi... Bunları sen yapıyorsun kendine, diğeri değil. Kendi sisteminde korku üreten, tehditler içinde olan, kızan, eleştiren, karışan, çelişen sensin. Öyle olmasa baktığın yerde bunları göremezdin. *Baktığın yerde sadece kendini görüyorsun*.

2. Eleştiri ve yargılarının sorumluluğunu almıyorsun. Bir şeye iyi ya da kötü diyen, doğru ya da yanlış diyen, sevgi dolu ya da sevgisiz diyen, tehdit ya da değil diyen sensin. Tüm bunlar dünyada yok. Ne kadar büyük bir çoğunluk seninle aynı fikirde olursa olsun "Bak, bu davranış saldırıdır" diyebileceğim bir davranış yok. Kim ne yaparsa yapsın, sana "Seni öldürürüm" de dese, "Bu tehditkâr bir davranıştır" diyemem. Çünkü dünyadaki her şey görece. Sen neye inanıyorsan, baktığın yerde ne görmek istiyorsan onu görürsün. Ve bunu yaptığını fark etmiyorsun!

3. Dışarıda gördüğün her şeyin senin içdünyanla ilgili olduğunu, ta ki dünyadaki her şeyle barışana kadar, olan her şey sana OK gelene kadar, yapman gereken her şeyi –bu birine gidip vurmak bile olsa– dibine kadar, koşulsuzca, sınırsızca yapabilmenin özgürlük olduğunu ve bunların evrensel dersler olduğunu göremiyorsun.

4. Sonsuz bir varlık kendini ölümlü beden zannediyor ve dünya kurallarına uymaya çalışıyor... *Dünya standardına göre iyi bir insan olmaya çalışıyorsun ve bunun önemli olduğunu düşünüyorsun*. Oysa dünya standartlarına göre iyi olmak egonu besler ve dersini almanı engeller, o kadar. Yapabiliyorsan herkesin eleştireceği bir şey yap! Olmaz, değil mi? Egon buna izin vermiyor. Karizmayı çizdirmemek, dünya standartlarına uygun bir kişi olmak için ruhunu satıyorsun.

5. *Özünü, hakikati fark etmek bir şey ama her an özünün rehberliğinde yaşamak gerçekten büyük bir şey! Büyük ve cesur olman*

*gerekir.* İlahi hak elçisi olman gerekir. İşte bu yüzden herkes ilahi hak temsilcisi olamıyor. Egosu o kadar kuvvetli ki çoğu insanın, bunu bırakmak istemiyor. Ya sevilmezsen?... Ya yanında bir kişi bile kalmazsa?... Ya kimse seni onaylamaz ve herkes seni eleştirirse?... Olmaz değil mi? Egon epey zedelenir.

*Asıl amacın-dersin egonu paramparça etmek göremiyorsun!* Hakiki güç noktasında, sınırsız ve koşulsuz yaşayan, gerekirse birini öldürebilecek kadar itibarını önemsemeyen bir bilinç gördüğünde de ödün kopuyor! Tabii ki.

*Özgürlük, esirliği seçmiş zihinleri korkutur.*

Yapman gereken iki şey var:

Birincisi, senaryoya teslimiyet. Belli ki senaryonda ne varsa tamamını yaşamadan özgürleşmeyeceksin ve belli ki senaryonda sana da herkes gibi; rezil olabileceğin, eleştirileceğin, yargılanacağın, egonu yerle bir edebileceğin, almaya geldiğin dersi alabileceğin fırsatlar verilecek. Amaç bu zaten! Çünkü buna izin vermeden egondan özgürleşemezsin! O nedenle "herkes elbet bir gün yargılanacak" deniyor din kitaplarında! Dünyada olacak bu! Çünkü olmadan kendinle, egonla yüzleşemez, uyanamazsın.

İkinci noktaya gelelim: bunun için ne yapman gerekiyor? Daha önce söylediğim şeyi: neyi yapmaya korkuyorsan onu! Dünya sisteminde içinden ne geliyorsa onu yaptığında emin ol bir gün o noktaya geleceksin! Eğer nefesin açıksa bu kendiliğinden oluyor zaten! Her gün eline kendini rezil edebilmen ve eleştirilmen ve yargılanman için fırsatlar veriliyor!

Özetlemem gerekirse; aydınlanmak istiyorsan içindeki ses sana ne diyorsa onu yap! Onu yaptığında, hiç durmadan ama, düşünmeden; düşeceksen düşeceksin, kalkacaksan kalkacaksın, birileri üstüne basacaksa basacak, belki küfredersin, belki parasız kalırsın, işte tam o noktada aydınlanacaksın.

Yazdıklarım, sandıklarının tam tersi değil mi? Çünkü egon seni bunun tam tersine inandırdı. Dediklerime inanmıyor musun? O zaman neden bu kitabı ben yazdım da sen yazamadın, onu düşün. Neden zihninde hakikatle ilgili bu denli uyanışlar yaşamıyorsun? Hazır olan ve uyanan herkes hakikati deneyimleyebilir, yazabilir, sen niye yazamadın? Egonu seçtiğin için olabilir mi? (özden sana-bana herkese gelsin bu lafım.)

Dünya yaşamında olması gereken her şeyin olmasına izin verdiğinde aldığın rehberlik güçlenmeye başlıyor. Buna izin verdiğinde, nefesin en iyi şekilde açıldığı seviyede, en üst teslimiyette neye teslim oluyorsun? Senaryoya!... Yani kendine, öz'üne... Öz'ün dünyada ne yapman gerektiğini, ne yaşaman gerektiğini zaten biliyor. O yüzden öz bağlantısı güçlü insanlar aynı zamanda kaderlerine de teslim olmuş oluyorlar. Dünyayı ve dünyada olan biteni değiştirmek için hiçbir şey yapmıyorlar. Kendilerini değiştirmek için de bir şey yapmıyorlar. Senaryolarında ne varsa aynen, eksiksiz yaşamak tek amaç oluyor. Çünkü zaten tek amaç bu: yapman gerekeni yap, olman gerekeni ol.

Eh, haliyle, egolarını öze tercih edenler için bu da hiç kolay bir şey değil.

Bugün halen daha, aydınlanma çağında olmamıza rağmen birçok insan için dünya sistemine göre doğru olanı yapıyor olmak, kitaba uymak, diğer insanların doğrularına göre hareket edebilmek, onaylanmak, beğenilmek gibi kavramlar büyük önem taşıyor. Zaten o yüzden bu yanlış motivasyonla yola çıkmayan, sadece özün sınırsız ifadesiyle yaşayan bilinçleri çoğu insan anlamakta zorlanıyor.

***

Peki dünyadan ve insandan, insan tarafından, ego benliğinden özgür yaşamak nasıl oluyor?

1. İnsan tarafının, ego-benin isteklerini, arzularını, fikirlerini, düşünce ve yorumlarını hiç ama hiç umursamıyor, dinlemiyorsun. Dolayısıyla diğer insanların da fikirlerini, yorumlarını, düşüncelerini umursamıyor, önemsemiyorsun. İnsanla değil, özle ilgilisin çünkü. Ve o öz her insan için sadece kendisinin ulaşabileceği yerde. Yani hiç kimse özüne başka bir insan aracılığıyla ulaşmış değil. Öz benliğin bizzat senin ulaşman gereken, senin açılman gereken yer.

2. İnsan tarafından, ego-benlikten özgürsen zaten insan tarafını tamamen özgür bırakmışsındır. Birinci maddede söylediğim gibi: insan olan tarafın ne yapmış, ne demiş, ne yemiş, nereye gitmiş umursamaz. Bunların üstünde bir saniye bile düşünmezsin. Mucize bilincini seçen kişi ego-ben ile ilgilenmez. İnsanların da kendi insan tarafının da ne yaptığıyla ilgilenmez, insan tarafını özgür bırakır. Bu şu demek: insan tarafı senaryo gereği birine dava mı açmak istiyor, açar. Savaşa mı katılmak istiyor, katılır. Yemek mi istiyor, yer. Zaten sen karışmadığında insana (kendi insan tarafına ve başka insanlara) herkes özgürce dilediğini yapar, dersler alınır, ilerlenir... Herkes memnun. Aslında insanlar birbirlerinin yaptıklarını, yapmadıklarını, birbirlerinin yollarını, insanı, ego-beni çok fazla önemsedikleri için mutsuz oluyorlar. Onu kendi haline bıraksalar, o insan olan taraf ve tüm insanlar dilediğince senaryo gereği ne yapması gerekiyorsa yaparak yaşasa; dünyada müthiş bir denge, düzen, ilahi hak çalışacak zaten. Senaryonun dışına çıkamazsın, buna izin verilmiyor. Sen gidip birine vurabiliyorsan bu senaryonun içinde varsa olabilir, yoksa kalkmaz o el. Ya da karşına çıkmaz o kişi. Biriyle konuşman gerekiyorsa konuşursun senaryonda varsa. Yoksa, ömrünün sonuna kadar o kişi karşına çıkmayacaktır. Dünyada mükemmel bir düzen var ve bunun dışında bir şey olmuyor. Sen onu ne kadar yargılarsan yargıla, boşa enerji harcadığınla kalırsın.

Ben yapmam gerekeni yapıyorsam, bunun nedeni senaryoda yazılı olmasıdır.

3. Ego-beni seçmediysen ve önemsemiyorsan itibar kazanmanın da önemi kalmaz. Bir başka deyişle, tam anlamıyla canın ne isterse onu yapar, dilediğin gibi yaşarsın. İtibar-şeref için yaşamaz, içinden geldiği için yaşarsın. Şurası kesin; bunu yaptığında egon zarar görecek! Çünkü her insanın kendi doğruları ve kendisine özel yürümesi gereken bir yolu var, orada ne yaptığını ve neden yaptığını bir tek o insan bilebilir. *Dolayısıyla her insanın kendine has yolu, özünü ifade ederek yürüdüğü yol, diğer insanların eleştirisine açıktır.* Ve hatta bir kişi ne kadar eleştiriliyorsa o kadar özünü ifade ederek yaşıyordur da diyebiliriz. Çünkü böyle. Özün ifadesi her insana farklı şeyler yaptırır. Özünü ifade ederek yaşıyorsan her an dünyada bir tek senin gerçekleştirebileceğin şeyleri yapıyor, sadece ve sadece kendini, özünü ifade ediyorsun demektir. Yaşamı yaşama şeklin var ve bu diğer hiç kimseninkiyle aynı değil. O zaman her an özünü ifade ederek yaşayan insanlar eleştiriye açık hale gelir.

Sadece özünü seçmiş, dünyadaki kimliklerini bırakmış kişi sadece özün rehberliği ile yaşadığı için bu rehberliğin ona neyi neden yaptırdığını asla bilemezsin. Tek yapabileceğin olana izin vermektir. O her şeyi nasıl isterse öyle yapar ve yapış şekli, karar alış şekli, attığı adımlar asla seninkilere benzemediği gibi benzemesi de gerekmez. Öz'ün ifadesi ile yaşayan her insan fevkalade şahsına münhasırdır. O standartlara, genel doğrulara uymaz. Diğer insanlara göre, insan algısına göre "yapılması gerekenler, olunması gerekenler, söylenmesi gerekenler" onu hiç ilgilendirmediği gibi hiçbir şekilde etkilemez de. O her an bildiğini yapar, bildiği gibi yapar. O yüzden tüm evrene ilham olur. Evrenin yıldızıdır o. İnsan algısını ve insanlığın doğrularını seçen, herkese göre doğru olanı yapanlar sürünün içindeki binlerce koyun olup fark edilmezken özünün ifadesi ile yaşayan kişi parlar. Kendisi gibi olan kişi, diğerlerinden farklı olur. Çünkü ancak o zaman kimsenin yapamayacağı, sadece kendisinin yapabileceği şeyleri yapar. Dünyaya sanat eserleri bırakır. Çok yargılanır, çok eleştirilir belki... Bil ki özün ifadesi ile yaşayan özgür bir ruhu insan algısıyla asla anlayamayacaksın. Onu hep yargılayacaksın, hep eleştireceksin, attığı adımları anlamayacaksın, bir yere oturtamayacaksın. O sana hep dengesiz, acayip gelecek. Çünkü öyle. Tabii ki öyle! Yoksa ona "Her an özünü ifade ediyor" diyemezdik ki. "Dünya sisteminin doğrularına göre yaşayan herkes gibi biri" derdik. Özünü ifade eden kişi asla herkes gibi standart olamaz, şahsına münhasır olur.

Sen; insan olan tarafınla bu kişiye baktığında yaptıklarının altında bir açıklama aradığın için, bir formül aradığın için, onu anlayamazsın. Formül onun kendisidir. Ve formül sadece onda vardır. O nedenle onun yapmaya geldiği şeyi sadece o yapabilir, senin yapmaya geldiğin şeyi de sadece sen.

İşte bu yüzden özün ifadesi ile yaşayanlar büyük insanlardır.

Olduğu gibi olan, kendi bildiği yolda ilerleyen, ne seni ne başkasını dinleyen birini gördüğünde emin ol ki o bir "hediye"dir insanlığa. Onun yaptıklarını başka hiç kimse yapamaz ve o bunu bilir. Senin yapacaklarını da başkası yapamaz ama önce buna cesaret etmen gerekir. O buna cesaret etmiş kişidir. Eleştirileceğini, yargılanacağını, birçok insanın onu beğenmeyeceğini bilmesine rağmen bunları önemsemez ve yoluna devam eder. Çünkü egoyu önemsemez. İnsanı, insan tarafını önemsemez. O ruhunu, özünü seçmiştir.

Mucize bilinci seçimini yapmış kişiler insanlarla ilgilenmezler. Net. Ruhlarıyla ilgilenirler. Dünyayla ilgilenmezler, özleriyle ilgilenirler. Tüm insanların değişken düşünce ve algılar içinde olduğunu bilirler, egolarını ve insanı seçmedikleri için insana hiçbir değer vermezler. O nedenle insan olan tarafını seçmiş bilinçler, onların varlığında kendilerini değersiz, önemsiz, hatta et parçası hissederler. Tabii ki. Ruhunu seçmiş bilinç, insana et parçası muamelesi yapar. Her an "Sen kimsin ki?" der ve bu duruşla durur.

İnsan tarafını seçmiş bilinçler; ruhunu, özünü seçmiş kişilerin yanında kendilerini çöp gibi, değersiz, amaçsız, karışık hissedebilirler. Tabii ki. Bilincinde insan tarafına-egosuna değer vermeyen, kendi insan tarafını bile ezip geçmiş, umursamayan bir kişi senin insanlığını mı umursayacak? Senin fikirlerini, yorumlarını, eleştirilerini mi dinleyecek? Bu komik olurdu.

Ve hâlâ daha insan tarafını, yorumları, fikirleri, yargıları dinleyebiliyor, bunlara önem veriyorsan ve hatta kendine "Bu insanlar acaba bana ne göstermeye çalışıyor?" diye düşünüyorsan vay haline! Sana bir şey diyeyim: o insanlar sana hiçbir şey gösteremezler! İnsanın böyle bir kapasitesi yok! Görmek ve bilmek istediğin her şey senin tek başına gitmen gereken yolda, özünde, öz varlığında. Ölümlü bir insan ve zihnindeki saçma yorumlar, eleştiriler, bakış açıları sana ne gösteriyor olabilir ki? Hiçbir şey. Kendisi gibi hiçbir şey. İnsan, ancak kendisi gibi hiçbir şey gösteriyor olabilir.

Şahsen yorumlar, eleştiriler, fikirler, "Bence doğru olan bu..." tarzı "insani konuşmalar"a giren insanlar karşısında, kulaklarımın anında ve tamamen kapandığını hissediyorum. Kendimi insan tarafıma nasıl kapattıysam, insanlığımı nasıl önemsemiyorsam, artık ne kendi insan tarafıma ne bir başka insana izin veriyorum. Dinleyemiyorum bu saçmalıkları. Bu satırları okuyunca insanlığını, egosunu önemseyen, şahsi fikirlerine, bakış açılarına değer verenler nasıl da bozuluyorlardır. "Ne yani, benim fikirlerimin hiç mi kıymeti yok?" dediklerine eminim. Yok canım, üzgünüm. Ve ben bunu dediğim anda egonu yerle bir ettim öyle değil mi? Ne hissettiğini biliyorum. Bilmez miyim? Ben bunu kendime her gün yapıyorum!

İnsanın özden yaşaması, neyse sadece o olması; tekliğe adım atmasını sağlıyor. "Teklik bilinci"ne geçiş yapıyorsun. Bu ne demek? Sen kimsen bir tek o sensin. Ne yapman gerekiyorsa bir tek sen onu öyle yapabilirsin. Teksin, teklikte yaşıyorsun, Yaradan'ın tek suretisin. Tek yolda ilerliyorsun... Sonuç: Seni kendin dışında başka kimse anlamıyor. Yani yaptıklarını neden yaptığını anlamıyorlar. Sen kendi yolunda ve tek başına ilerleyebilirsin sadece, oraya kimseyi alamazsın. Alamadığın için de doğal olarak öz yolunda bir tek sen varsın. Kimse o yolu bilmez, bilemez. O yolda ne olduğunu bir tek sen deneyimliyorsun. Herkesin kendi yolu var. O nedenle insanlar yürüdüğün yolu anlamaya çalıştıklarında sadece kafa karışıklığı yaşarlar. Asla anlayamazlar. Ancak ve ancak onlar da senin gibi kendi yollarında yürümeye başlarlarsa, özün ifadesi dışında bir ifade şekilleri yoksa, şahsına münhasır kararlar alıp sadece onlara özel yoldan yürüyorlarsa, kendi yollarında ilerlediklerinde, eleştirildiklerinde ve anlaşılmadıklarında... Seni anlarlar.

Özünü seçebilmen için önce dünyadan özgürleşmen, insanlığı kendi haline bırakman gerekiyor. Bırak ... (sana verilen isim her neyse) dilediğini yapsın. Kaderinde ne varsa onu yaşasın. Ona karışma. Karışmaman gerektiği için değil, anlamsız olduğu için. Kendi adıma belirtmem gerekirse, Nevşah'ı değiştiremeyeceğimin bilincindeyim. O neyse o. Ne yaşamaya geldiyse onu yaşayacak, ne yapmaya geldiyse onu yapacak. Biliyorum, onu özgür bıraktığımda öyle şeyler yapacak ki dünyadaki diğer insanlar onu anlamayacak, ama yine de böyle olması gerekiyor. Nevşah'ı özgür bıraktığımda bazen dünyanın genel doğrularına göre yaşamayacak ama buna izin veriyorum. Çünkü Nevşah'ın itibarı, şöhreti, saygınlığı hiç ama hiç umurumda değil. Nevşah umurumda değil. Ya da isimli, bedenli rüyanın içindeki diğer roller. Anladığın anlamda umurumda değil demek istemiyorum, sadece uğraşmama ve üstünde düşünmeme değmez. O neyse o ve öyle kalacak, niye boşa enerji harcayayım? Ha evet, eğer ölümlü olan bir şey, ismi olan kimliğin, ego-benliğin senin için çok önemliyse, onun dünya doğrularına göre doğru yolda yürümesi, sevilmesi, beğenilmesi ve diğerleri tarafından anlaşılması özünden daha kıymetliyse onunla ilgilenmelisin. Onu kontrol etmelisin, kendi haline bırakmamalısın. Nevşah'ın kim olduğu benim için önemli olsaydı, onu kontrol etmek ve hatta eğitmek, ona kendini nasıl sevdireceğini göstermek önemli olurdu. Eğer ego-benle ve eğer Nevşah'ın itibarıyla ilgilenseydim.

Ama ilgilenmiyorum ve özümün ifadesi gereği öyle şeyler yapıyorum ki sana tamamen çılgınca, anlaşılmaz gelebiliyor! Yaşamın sırrı burada işte! Nevşah sadece "özünü, tek olan tarafı"nı ifade ediyor, o kadar. Sen ise insan olan, herkes gibi olan tarafınla yaşıyorsun hayatı, herkes gibi olmaya, uyum sağlamaya çalışıyorsun. Ve eminim uyum sağlamışsındır topluma, müthiş bir itibarın vardır. Tebrik ederim. Ve hâlâ daha "bu kitabı okuyan"sın, "yazan" değil. Bilmem anlatabildim mi?

Eminim senin de yazmaya ya da anlatmaya geldiğin, sadece senin yazabileceğin ya da anlatabileceğin şeyler var. Bil ki tüm evren bunu yapmanı bekliyor ve bunu yapmadığın müddetçe tüm kapılar teker teker kapanacak sana! Ego-beni önemsediğin müddetçe, sevilmek, beğenilmek, anlaşılmak senin için önemli olduğu müddetçe hep öğrenci olarak kalacak, başkalarının yazdıklarını okuyacaksın. Oysa ben senin yazdıklarını okuyor olabilirdim şu an. Ne büyük kayıp tüm evren için. İşte yaşamında yaşadığın tüm kayıplar bu yüzden! Yapmaya geldiğin şeyi yapmayı geciktirdiğin için.

Vakit geldi. Bugün, o gün.

Dünyada ne olması gerekiyorsa o olması gerekiyor. Hayata teslim olsan iyi olur. Zaten gücün yok. Sistem senden daha güçlü. Hikâye zaten yazıldı ve bitti. Nevşah'ın bu konuda yapabileceği bir şey yok. Ve zaten hakikatteki ben noktasından bakınca Nevşah umurumda değil, ne yaşarsa yaşasın. Senaryo zaten değişmeyecek, niye onunla uğraşayım? Asıl değişecek yerle uğraşmalıyım. Asıl benim seçimim. Çünkü bu seçim, onun üzerinde bir seçim. Bütün bunlar olurken yapılıyor bu seçim. Hakikatte olmuyor, o ayrı. Bütün bu senaryo devam ederken yapılıyor bu seçim. Ve ancak teslim olup onu bıraktığında yapılıyor. Zaten mucize bilincine baktığında, hakikatin seçimi noktasında senaryo ile ilgilenemezsin. Yani senaryo ile savaşmazsın, debelenmezsin.

*Senaryon dünyada oynadığın rol ve onun yapması gerekenlerle savaşırsan her yerde savaş görürsün.* En ufak bir hareketi bile savaş ve saldırı olarak algılarsın. Sen kendine saldırdığın için baktığın yerde saldırı görüyorsun. Sen kendini özgür bırakmadığın için birilerinin, bir şeylerin, dünya sisteminin, kanunların veya her neyse, seni limitlediklerini düşünüyorsun. Kendini limitleyen sensin. Kendini sevmeyen sensin. Sen kendini sevmediğin için dünyaya baktığında sevgiyi görmekte zorlanıyorsun veya bazı insanlara ve bazı davranışlara "sevgisiz" diyebiliyorsun.

*Dünyada sevgi de sevgisizlik de yok, dünya senin kendini gördüğün yer.*

Dünyadan özgür olmak, ışıkta ve sevgide kalmak istiyorsan, senaryonu olduğu gibi kabul eder ve uygularsın. Bu kadar basit. Nevşah'ın salata mı yemesi gerekiyor, salata yesin... Spor mu yapması gerekiyor, spor yapsın... İşyerinde birine dava mı açması gerekiyor, açsın... Ne yapması gerekiyorsa onu yapsın. Çünkü başka yol yok.

Mesajı yanlış anladın.

Mucize bilincinde olmak; saldırının gerçek olmadığını görmek ve dünyada yapman gerekeni yapmamak demek değil. Dünya gerçeğinde olan var sadece; saldırı yok. Görmen gereken bu. Biri sana vursa da, seni dövse de orada saldırı yok. Ne savaş bir saldırı, ne hukuk sistemi bir tehdit, ne de bedenin ölmesi bir son. Olana anlam yükleyen, baktığı yerde saldırı, tehdit, kötülük gören sensin. Savaşlara "kötü" diyen sensin. Savaş ne iyi ne kötü halbuki, sadece dünyadaki diğer her şey gibi, mesela senin gibi, gerçek değil. O kadar. Zaten o yüzden rüyaya uyandıysan dilediğin gibi yaşayabilirsin, canının her istediğini yapabilirsin! Yaşamak bu!

Nevşah olmadığımın bilincindeysem, asıl durmam gereken yerde durmalı ve asıl yapmam gereken şeyi yapmalı ve orada çalışmalıyım. Bütün bu yapma dünyası devam ederken... Olan her şey aynen olmaya devam ederken. Ben de sen de yapmamız gereken neyse yaparak, yaşamamız gereken neyse yaşayarak ve hepsinden özgür kalarak hakikatte durabiliriz. Dünyayı ve kendini, oynadığın rolü ve diğer rolleri özgür, nasıl isterlerse öyle olarak bırakmazsan hakikate dönemezsin.

Takılma.

Hiçbir şeyi durdurmaya, engellemeye çalışma. Bir şeyi durdurmak istediğinde veya engellemek istediğinde bu durdurma isteğini, engel olma isteğini kabul et.

Her şeyi olduğu gibi kabul et.

Ve bil ki; rüyada her şey mümkün.

Daha hâlâ "yapma dünyası" ile uğraşıp duruyorsan, bilincin değiştiğinde ya da sen uyandığında bir şeylerin farklı olacağını düşünüyorsan yanılıyorsun. Olmayacak. Senin hakikati hatırlıyor olman dünyadaki rolünü ve yapman gerekeni değiştirmez.

O nedenle insanları yaptıklarıyla yargılamak çok saçma!

Çünkü bir katil bile senden daha ilerde ve daha uyanık olabilir! Bilemezsin.

Hakikat dünya rüyasından bağımsızdır. Hakikat dünyada olan bitenden etkilenmez, değişmez. Dünyada olan biten de senin hakikati hatırlamanla değişmez. Senaryo neyse o. Hakikati hatırladığında her şey bir oyun ve her şey oyun. Hakikati hatırlamadığında ise dünya; ağır, korku dolu, tehditkâr, hatalar içeren yer. Herkes uykuda (aynen senin gibi) ve kimse ne yaptığını bilmiyor. Dünyada işler böyle yürüyor. Dünyada gerçekten kimse ne yaptığını bilmiyor. Bunu göremiyor musun? İnsan tarafının algısına ve yargısına güveniyorsan yandın ki ne yandın! Cehennem orası! Çünkü onun algısında savaş, suç, ceza gerçek. Oysaki hakikat algısında "Bunlar dünyada olan bitene yükleyebileceğin anlamlar" ama hapishaneye bile girmiş olsan bu filmde var sadece.

**Gerçekte Olduğumuz Yer**

İnsanlığın bir başka sorununa geliyorum. Hazır mısın?

*Sen kendini bedeninin içinde zannediyorsun, halbuki değilsin.*

Yüzündeki şaşkın ifadeyi görüyor gibiyim! Demiştim hakikat şaşırtır diye!

Bulunduğun yerde kafanı kaldır ve biraz etrafına bak. Neler görüyorsun? Dikkatle bak... Yavaş yavaş... Her bir şeye odaklan... *Neler görebildiğini iyice belirle*, iyice kavra... Buna vakit ayır.

Şimdi bir de neler göremediğine bak. *Neler göremediğini belirle*. Mesela evinin salon bölümündeysen mutfağı, yatak odanı veya banyoyu göremiyor olman gerekiyor. Tabii salona açılan açık mutfak olmadığı müddetçe! İyice bak etrafına ve neler göremediğini belirle. Mesela, ofisindeysen evini göremiyorsun, öyle değil mi?

Demek ki sen bir tek sen neredeysen orayı görüyorsun, öyle değil mi?

Sen ofisindeysen orayı, yatak odandaysan orayı, havaalanındaysan orayı, uçaktaysan orayı görüyorsun.

Peki sen sadece bulunduğun yeri görebiliyorsan, şu anda neredesin?

Bedeninin içinde misin yoksa dışında mısın?

Gördüğün yerde misin yoksa görmediğin yerde misin?

Sen gördüğün yerdesin.

Şu anda burada... Bak etrafına, gördüğün her yerde...

Ve sen kendini yıllardır bu beden dediğin şeyin içinde zannediyorsun! Bu, tek kelimeyle, komik!

Bedeninin içinde olsaydın mideni, böbreklerini görüyor olman gerekirdi! Öyle mi? Mideni mi görüyorsun şu anda, yoksa karşındaki koltuğu mu?

O zaman sen burada, bulunduğun yerde misin yoksa bedeninin içinde mi?

Senin olduğun yer; baktığın yer mi yoksa göremediğin, bedeninin içi mi?

Sen neredesin?

Ve hatta... Sen kimsin? Hangisisin? Bu beden mi yoksa gördüklerin mi?

*"Dünya kendini gördüğün dev bir ayna" derken palavra sıkmıyordum herhalde(!)*

*Sen gördüğün yerdesin. Gördüğün her şey sensin.*

Sen neredeysen sadece orayı görüyorsun. O zaman sen bu bedenin içinde misin yoksa bu odanın içinde mi?

Şimdi "içinde olduğunu zannettiğin bedenle" ilgileniyor olmanın saçmalığını görebiliyor musun?

Odağın; ya dünya rüyası-senaryo ya da hakikat. Aynı anda iki dünyaya odaklanamazsın. O nedenle: *Senin gerçeğin hangisi?* Bunu seçmelisin.

Özünle ilgileniyorsan –kendi adıma örnek vereyim– Nevşah ile ilgilenemezsin. Nevşah ne yapmış, yaptığı şey doğru muymuş, yanlış mıymış, dünyaya etkisi olmuş mu olmamış mı, umurunda olmaz. Eğer umurundaysa zaten dünya ile ilgileniyorsun, odağın dünya ve bedenli gerçek.

Hepimiz biriz derken bedenli dünya kastedilmiyor, hepimizin canı bir demek bu. Bedenler bir değildir ve olmayacak da. Cinsel ilişkideki birleşmede bile tam bir birleşme olmuyor.

Hakikatten ayrılma/Tanrı'nın kendinden ayrılması hiç gerçekleşmedi... Çünkü o bütün. Dünya o nedenle gerçek değil zaten. Hakikat seviyesinde ikilik olamaz. Dünyadaki algında ikilik var. O nedenle bu algı da dünya da hakiki değil.

Ayrılma illüzyonuna girdiğimiz zaman, yani, kaybolduğumuz zaman evimizden, hakikatten ayrıldığımızı düşündük. Oysa bu hiç gerçekleşmedi.

Bu "evden ayrılma rüyası" doğal olarak içinde "eve dönüş rüyası"nı doğurdu. Bakın "yarattı" demiyorum, "doğurdu" diyorum. Çünkü evden ayrılma da eve dönüş de bir yaratım değil, bir doğuş. Rüyaya doğuş. Ve bunun ölüm ile arasında bir fark yok. İkisi de aynı illüzyon içinde.

Sahip olduğumuz bilinç (rüyayı gören) ikiye ayrılıyor. Bilincin bir yarısı ego bilinci. Rüyayı gerçek zanneden, bedenin gözlerinin gördüklerine inanan, beş duyusu ve algısı ile yaşayan insan... Bilincin diğer yarısı ise hakikati hatırlayan mucize bilinci, öz-ben veya ruh veya can... Ve hatta nefes.

Bilincin bir yarısı unutmuş, diğer yarısı hatırlıyor. Rüya görüyor olmak için unutman gerekir.

Bilincin bir yarısı bedenli tecrübeleri, bedenin hazlarını, zevklerini, acıları gerçek gibi algılıyor, diğer yarısı tüm bunların gerçek olmadığını biliyor. Bu hatırlayan tarafı oraya Tanrı koymuş gibi görünüyor ama tabii ki durum böyle değil. Uyanış planı uyku planının bir parçası ve ikisini de Tanrı ile özdeşleştirmek garip olur. Tek hakikat bozulmadan kalır. Rüya diye var olmayan bir şey ve ikilik onun içinde yer alamaz. Hakikat de iki olamaz, *bir* olabilir sadece.

Bilincin iki yarısı aslında bir elmanın iki yarısı gibi; aynı yolun gidişi ve dönüşü. Aralarında fark yok. Dünya zemininde her şey farklı göründüğü için farklı görünüyorlar. Biri dünyada kaybolma rüyası, diğeri dünyada hakikati hatırlama rüyası. Bu iki ayrı görünen aslında bir olan yolun ne olduğunu bence herkes ruh ikizi ile karşılaştığında anlıyor. Ruh ikizimiz, ruhumuzun diğer yarısı, biz hangi bilinci seçmişsek diğerini seçiyor. Bir kovalamaca gibi.

Ben hakikate bakarken o illüzyona bakıyor. Ben hakikate inanırken o illüzyona inanıyor. Ben illüzyon tarafına geçtiğimde o hakikatte kalıyor. Asla aynı yöne bakamıyoruz. Ben ne seçersem ruh ikizim tam tersini seçiyor... Ve asla birbirimize bakamıyoruz, birbirimizi görmekte, anlamakta inanılmaz zorlanıyoruz. Ve bir gün, total denge ve durgunluk sağlandığında, iki taraf da dünyadan da hakikatten de alacağını aldığında, derin bir nefes alıp durabildiğinde... Birlik kapısı açılacak. O gün şimdiden belli zaten.

Şu an seçmen gerekiyor. Seçmeyene kadar da seçim yapman gerekiyor.

Ego bilinci veya mucize bilinci, biri diğerinden iyi veya kötü değil. Biri dünyaya giden yol, diğeri hakikate. Biri dünya gözleri ile gördüğün yol, dünyayı deneyimlediğin yol. Diğeri hakikatin gözleriyle gördüğün yol. Zaten kavramamız gereken nokta bu.

Kendimden örnek vereyim; benim hikâyem mucize bilincine teslim olmuş şekilde başlıyor. Doğuştan hatırlıyorum hakikati. Doğduğum günden beri kendi kendime "Tüm bunlar gerçek değil" diyorum. Hakiki ilişki içinde bir deneyim yaşıyorum.

Benim dünya tecrübemde mucize bilinci, Tanrı'nın cevabını yansıtan, mesajını taşıyan bilinç olduğu için buradaki unutan ve kaybolan bilincin tek ihtiyacı. Bir bilinç ne kadar kaybolduysa bu bilinç o bilince o kadar su gibi geliyor, aradığı her şeymiş gibi geliyor. Çünkü bu kayboluş ve eve dönüş kesin, ama kayboluş realitesinin içinde bir daha hiç geri dönemeyecekmişsin gibi bir his de var. Dolayısıyla geri dönüş yolculuğu içinde olan ve cevabı yansıtan bir bilinç gördüğünde ego bilincinin tek bir cevabı var ona: Kızmak. Çünkü burası, buranın aradığı her şey, şekil itibariyle... Ama bu, ikisinin aynı yol olduğu gerçeğini değiştirmiyor. Evet, ego bilinci öyle düşünüyor. Ego bilinci, mucize bilincinin daha üstün bir şey olduğunu düşünüyor. Çünkü ego bilmeyen-öz-ben bilen, ego hata-öz-ben cevap. Ego/insan hatalı düşüncenin ürünü, hakiki ben ise onun düzeltmesi. O yüzden mucize bilincini gördüğünde o da onun gibi olmak istiyor ve hiçbir zaman olamayacağı için kızıyor. Ego bilincinin yolu asla hakikate çıkmaz. Ego bilinci mucize bilincine varmaz, asla onun özelliklerine ulaşamaz.

Bu nedenle de ego bilincini seçmiş kişiler, mucize bilincini seçmiş kişilerin dünya planındaki özgürlüğünden, rahatlığından, gamsız ve umursamazlığından fevkalade rahatsız olurlar. Onlar da öyle olmak isterler ama seçtikleri bilinç sebebiyle olamazlar. Bilinçlerinden seçimi değiştirmek yerine, kendilerini değiştirmeye çalışarak vakit kaybeder ve daha da sinirlenirler.

Mucize bilincini-hakikati hatırlar halde kalmayı seçerek doğmuş bir çocuk olarak ego bilincinin saldırılarına açık olduğumu ve bu saldırılardan insanlık hakkında çok şey öğrendiğimi söyleyebilirim. İnsan/ego –ister bunu fark etmiş olun ister olmayın– saldırgan bir durum. Sürekli olarak saldırıyor, zihninde eleştiri ve yargılar ile, bedeni ile, her şeyi ile sürekli saldırı halinde. Ve çok şükür ki o bir insan/ego, dolayısıyla saldırıları gerçek değil. "Saldırı gerçek değil" cümlemi detaylandırayım: "Dünyadaki diğer şeyler gerçek, saldırı değil" demek istemiyorum. Sürekli saldırı halinde olan şey-ego-insan gerçek olmadığı için, saldırı gerçek değil. Yoksa insan ya da ego denen şey saldırgan zaten, doğasında var bu. Doğasını yadsıyan samimiyetsiz insanlar bunun aksini söyleyecekler tabii ki(!)

Hakikat seviyesinde, mucize bilinci veya ego bilinci hangisini seçersen seç fark etmiyor, hakikatte ikisi de yok. Ama biri rüyaya dalış, diğeri eve dönüş yolu. Bu kitabı okuyorsan mucize bilincini seçme vaktin gelmiştir ama bu da bir hakikat.

Mucize bilinci, ego bilincinin "ulaşmak istediği yer". Ego, yani insan, hakiki kimliğin özelliklerine sahip olabilmek için debelenip durur. Bir gün gelecek ve o insan tam ve mükemmel olacak zanneder hep. Yazık. Uykuda olduğu için insanın hiçbir zaman hakiki kimlik olamayacağını bilmez, ulaşılamayacak hedefler peşinde koşar. Ve kıskanır. Hakiki kimliğini seçmiş, özgür, pervasız, umursamadan, dilediğince yaşayan, limitleri olmayan kişi; sınırlayamadığı kişileri kıskanır. Kendisi de öyle olmak ister ama olamaz. Debelendikçe dibe batar ve kıskançlığından çatlar nihayetinde! Uyandığı andır o. Allah herkese böyle kıskançlıktan çatlamayı nasip etsin(!) "Çalış senin de olur" diyeceğim ama ne yazık ki hakiki kimlik seçimi çalışmakla olmuyor.

Ego bilinci, mucize bilincini "ulaşılacak bir yer gibi" görür. Hakikati seçmiş, özgür bir ruh ile karşılaştığında o kişinin durduğu yere bakar ve onu, orayı ulaşması gereken bir yer olarak görür, sonra da debelenip durur oraya ulaşabilmek için. Oysa ego bilinci ile hakikate ulaşılmaz. Sonra kızar, ulaşamadıkça, özgürleşemedikçe, özgür bir ruh olamadıkça paniğe kapılır ve kaçar. Kendisinden yukarıda gördüğü, mucize bilincindeki kişiyi görmeye daha fazla dayanamaz ve kaçar. Onun hatalarını bulup çıkartmak ve onu hayallerinde kendi gibi yapmak için kaçar. Oysa hakiki kimlik, ego bilinci onun hakkında ne düşünürse düşünsün asla bozulmaz. Aynı hakikat ile, gücü, sevgisi ve ışığı ile durur, büyümeye, ilerlemeye, yaratmaya devam eder.

Ego bilinci ne yaparsa yapsın mucize bilincinde olan kişiyi durduramaz, önleyemez. Hakiki kimliğini kabul etmiş bir kişiye dünyada bile tüm kapılar açıktır, her işi yolunda gider, önündeki tek engeli kaldırdığı için hiçbir engeli yoktur. Bu durum ego bilincini, yani limitler ve engellerle karşılaşan ve debelenen kişiyi daha da sinir eder.

Oysa hakikat ulaşılması gereken bir yer değildir. Hakiki kimliğimiz zaten hakikatte sahip olduğumuz kimliktir. O değişmeden orada durur, sadece onu seçmemizi bekler. Ama bu seçim risklidir. Çünkü ego bu seçimi yaptığında, insan tarafını özgür bıraktığında, o tarafın ne yapacağını kestiremez ve korkar. Özgür bir insan her şeyi yapabilir! Bu, egoyu ve dünyayı çok korkutur...

Çoğu insan özgür halinden korkuyor desem, beni anlayabilir misiniz? Özgür ruh ile birleşen insanın gücü, sınırsızlığı, koşulsuzluğu tüm dünyayı korkutabilir. Ve korkutmalıdır da! Çünkü dünyanın böyle bir kişiyi durdurma gücü yoktur. Hani denir ya; tüm dünya gelse karşısına onu durduramaz! Hakikati hatırlayan bilinç seçimi gerçekleştiği zaman bu olur... Ve bu durum kalıcıdır. O durmak istediğinde durur, ilerlemek istediğinde ilerler. Ego, özgür ruha hükmedemez. O nedenle ego için özgür ruh tehlikelidir. Terbiye kurallarına, "iyi insan" kutucuğuna, tariflere, kalıplara uymaz...

İster ego bilincinde ol, ister mucize bilincinde, bir şey fark etmez, ikisi de aynı yol. Biri gidiş, biri dönüş sadece. Sen yolun hangi tarafındasın? Cevaplaman gereken soru bu.

Eğer bugün bu kitabı okuyorsanız eve dönüş yolculuğunuz başlamış olduğu içindir. Bu yolculuğun neresinde olduğunuz fark etmiyor. Eve dönmüş bir bilincin yansımasıyla tamamen kaybolmuş bir bilincin yansıması aynı şeydir. Sadece seçimler farklıdır. Biri kaybolmayı, diğeri ise eve dönmeyi seçmiş durumdadır.

Yönünü seç. Şimdi. Hemen.

Dünyaya mı dalacaksın? Eve mi döneceksin?

Çünkü iki yoldan da eve dönebilirsin. Hatta bu iki nokta, ruh ikizliği noktası... Hakikati hatırlayan bir bilinç ile tamamen kaybolmuş bir bilinç birbirinin yok edicisi. Hatırlayan taraf, unutan tarafı yok ediyor. Yani hatırlayan taraf, unutan taraf için hep bir tehdit.

Ruh eşleri ve ruh ikizlerini detaylı şekilde anlattığım ve bu konuda çalışmalar yaptığımız ilişkiler seminerimde bir katılımcım "Ben ikisinin birleşmesi gerektiğine inanıyorum" demişti. Ego için belki de kabullenilmesi en zor noktadır ayrılık içinde olduğu... İnsan ve ruh; dünya planının, ayrılığın bir parçası. Dünyanın ve bilincin olduğu seviyede, ruhların olduğu seviyede birleşme mümkün olamaz.

Hakiki birleşme; birlikte, teklikte mümkündür. Tek olan birdir. İki olan bir olamaz, birleşemez de. Tek olan tek şey var, o da Allah. O nedenle ruh ikizlerinin birleşmesi bir hayalden öteye gitmez. Bir araya gelebilir, tanışabilir, karşılaşabilir, arkadaş, sevgili olabilirler... Ama biri bir yöne, diğeri diğer yöne baktığı için asla birbirlerini anlamazlar. Birbirine sırtı dönük iki insan gibi. Hep farklı yöne bakmaya programlıdırlar. Ve fakat tek amaç noktasında bir kaldıkları zaman, yani dünyada hakikatin hatırlanması için birlikte çalıştıkları, birlikte hareket ettikleri zaman mucizeler yaratabilirler! Bir elmanın iki yarısı gibi oldukları için dünyada birbirlerinin görmedikleri yerleri görebilirler. Birlikte dünyayı 360 dereceden izleyebilirler. O nedenle birlikte yarattıkları her şey dünya fikrinin tamamını gözler önüne serer. Bu, dünyanın uyanışı için çok önemli bir adımdır ve bunu ikisi de bilmektedir. Bu, ruh ikizlerinin birleşmesi, birlikte çalışması ve yaratması demektir. Onlar sırt sırta verip çalıştıkları zaman dünya görmeye başlar. Işık kanalı açılır.

Bir başka katılımcım şöyle bir yorum yapmıştı: "Ben yonca olarak, Tanrı'nın yansıması olarak konuşup, hareket edip, davrandığım anda... Yani iki benlik yok. Ruh, beden vesaire... İkisinin birleşmesi gerekiyor."

İki benlik var. Çünkü benin başladığı anda ve yerde, Tanrı ve ben fikri doğar, ki bu ikilik imkânsızdır. Hakikatte sadece Tanrı vardır, tek olan odur, o nedenle "Tanrı'nın yansıması" denilen şey hakiki değildir zaten.

Hakikat tektir. O seviyede ego bilinci de yok, mucize bilinci de. Ve hatta bilinç yok. Ayrım, ayrılık, ikilik yok.

Tanrı ve... Dediğin an durman gerekir. Tanrı'nın yanında "ve" olmaz.

O tektir ve tek hakikattir. Ve'si yok, devamı, önü arkası olamaz O'nun.

Hakikatte ego bilinci de yok, mucize bilinci de yok, sadece Tanrı var. Tek gerçek var ve Tanrı dediğim an diğer her şey biter zaten.

*Hakikat tek* ise, bu seviyede hiç olmayan ve hiç olmayacak olan çift veya çoğuldur. Yaradan'ın tekliğinde ve birliğinde tek olmayan, çoğul olan bir şey var olamaz. İşte sana hakikat.

*Sonsuz tekliğin içinde çoğul olabilir mi?*

*Sonsuz sevginin içinde nefret olabilir mi?*

*Sonsuz ışık! Herhangi bir yerinde bir karanlık var mı?*

Şimdi sen hakikate tek derken, hakiki olmayan bir yerde tekliğin olabilmesi mümkün mü?

Yine bir başka katılımcım, mucize kursu seminerimde ben bunları söyledikten sonra şöyle demişti: "Teklik dünyada da olmak zorunda. Tanrı'nın dünyaya inebilmesi için." Bana göre egonun hakikate yaptığı binlerce açıklamadan biri daha bu. Ego sürekli olarak hakikati bildiğini iddia ediyor ya, bu gerçekten inanılmaz. Bunu hiç yılmadan ve hatta nefes nefese yapıyor olması da cabası!

Ben de ona şöyle cevap verdim: "Tanrı dünyaya inmeyecek. Sonsuz olan, tek olan; ikiliğin olduğu dünyaya inemez. Dünya hakiki bile değil, burada hakikatin olmasını nasıl beklersin? Böyle bir şey olmayacak. Tanrı dediğim anda, ağzımdan bu kelime çıkarken Tanrı anlamını yitiriyor. Bu ölümlü bedenin ağzından Tanrı kelimesi çıktığı an o söz artık Tanrı'yı anlatmaktan uzak. O nedenle belki de yazman en iyi yol. Ölümlü bir bedenin ağzından çıkmasın diye. Tanrı sözcüğü ağzımdan çıktığı anda anlamını kaybetti. Onun varlığında ego bilinci de mucize bilinci de yok. Bilinç yok zaten, sadece o var. Başka da bir şey yok."

Mucize bilincinin ışığı gerçek ışık mı? Hayır! Mucize bilinci veya peygamber bilinci, Tanrı bilinci mi? Hayır! O bu dünyanın algılayabileceği bir şey değil. Yaradan'ı dünya boyutunda anlayamazsın. Sen O'nun varlığında yoksun... O'nu nasıl anlayabilirsin?... Ama O'nu hissedebilirsin. Ne zaman? Hiç olduğunda.

*Çünkü sen Tanrı'nın varlığında bir hiçsin.*

*Tanrı dünyada olamaz.*

*Varlık yokluğun içinde olamaz.*

*Varoluşun içinde yok oluş var mı?*

Hiç olmayan, hiç yaratılmamış bir yer dünya rüyası. Sadece bir fikir, bir önerge. Yokluğun kendisi. Varoluş, yok oluşun içinde nasıl olacak? Olamıyor, mümkün değil. Bir rüya görüyor ve sen rüya gördüğünü görüyorsun ve o rüyada iki tane bilinç var. Bir dünya bilinci var dünyaya kapılmış ve bir de hakikati hatırlayan bilinç var. O kadar. Bu rüyada ikisi var sadece ve ikisi arasındaki ilişki.

Mesela akşam rüyaya daldığında kendini kaptırıyorsun ama sanki bir yandan da rüya gördüğünü biliyor bir tarafın. İşte o bilen taraf mucize bilinci, kaptırıp giden taraf da ego bilinci. Tanrı'ya baktığında, Tanrı rüyanın içinde değil zaten, o uyanık. O ışığın kendisi. Senin ne rüya gördüğünü bilmiyor. Hatta rüya gördüğünü bile bilmiyor. Bilmediği için değil, sen bilinecek bir şey olmadığın, var olmadığın için.

Sen mucize bilincini mi seçiyorsun, ego bilincini mi seçiyorsun, ne görüyorsun, ne yapıyorsun? Soru bu.

Olmayan bir şeyin içinde varoluş olamaz. Ve var olmayan şey zaten varoluşun onu görmesini ve kabul etmesini istiyor. Yani şeytanın, Tanrı tarafından cennetten kovulması hikâyesi zaten şeytanın yaratımı.

*Işığın kendisi zaten karanlığı bilir mi?*

Mesela karanlık bir oda! Işığı yaktığım anda karanlık kalıyor mu? Sonsuz ışık karanlık bilir mi? Sonsuz güzellik, sonsuz iyilik içinde şeytana ne oluyor? Yok. Ama şeytan var olsun, Tanrı onun varlığını kabul etsin ve üstüne cennetinden kovsun istiyor. Ve ego bilincini kahreden şey nedir, biliyor musunuz? Tanrı'nın onun varlığını görmüyor ve kabul etmiyor olması!

İnsana "Sen bir hiçsin" dediğimde çok kızıyor. İşte rüyanın dibi.

Ego bilinci görülmediğinde çıldırıyor.

*Her insanın bir melek ve bir şeytan tarafı vardır.*

Ve bu ikilik onun hakiki olmadığının teyididir. Madalyonun iki yüzü insanın ve dünyanın bir rüya olduğunun ispatıdır. Hakikat iki olmaz. O tektir çünkü.

İnsan "Hakikatin dışında, Tanrı'nın yaratmadığı bir yer olsa nasıl görünürdü?" fikrini deneyimleyen kişi... Dünyayı dünya gözüyle görebilecek kişi, o rüyanın içindeki masal kahramanıdır. Bir masal kitabının içinde olmak nasıl bir his olurdu sorusuna cevap verebilmem için benim masal kitabındaki karakterlerden biri olmayı deneyimlemem gerekir, öyle değil mi? Dünyada olmak nasıl olurdu? Tanrı'nın tek hakikatinin dışında bir deneyim nasıl olurdu? Aynen böyle olurdu işte: Düalite dünyası.

## Dünya Rüyası

Çoğu kişi beden öldüğünde ruhun huzura kavuştuğuna ve Tanrı'nın yanına gittiğine inanmak istiyor. Sizleri anlıyorum, eminim bu inanç içinizi ferahlatıyor ama bilinç uyanmayı ve eve dönmeyi seçmediği müddetçe bedenin ölümü sadece yeniden bir doğumdur. O ölüm tecrübesine yaklaşan insanların anlattığı ışık görme deneyimi var ya... Bir tünel ve sonundaki ışık... O tünel bir başka annenin rahmi sadece. Dünyada yaşamaya geldiğin her şeyi yaşayıp, yapmaya geldiğin her şeyi yapmadığın müddetçe, her ne rolde olursan ol, o rolün gerekliliklerinin tamamını gerçekleştirmediğin müddetçe fazla uzağa gidemezsin. Çünkü halen daha dünyaya anlam yüklüyor, itibarını, insanı, dünyayı önemsiyor ve öz gerçeğini, hakikatini yaşamıyor, rolünü oynamıyorsun...

*Üstlendiğin rolü satır satır oynayana kadar dünyadan özgürleşmek yok.*

Dünyadaki rollerin hiçbiri iyi veya kötü değil. Yaşanan deneyimlerin hiçbiri ne iyi ne kötü. Fakir olmanın zengin olmaktan, sakat olmanın ünlü bir sporcu olmaktan farkı yok. Dünya seviyesinde tabii ki farklı bu deneyimler, ama hakikat noktasında hepsi aynı illüzyon, hepsi aynı rüya. Bir rüyada fakir olmuşsun, zengin olmuşsun ne fark eder ki? İkisi farklı deneyimler sadece. Rüyadaki deneyimler ne iyi olabilir ne kötü. Sadece gerçek değildirler. Eşit derecede gerçek değildirler.

Bazılarının aileleri var, bazılarının yok. Bazı insanlar büyük aşklar yaşar, diğerleri aşk nedir bilmez. Bazı insanlar çok çalışır, diğerleri hiç çalışmaz. Fark etmez. Neyse o. Bir anlamı yok bu deneyimlerin hiçbirinin.

Dünyada iyi de yok kötü de. Dünya yok. Öyle bir yer yok. Tanrı'nın hakikati gereği dünya hakikatte yok! İnsan hiç. Dünya yok ve bu hakikat Yaradan'ın koruması altında. Dünyanın yokluğu Yaradan'ın garantisi altında olduğu için beden ve ruh, ikilik dünyası bu dünya...

Dünyada, bilincindeki ayrımı bilmek ve ayırt etmek önemli sadece.

Bilincin ikiye ayrılmış durumda çünkü. Bilincinin bir yarısı ego bilincine, dünya rüyasına hizmet ediyor, diğer yarısı mucize bilincine, hakikate hizmet ediyor. Bilincimizin dünyaya hizmet eden tarafı uykuda, hakikate hizmet eden tarafı uyanık. Uyuyan taraf asla uyanmayacak, uyanık olan taraf ise asla uyumadı. Bu ikisi arasındaki ayrımı yapabildiğiniz vakit dünyada tüm problemleriniz sonlanır. Çünkü o zaman egonuzu uyandırmaya çalışmaktan vazgeçer, uykuda olmak istemediğiniz zaman uyanık tarafınıza döner, dünyada işler yolunda gitmediğinde veya dünyada bir şeyler başarmak istediğinizde de bunu nasıl yapacağınızı bilen tarafa, egonuza dönersiniz, olur biter.

Dünyada ne yapmanız gerektiğini egonuz biliyor. Ona, içsesinize sorun, size ne yapmanız gerektiğini söylesin. Onu dinleyin ama. Onunla savaşırsanız bu hiç de basit olmaz. Ve bu savaşı asla kazanamazsınız. Senaryoya kafa tutmayı bırakın ve rolünüzü oynayın! Senaryoyu yazan sen olmadığın için onu değiştiren de sen değilsin, kasma! Sana söyleneni yap, içsesini dinle, rahat et.

Ve ayrım yap. Egonun olduğu yer yapma dünyası. Dünyada ilerlemek istiyorsan hep bir şeyler yapmak zorundasın. Oysa hakiki dünya böyle değil. Hakikati hatırlayan tarafın, olma dünyası. Varoluşu hatırladığın yer. Bu alanda bir şey yapmana gerek yok. Ve hatta hiçbir şey yapmadan durman gerekiyor. İnsanlar bu yüzden meditasyon yapıyorlar. Durduğun an hakiki kimliğin devreye giriyor. Ve ruhen ihtiyacın olan her şey o alanda mevcut. Kendini iyi hissetmek, huzurlu, dingin, mutlu olmak için bir şey yapmana gerek yok, tek yapman gereken durup hakiki kimliğini kabul etmek.

Hakikati anlamaya çalışarak anlayamazsın, bilmeye çalışarak bilemezsin. Debelendikçe hakiki kimliğinden uzaklaşırsın. Tek yapabileceğin şey izin vermek. Orada başlıyor her şey. Orada hakikat akıyor. Ben ben olduğumu kabul ettiğim zaman akıyor. Hatırlamaya çalıştığın zaman hatırlayamazsın. Hatırlayan tarafına izin verip onu kabul ettiğinde hatırlarsın.

Uyanmaya çalışırsan uyanamazsın. Çünkü uyanma çabasında olan insan tarafın, egon asla uyanmayacak. Uyanamayacak bir şeyi neden uyandırmaya çalışasın ki? Boşa enerji harcamak olmaz mı bu? Onun yerine, uyanık olan tarafına dönmek daha iyi bir fikir değil mi? Hakiki kimliğin ışık zaten, o hep uyanık, diğerini niye uyandırmaya çalışıyorsun?

Bil ki dünyaya bakan tarafın dünyayı gerçek zannediyor. Bedenin gözleri ile gördüğün her şey egona gerçek geliyor ve bunu değiştiremezsin. Sadece bedenin gözlerinin aslında hakikati görmediğini idrak edebilirsin. Tamam, onlar gördüğünü görmeye devam etsinler, onları hakiki zanneden bir tarafın da olsun, problem değil, ama sen aynı zamanda tüm bunların hakiki olmadığını da hatırla. İşte o zaman tüm problemlerin mucizevi bir şekilde çözülmüş olur! Ve problemlerinin hiçbiri çözülmeden olur bu! Problemlerinin hiçbirinin gerçek olmadığını hatırlarsan zaten artık çözülmelerine bile gerek kalmaz, güler geçersin hepsine!

Hakikatten dünyaya baktığımızda burası bir hayal âlemi. Âdem o hayali, dünya rüyasını seçiyor, dünyayı deneyimlemeye gidiyor, Havva peşinden onu geri döndürmeye gidiyor. Senaryo bu.

Özellikle dişi enerjiyle ilgili şunu söyleyebilirim: Âdem buraya niye geldiğinin ve yaşamının ne anlam ifade ettiğinin farkında. Havva buraya neden geldiğini bile bilmiyor. Muhtemelen bir şeyin peşinden geldi ve onu arıyor. Erkeğin böyle bir olayı yok.

Havva'nın tek derdi Âdem(!)

Hayatının kadınını bekleyen erkek pek yoktur, ama hayatının erkeğini bekleyen çok kadın var. Kadının olayı bu! Çünkü böyle bir durumu, görevi var. Kadın kaybolan erkeği geri döndürmeye geliyor dünyaya. Ama çoğu kadın bunu unutuyor tabii. Benim hatırlatmamı bekliyorlar(!)

Erkek başka şeylerle meşgul; onun derdi bile değil eve dönmek. Bana sorsalar erkek mi yoksa kadın mı olmak istersin diye, ikisini de isterdim, çünkü ikisi de süper tecrübeler. Bu yaşam deneyimimde eve dönüşü garantilemek istediğim için kadın olduğumu düşünüyorum. Riske atmak istemedim herhalde(!)

Evet, erkek dünyaya gidiş yolculuğunda, ama gidiş ve dönüş yolculuğu arasında bir fark yok. İkisi de rüyanın içi. Hatta bence geri dönüş yolculuğu biraz sıkıcı bile. Hakikati her an hatırlıyorsun ama insanlar senin hatırladığın gibi hatırlamıyorlar. Bekliyorsun herkes hakiki kimliğine dönsün de senin gördüklerini görsün, bildiklerini bilsin diye... Bu bazen çok sıkıcı olabiliyor. Ve bazen de çok komik! İnsanların nelere kızdıklarına, nelerden motive olduklarına gülmeden edemiyorum mesela! Özellikle de kendi insan tarafıma çok gülüyorum! Küçük bir çocuk gibi davranıyor çoğu zaman. "gibi"si fazla, o küçük bir çocuk. Tüm insanlık gibi!

Gerçekten de kaybolma yolculuğu daha eğlenceli. Hiçbir şey bilmiyorsun ve bilmediğini bile bilmiyorsun! Ooooh takıl(!)

Erkek çocuklara bakıyorsun, küçük yaştan itibaren arabalar,

aktivite, spor... Başka bir olayın içindeler. Kıza bakıyorsun mıy mıy mıy... Olayı herhalde anlıyorsunuz(!)

Dünyadan, bedenli âlemden "hakiki olmadığını görmek dışında" bir çıkış yolu yok.

Bir mucize kursu'nda "Yapacak bir şey yok yani. Buradayız, tıkandık kaldık" demişti bir katılımcım. Yani... Evet. Bir zihnin olduğu müddetçe dünyadan çıkış yok. Zihnin ötesine geçmen gerekiyor. Bunu da ancak nefesinle yapabilirsin. Bana göre, tek çıkış yolu nefesinden geçiyor. Bedenli âlemde mutlaka bir şeyleri kendine ispat etmeye çalışıyorsun. İspat edilecek hiçbir şey yok aslında ama "düşündüğün" noktada zihnin, egonun ve kolektif bilincin esirisin. Ve düşünmemen mümkün değil. Ve hatta düşünmek dünyada kesinlikle gerekli. Dünyada düşünerek hareket etmelisin, yoksa varmak istediğin yere varamazsın.

Hakikatin hatırlandığı bilinç; zihnin devre dışı kaldığı, nefesin tam, açık ve bağlantılı olduğu seviyedir. İnsanoğlu yüzyıllardır bu total bilinç haline ulaşmak için her şeyi denemiş: meditasyon, yoga, dualar, niyetler... Ve nefes. Tüm bunların yanı sıra, zihinden özgürleşmek ve hakikati hatırlayan bilince varmak ancak bağlantılı nefesle mümkün...

Bunun ne demek olduğunu anlayamıyorsanız şimdi hemen bir deneme yapalım. Gözlerinizi kapatın, rahat bir yere oturun, ağzınızdan derin ve bağlantılı nefesler almaya başlayın. Nefes almadan ve vermeden önce beklemeyin. Sürekli, birbiri ardına, bağlantılı nefesler alın...

Bunu 1-2 dakika yapın...

Bunu yaparken, bağlantılı nefesler alıp verirken, düşünebildiniz mi?...

Hayır.

Çünkü nefes bağlantılıysa zihin döngüsünden, egodan ve zaman illüzyonundan özgür kalabiliyoruz. İllüzyon bir yere gitmiyor belki, beden gözlerini açtığımızda halen daha orada ama nefes bağlantılı kaldığında (ki yeterince çalıştıktan sonra bu bir nefes alışkanlığına dönüşebilir) bizler sürekli olarak bu seviyede kalabiliyoruz.

İşte bu kitabın yazıldığı alana adım attınız. Bu kitap benim açık ve bağlantılı nefesim sayesinde yazılıyor. Uzun yıllardır yaptığım çalışmalar sonrasında şu anda belki de dünyada nefesi en açık kişilerden biriyim ve bu durum, bu hal, bu kitabın yazılmasını mümkün kıldı. Çünkü nefes açıksa her an hakikat seviyesinde kalabiliyoruz, her an gerçeği, dünyanın hakiki olmadığını hatırlayabiliyor, hayatımızda ne olursa olsun güven içinde, sevgi, ışık ve saflığımızı hatırlayarak devam edebiliyoruz.

Hakikati hatırlıyor olmak zihin beden tecrübesinde bir değişikliğe yol açmıyor elbette. Olayların akışı, ne olduğu, egobenin ne yaptığı değişmiyor. Ama ben o olmadığımı kolaylıkla görebiliyor ve kabul edebiliyorum. Çünkü nefesim bağlantılı ve açıksa dünya ve zaman illüzyonundan özgürüm. Ego-benden, insan tarafımdan özgürüm.

Kimileriniz şunu sorabilir: "nefesimi en üst seviyede nasıl açabilirim?" Size tüm kalbimle, en samimi şekilde cevap vereceğim... Bu konuda Türkiye'de de dünyada da birçok çalışma yapılıyor, birçok farklı nefes sistemi, seminerleri var. Ama bu kitaptaki bilgilerden de anlayabileceğiniz üzere nefesle gerçekten ileri bir seviyeye geçmek, adeta boyut atlamak ve dünyadaki kimliğinizden tamamen özgürleşmek istiyorsanız bunu yapabileceğiniz tek yer mucize kursu. Çünkü bu kurs bu niyetle hazırlandı. Sizlerin beden ve zihin tecrübenizden tamamen özgürleşmeniz, hakikate uyanmanız, rüyaya uyanmanız ve dünyada olan biten her şeyden, tüm hastalıklardan, negatifliklerden, hatalardan ve hatalı olan dünyadan özgürleşmeniz mucize kursu planı içinde mevcut. Nefesinizi açmak için özel seanslar yapabilir, birçok kursa gidebilirsiniz ama söz ettiğim gibi en üst seviyede açılım istiyorsanız, var olan en üst noktayı hedef aldıysanız, oraya ancak mucize kursunda varabilirsiniz.

Bu kitapta anlatılan bilgileri entelektüel seviyede anlayabilirsiniz belki. Zihninizde size mantıklı gelen yerleri olacak elbet. Ama bilin ki nefesiniz tam olarak açık ve bağlantılı olmadığı müddetçe, her seviyede doğal bir nefese sahip olmadığınız müddetçe insani algınızla burada yazılan bilgileri bile çarpıtıyor olacaksınız.

Son 12 yıldır on binlerce insanla çalıştım, sayısı bine varan nefes koçu yetiştirdim. Ve halen daha algının hakikati nasıl çarpıtabildiğini görüyorum. Halen daha her eğitimimde, her ekip toplantımda sizlerin insan algısından özgürleşmeniz için çalışıyorum. Bu bana göre bitmeyen bir yol. Nedense bana nasip olmuş ve ben de nedense daha dünyaya gelmeden önce bunu kabul etmişim, görevim karşısında boynum kıldan ince, hiç durmadan düzeltme yapıyorum. Algı hakikati çarpıtmaya çalışıyor, dünyada bazı şeylerin hakiki, bazılarının hakiki olmadığını iddia ediyor, ben düzeltiyorum ve "Kardeşlerim, hiçbiri hakiki değil" diyorum.

Dünyada hiçbir şey yok.

Somut dünya da soyut dünya da hakikatte yok. Beden de yok, ruh da.

*Hiçbir şey yok.*

Dünya zihnin ürünü. Zihindeki bir düşünce sadece ve içindeki her şeyle birlikte bir rüya. O düşünce "Hakikatin dışında bir yer olsa nasıl olurda acaba?" düşüncesinin genişletişmiş hali. Ego bilinci, dünya rüyasının başladığı yer ve dünya yolu. Bu düşünceye verilen cevap ise mucize bilinci: Hakikatin hatırlandığı yer ve eve dönüş yolu... Hakikatte ikisi de yok.

*Hakikatte yol yok.*

O nedenle yolda yaşananlar hakkında konuşmaya bile gerek yok.

Dünya rüyasını gören ego; insan bedenin gözle gördüklerini, ölümü, saldırıyı, savaşı, fiziksel zararları, kan akmasını, hastalığı ve aynı zamanda sevişmeyi, sarılmayı, gülmeyi, somurtmayı ve diğer dünyevi deneyimleri gerçek olarak algılıyor. Ana kumanda merkezi olan kolektif bilinçten emir alıyor, yapması gerekeni yapıyor.

Hakikati hatırlayan ruh benlik ise gönül gözü ile görüyor. Hakikati, dünyanın bir rüya olduğunu ve bu deneyimde yaşayan her şeyin eşit derecede illüzyon olduğunu hatırlıyor, baktığı yerde sadece kendisini görüyor. "İşte dünya ve ben izliyorum" seviyesinde kendi insan tarafını da diğer insanları da deneyime hiç müdahale etmeden, ne deneyimlenecekse hiçbirine anlam yüklemeden ve tamamına izin vererek, tamamından özgür, sadece olduğu halde duruyor.

Tekrar ruh ikizlerine dönersek... Big bang ve parçalanma anı... Dünya rüyasının başladığı an ve dünya rüyasının bittiği an... Aslında ikisi de aynı an. Çünkü dünya rüyası başladı ve anında bitti. Arada belki milyonlarca yıl ve milyarlarca farklı deneyim yaşandı ama tüm bu deneyimleri aslında ikiye bölünmüş bilinç yaşadı. Ruh önce ikiye, sonra dörde, sonra milyonlara bölündü. Ve sonra tekrar ikiliğe geri dönecek. Bu dönüş tamamlanma olacak.

Ruh ikiye bölündüğü an bir yarısı sağa, diğer yarısı sola doğru yola çıkar. İkiye ayrılmış bilinç olarak deneyime başlar. Bir taraf, erkek; dünyada kaybolma deneyimi içine girer, dünyanın dibini boylar. Dünyevi hazları, hayalleri, istekleri, arzuları, duyguları dibine kadar yaşamayı seçer. Sağ tarafa gider.

Diğer bilinç, kadın; hakikati hatırlama ve hatırlatma yolculuğuna başlar. Binlerce ve milyonlarca bilinci hakikate uyandırır. Aslında uyandırmaya geldiği tek bilinç vardır: İkizi. Ama onunla denge noktasında kalabilmeleri için ikisinin de hem dünya hem hakikat yolculuğunun sonuna gelmeleri gerekir. Kadın bunu bilir, erkeğin uyanmasını bekler. Erkek de kadının ona gelmesini bekler. Bu bekleme dengeyi sağlar.

Ruh ikizleri farklı yönlere gittikleri için dünya tecrübesinde birbirlerinin tarafında ne olduğunu göremezler. Arkalarını da göremezler. Sanki sırt sırta durmuş ve iki tersyöne bakarmış gibi. O nedenle de anlaşmazlık doğal durumlarıdır ruh ikizlerinin. Biri diğerinin gördüğünü göremez, diğeri de onun gördüğünü... Bu durumda "bir"likte müthiş bir yaratıcı enerji çıkacaktır açığa, "bir"likte dünyaya 360 derece açıyla bakabilir, tüm hataları düzeltebilirler. Bir kanal görevi yaparlar. Mevlana ve Şems gibi. "Bir"likten şifa doğar, güç doğar, yaratıcılık ve müthiş bir ilham ortaya çıkar.

Ruh ikizlerinin bir arada kalması zordur. Çünkü sürekli iki farklı yöne gitmek, farklı yönlerde ilerlemek isterler. Ama kendi içlerinde dengeyi bulmuşlarsa, "bir"likte durdurulmaz olurlar. Tanrı'nın dünyaya inmesi gibi bir güç ve gürültü çıkar ortaya, insanlık adına çok büyük işler yaparlar.

Merak ediyorsan bil ki ruh ikizi, senin arkan. O, senin arkanda. Kendini göremediğin noktada. O nedenle bir insan gölge tarafı ile barışmadan, iyi ve güzel yönleri kadar derin ve karanlık yönlerini, öfkesini, hırslarını, üzüntülerini, içindeki derin özlemi kabul edip kucaklamadan ruh ikizi ile birlikte, dengeli şekilde ilerleyemez. Ruh ikizleriniz ile beklentinizin ötesinde bir yolculuğa çıkarsınız. O nedenle ruh ikiziniz eşiniz, sevgiliniz veya hayat arkadaşınız olmak zorunda değildir. Hatta bu çok çok düşük bir ihtimaldir. Çünkü yol arkadaşları aynı yönde ilerler, oysa ruh ikizleri aynı yöne gitmezler. Onlar iki farklı yöne giden bir elmanın iki yarısı gibidirler. "Bir"likteyken büyük bir ilham kaynağı, ayrıyken ise rehberlik özellikleri çıkar ortaya. İkisi de kendi yönlerinde yüzlerce, binlerce insana rehberlik, liderlik ederler. Bir araya gelmeleri (ki bu uzun aralardan sonra olur) sadece birlik deneyimini deneyimlemek, hayata 360 derece bakış açısını deneyimlemek ve bilgiye kanal olmak içindir. Bir araya gelmelerinin; hayatı paylaşmak gibi, el ele yürümek gibi, eş-arkadaş olmak gibi amaçları yoktur.

Ruh ikizlerinin birlikte bulunduğu alanda tek amaç vardır: Yaradan'ın dünya zemininde kendini ifadesi.

Bu yazdıklarımın ne anlama geldiğini entelektüel olarak değil, ruhunuzun en derinliklerinde bir yerinde hissediyorsanız, ruh ikizinizle birlikte zaman geçiriyorsunuz, birlikte kanal oluyor ve yeryüzüne tanrısal yaratıcılığı indiriyorsunuz demektir. Ruh ikizlerinin karşılaşması başka bir misyon taşımaz.

Ruh ikizlerinin bir arada vakit geçirebilmesi için (bakın bir ilişki yürütebilmesi için bile demedim, çünkü bu farklı yönler gereği neredeyse mümkün değil ve gereği de yok) dengede olmaları şarttır. Bir arada huzurlu, mutlu ve sakin bir deneyim yaşayabilmeleri için kendi içlerinde ve yaşamlarında bir dengenin mutlaka oturmuş olması gerekir. Maddi manevi zorlandıkları dönemlerde ruh ikizleri bir arada kalamazlar. Çünkü zorlanmaların olduğu dönemler, insanın kendi yolculuğunda derinleştiği ve ruh ikizinden tamamen farklı bir yöne doğru ilerlediği zamanlardır. Böyle zamanlarda ruh ikizleri birbirlerine eziyet etmekten başka bir şey yapmazlar. Birinin elini tutmak, yanında olmak istemek ama hayatın seni tam ters tarafa atması gibi...

Ruh ikizleri; ortak zaman ve ortamda bir dans gibi birbirlerine uyumlu olarak adım atmaları gerektiğini iyi bilir veya iyi hissederler. Biri adım atar, diğeri geri adım atar... Biri ilerler, diğeri seyreder... Sonra sıra diğerine gelir. Aynı anda ilerleyemez, aynı anda atakta bulunamazlar. Biri atağa geçerken diğerinin beklemesi ve bu dengenin iyi kurulması gerekir.

O yüzden hep "Bir ruh ikizi dünyadayken öbür ruh ikizi ona

rehberlik eder" denir. Genelde biri bedende iken diğeri bedende değildir. Çünkü eğer kendi yolunda ve rahatsız edilmeden ilerlemek istiyorsan ruh ikizini dünyada yanında istemezsin. Yolunda gitmek istersin, seni yolundan çevirecek o gücü istemezsin. Ama bir an gelir, uyanırsın ve dönüş zamanı yaklaşır. O hayatında ruh ikizin elbet karşına çıkar. Diğer tüm hayatlarda ruh ikizinin sürekli arkanı aydınlatması gerekir, sen göremediğin için. Aydınlandığın hayatta artık karanlık tarafını da görmek istersin, ruh ikizin o zaman çıkar karşına.

Ruh ikizi ve ruh eşi farklıdır.

Ruh eşinle karşılaştıysan; onun derinliği hiç kimsede yoktur, onun gibi hiç kimse seni anlamıyor, kimse senin gerçeğini onun gibi göremiyordur... Çünkü o kendini ve seni bilendir. Ruhunun yansıması... Müthiş bir uyum vardır hakiki ruh eşi seviyesinde. Birçok kişi insanın birçok ruh eşi olabileceğini söyler. Evet, belki ruhumuza eş gözüken, eş değerlere sahip olan ve ruhsal seviyedeki hakikati barındıran birçok kişiyle karşılaşabiliriz ama hakiki tek ruh eşimiz var hepimizin. Tek ruhun bir yanının yansıması. Bu da dünyadaki tek eşimiz oluyor. Ayrılamayacağınız kişi, ruhunuzun yansıması... Ruhundan ayrılamayacağın için O'ndan da ayrılamazsın.

Ruhunla bir bütünsen eğer, sen kendini bildiğinde kendini bilen biri karşına çıkıyor. Dolayısıyla, o kendini bildiği için seni biliyor. Ruh ikizi ile ilgili en özet cümle: Beni benden iyi bilen veya beni benim kadar iyi tanıyıp anlayan...

Birçok insan ruhen ait olduğu kişiyi bulamadığı için boşanıyor veya ilişkilerini yürütemiyor. Tabii bir insanın hakiki tek eşini bulması için de aynen ruh ikizi ile karşılaşması ihtimali gibi önce ruhu ile yüzde yüz bağlantı kurması, ruh hakikati ile yaşaması gerekir. Aksi takdirde ömür boyu hiç ayrılmadan ve efor sarf etmeden, kendiliğinden ruhsal hakikat gereği devam eden birlikteliklerin oluşması imkânsızdır.

Sadece ruh eşleri ve ruh ikizleri bile üç günlük bir eğitim konusu(!) Konu ilginizi çekiyorsa tavsiyem, "ruh eşim ruh ikizim" eğitimime katılın.

Ruh ikizlerine dönersek; ruh ikizleri ilk dünya deneyiminde birbirlerinden ayrılırlar. Dünyada yaşamaya geldikleri her şeyi yaşayıp dünya rüyasını bitirecekleri yaşam deneyimi sırasında tekrar karşılaşır ve bir araya gelirler. Bir araya gelişlerin çoğu cinsel deneyimler-birleşmeler veya eşlik ilişkisiyle karıştırılır. Oysa daha önce de söylediğim gibi, ruh ikizlerinin bir araya gelmelerinin daha büyük bir misyonu vardır. Onlar evrenin var olmadığını görmek ve kendilerine ispatlamak için bir araya gelirler. Bu ne demek? Hakikat yolculuğunda son adım demek. Bu son adımı atabilirlerse, ki bu büyük cesaret, özgüven ve koşulsuzluk gerektirecektir, tüm insanlığı uyandırabilecek güçleri vardır ruh ikizlerinin. Tek şart: Koşulsuz birlikte çalışmaları ve yapmaya geldikleri görevi yapmalarıdır. Ruh ikizlerinin arasındaki ekstra çekim sebebiyle (tüm evren bu buluşma anını bekler) karşılaşmaları ilk etapta cinsel çekim veya fiziki birtakım duygularla karıştırılabilir. Ancak ilişkileri olgunlaştıkça bunun fiziki bir çekimin ötesinde, gerçekleştirilmesi gereken bir görev için bir araya gelme olduğuna uyanacaklardır. Bu görevi daha dünyaya gelmeden önce ikisi de kabul etmiştir. Önce dünyada kaybolacak, sonra birbirlerini bulacaklar ve eve dönecekler, yok olacaklardır. Bunu severek ve isteyerek yapmalı, olana izin vermelidirler.

Ruh ikizleri son hayatlarında, yani döngü tamamlanıp geri döndüklerinde tekrar karşılaşırlar. Pardon, karşılaşıyorlar demeyeyim, aynı zamanda aynı hayatta bedenleniyorlar diyeyim. Ruh ikizlerininki bir karşılaşma değil, buluşmadır.

O an geldiğinde, ikisi de hazır olduğunda, buluşma kendiliğinden ve en beklenmedik zamanda gerçekleşir. Yaşanan deneyim birbirini bulma deneyimidir, bunu ikisi de bilir ve hisseder. Bu olduğunda, birinci işareti söylüyorum: İki taraf için de süreç tamamlandığından öğrenecekleri hiçbir şey kalmamıştır. Hayat tecrübesinde tek deneyimledikleri her şeyi zaten biliyorlardır. Hiç kimseden rehberlik kabul etmiyor ve alamıyorlardır. Bu bir sorun olarak görünebilir ama aslında derin bir kendini bilmedir.

Kendini bilen kişi kimseden rehberlik almaz, kimseyi dinlemez. Sadece yapması gerekeni yapar. Çünkü o rehberin kendisi olmuştur, ışığın, bilginin kendisi olmuştur, önünü görür ve sadece bildiğini okur.

Her yiğidin bir yoğurt yiyişi vardır.

Ruh ikizi ile karşılaşan kişinin yüzde yüz kendini bilmesinin sebebi, karşılaştıkları yaşamda ona rehberlik eden tarafın da dünyada olmasıdır. Daha önce başka boyutlardan ona rehberlik eden ikizi artık onunla aynı yaşamda, üçboyutlu dünyadadır ve onu eve götürmeye gelmiştir. Görevlerini tamamlayıp eve döneceklerini bilirler.

Ruh ikizlerinin karşılaşma noktasında rehberlik alabildiğin tek yer, kendi ruhundur. Çünkü artık rehberlik alabileceğin bir yer olmadığına uyanmışsındır.

Ve en önemlisi: Ruh ikizi zannettiğin gibi bir şey değil, o senin karanlık tarafın. Yani insanlıkta, insanlığında barışmadığın, kızdığın, olmamalı, yapılmamalı dediğin ne varsa hepsidir ruh ikizin. Hepsini yapmaktadır. Sen ne kadar iyiysen o o kadar kötü, sen ne kadar kötüysen o o kadar iyidir. O nedenle her seviyede insanlıkla barıştığın yaşamında çıkar ruh ikizin karşına.

Bu iki zıt kutup birbirine doğru çekilir, çünkü olayı bitirmeye gelmişlerdir, görevi tamamlamaya. Buna engel olamazlar. Ama deneyimleri dünyevi deneyimlere göre biraz gariptir. Onunla hem bütünsün hem tamamen ayrısındır mesela. Çünkü sen ne isen o, o değil. Sen bugüne kadar hangi yönde ilerlediysen o diğer yönde ilerlemiş. Örneğin: para hayatında sıkıntı ve konu değilse, onun hayatında hep sıkıntı ve konu. İlişkiler senin hayatında hep sıkıntı ve konu olduysa, onun hayatında değildi... Dünyada sen bir tarafa, ruh ikizin diğer tarafa doğru ilerlemiş hep ve o görmediğin, bilmediğin, tecrübe etmediğin bir insanlık realitesini getiriyor sana. Bir anda bütün karanlık tarafın seriliyor önüne. Yani "Ben ... değilim" diyorsan, hepsi o.

## Ruhun İkiye Ayrılışı ve Düalite/Dünya Deneyiminin Başlaması

Bu ayrılışın ilk olduğu yer, acı, korku ve dünyevi her şeyle birlikte başladığı için, bu deneyimin içinde en dibi buraya gelmen ve bedenlenmen zaten. Dünya cehennemin dibi... Kendini kaptırdın mı yanarsın...

Dünyadaki insan, içinde müthiş bir özlem barındırır. Hiçbir zaman ulaşamayacağı hakikati özler. Özlemle birlikte acı, korku, hastalık, ölüm olur dünyada. Dünya rüyasında yanıp kavruluyorsun, sonra tekrar, sonra tekrar ve en sonunda uyanıyorsun.

Tüm bunlar gerçek olamayacak kadar berbat şeyler!

Evet! Çok şükür uyandın! Dünya gerçek olamayacak kadar berbat bir yer. Hakikati barındırmayan yer çünkü.

Sonra ne oluyor? Dünyayı bırakıyorsun, hakikate dönüyorsun.

Bu nasıl oluyor? Dünyada yanıp kavrulup artık dayanamayacak hale geldiğinde "Allah!" diyorsun, çığlıklar atarak "Allahım kurtar beni" diyorsun ve hoooooop hakikattesin.

Acılar, bedensel limitler, ağrılar, sızılar, ayrılıklar artık dayanılmaz bir noktaya geldiğinde uyanıyorsun. Çünkü dayanamayacağın noktada hakikate sıçrıyorsun. Seni alev alan yakan bir dünyada daha fazla vakit geçirmek istemiyorsun ve daha da önemlisi *başka çaren yok.*

*Allah'a sığınıyorsun.*

Bu deneyimin dibi ruh ikizin'le yaşadığın... Ayrılık (fikir, yol, yön, insani istekler ve hepsi) o kadar canını yakıyor, seni öyle yakıyor ki dayanabilmek için Allah'a sığınıyorsun.

Ruh eşinle yaşadığın deneyimler çok daha yumuşak, çok daha rahat.

Ruh eşinle karşılaştığını nereden bilirsin? Yaşadığın sonsuz huzur ve dinginlikten... Kendini ispatlama ihtiyacın, kendini anlatma ihtiyacın, kendini paylaşma ihtiyacın bile biter onunla. Hakiki ruh eşi'nle saatlerce sessiz oturabilirsin. Yıllarca sadece aynı noktaya bakarak bir pencerenin kenarında durabilirsin. Çünkü zaten aynı yerden ve aynı pencereden dışarı, dünyaya bakıyorsun. O senin ruhunun yansıması. Aynı yerde, aynı noktada, evdesin onunla... Ev hatıranı onunla deneyimlersin. Cenneti.

Ruh eşinle de ruh ikizinle de sadece hazır olduğunda, insanlığı ve dünyayı olduğu gibi affedip olduğu gibi kabul ettiğinde karşılaşabilirsin.

Ruh eşinle ilişkin dünyanın en büyük mutluluğu, huzuru, güveni... Müthiş bir şey. Hayatının sonuna kadar birlikte olursun onunla. Ve hatta ölmek istemezsin, dünyada cenneti deneyimlersin. Eşim bana hep "seninle birkaç sene bile deneyimlemiş olmak bana bir ömür yeter" der. Ruh eşi böyle bir şey işte.

Ruh ikizi sürekli çekildiğin ama hayatında deneyimleyebileceğin bütün acı ve korkuları beraberinde getiren bir durum. Karanlık tarafınla yüzleşmeni sağlayan... Ona baktığında bir hüzün hissedersin hep, bir üzüntü, ayrılık acısı... Çünkü ayrım'ın sembolü'dür o. Bir olamamanın, bedensel deneyimde olmanın getirdiği acılar, özlemler öyle derinleşir, kendinle, en derin, en hassas ve en acı noktanla öyle yüzleşirsin ki bir daha bu rüyaya girmemeye kesinlikle karar verirsin. "bu son olacak." Ve yapabileceğin tek şey Allah'a sığınmak'tır. O yüzden 11-11 deniyor ruh ikizlerine. Buradaki ikiliğin yansımasıdır 1:1.

Ruh eşleri için böyle bir şey söz konusu değil. O, hiç doyamadığın bir hakikat. Ruhun... Muhtemelen zamanın en başından beri birlikte geliyorsun onunla ve olayın ona doyamamak zaten.

Ruh ikizi ile ilgili durum ise "mümkün olan en uzak yerde olsun". Fakat o uzaklıkta zaten olamıyorsun, çünkü elinde olmadan ona çekiliyorsun. Göreve çağrı var bu birbirine çekilmede. Dünya bilinci ile bakarsan tabii ki ikilem söz konusu...

Ruh ikizleri aynı anda ölür. Muhtemelen onlar birbirlerini öldürüyorlar(!)

***

Bedeninin dışında olmak için ne yapıyorsun? Ne yapabilirsin? Soru bu...

Kendini kaybetmek için... Ne yapabilirsin?

Biz bunu nefes seanslarıyla yapıyoruz, biliyorsunuz. Nefesin açıldığı alanda bir platforma geçiyoruz ve o platformda sen yoksun artık, beden yok, zihin yok, olayın dışındasın. Ama tabii birçok başka yol da olabilir... Çok sevdiğin bir işi yaparken kaybolmak mesela... Aşka gelmek... Her ne yapıyorsan onu trans seviyesine geçerek yapmak... Eylem içinde kaybolmak... Bu da benmerkezci durumundan çıkmanı sağlayacak. Kendinle ilgilenmeyi bırakıp daha büyük bir amaçla ilgilenmek...

Sonuçta "kendinin dışına çıkmak" derken çok güzel bir yere varmışsın ve kesin formül bu.

Kendi adıma; Nevşah'a her an dışarıdan bakabiliyorum, çünkü her an eylemin içinde yaşıyorum. Kendimi bırakmıyorum. Mevlana'nın söylediği gibi: biliyorum ki kendimi bir an bile bırakırsam, eylemi ve ilerlemeyi bir an bile bırakırsam zihne, bedene, yoruma, algıya, eleştiriye düşerim ve benmerkezci alana geçerim. Kendimi asla bırakamam, yürümeye, ilerlemeye, çalışmaya, üretmeye devam ederim hep. Çünkü bilirim ki bıraktığım an vay halime!... Ateşler içinde yanarım o halde. Geçmem ben o hale. Bırakmam kendimi, hep yürürüm, ilerlerim, kendimi kendimde, yani ego yerine eylemde-yaşamda tutarım.

Hayat burada gerçekleşiyor. Dışarıda. Dışarısı diye algıladığınız yer içerisi aslında.

Sen burada, dışarıda, baktığın yerdesin aslında. O zannettiğin yerde, bedeninin içinde falan değilsin.

Düşünsene, eğer bedeninin içinde olsan şu anda bu sayfayı değil organlarını görüyor olman gerekmez miydi? Sen sadece neredeysen, nerenin içindeysen orayı görebiliyorsun. Bak etrafına, içinde olduğun odanın dışında bir şey görebiliyor musun? Beden gözleri, içinde olduğun alanın dışını görebiliyor mu? Hayır. O zaman sen şu anda her neredeysen oradasın. O alanın içindesin, bedeninin değil!

Aslında hepimiz buradayız, yaşamın içinde. Ama sen illüzyon içinde illüzyon yaşıyorsun bedenin içinde olduğunu zannettiğinde! Ve benmerkezci hale geçiyorsun.

İnsan neredeyse sadece orayı görür... Demek ki sen burada, şu an bulunduğun yerde, o bulunduğu odanın, parkın, her neyse, içindesin. Her yerinde hem de...

Egonun oyunu bu. Seni bedenin varlığına o kadar çok inandırmış ki kendini göremez haldesin. Kendini gerçekten bu var olmayan şeyin, bedenin içinde algılıyorsun. Halbuki sen buradasın. Burada ve her yerdesin... Şu anda gördüğün, baktığın her yerde sen varsın.

Ego niye senin kendini bedenin olarak ve bir bedenin içindeymiş gibi algılamanı istiyor? Çünkü bedenle, ego-benle uğraşırken, ona yatırım yaparken hakikatten, hakiki benlik'ten uzaklaşıyorsun. Amaç bu.

İçdünya dediğin yerle uğraşırken hakiki kimliğin'i kaçırıyorsun.

Şimdi söyleyeceğim şey şaka kıvamında çarpacak sizi: soyut alem, yani içdünyanız diye tarif ettiğiniz acayip bir yer var ya... Zihin ve duygular ve hisler... Bütün bunlar balon! Palavra! Dünyada, yaşamın içinde bile yok onlar. İllüzyonun içindeki illüzyon onlar. Anlayacağınız ego iyice abartmış bu illüzyon yaratma durumunu(!) Dünya zaten bir illüzyon. Bu illüzyonun içinde bile illüzyon olan bir dünya daha var: düşünce ve duygu dünyası. Yuh artık!

Düşünce duygularınız dünya rüyasının içinde bile bir balon ve palavra! Farkındasınız değil mi artık onun? Peki o zaman niye bunlardan özgürleşmek için çalışma yapıyorsunuz? Yapmalısınız. Çünkü bu balon senin uykuda olduğunu görmeni engelliyor. Sen uykudasın ama göremiyorsun ve bunun tek sebebi illüzyonun içindeki illüzyonların, duygu ve düşüncelerin... Düşüncelerinle çalışmaya başlayıp onların yarattığı duygulardan özgürleştiğinde bu dünyaya gerçekten bakabilecek, dünyanın ve insanın gerçeğini gerçekten görebileceksin. Peki nedir o gerçek? Dünyada cayır cayır ve her an yandığın gerçeği.

*"Hakikat bilgisi"ni toparlayalım.*

Dünya bir illüzyon ve her doğum ölüme, gençlik yaşlılığa, dünyada yaşam olarak algıladığın her şey üremeye ve ölüme gidiyor. Sonuç ölüm. O *zaman dünyada yaşam yok. Zaten o nedenle ölünce cehenneme ve cennete gitmekten bahsediliyor. Dünya ölü olduğun yer. Cennet ve cehennem o nedenle burada. Cennet ruhun, özün, hakikati hatırladığın yer, cehennem dünya ve dünyaya kapıldığın yer.*

Dünyayı bir ağaç olarak düşünün. Hakiki yaşamı, Yaradan'dan fışkıran yaşam enerjisinin, canın, canlılığın bir elma olduğunu düşünün. Ancak dünya, armut ağacı. Sana asla elma vermiyor.

Dünya canlandığın yer değil, canını bıraktığın yer.

Dünya bir toz bulutu, temeli yok, hiçlik ve boşluk... Boş bir sinema perdesi. Hiç... Ve yansımam. Boş perdeye ne yansıyor baktığımda? Seçimim yansıyor. Ben kendimi bir beden olarak algılıyorsam o yansıyor, insanın endişeleri, korkuları, eleştirileri... Her yerde... Oysa hakiki kimliğimi bilerek kendimi tanıyorsam o zaman insanın üzerine bu kimlik giydiriliyor.

Dünyada, bir tarafım rüyada bile olsa ben kendimi bilebilirim, kendimi dünya döngüsünün içinde 24 saat ve her saniye hatırlayabilirim. Böylece dünyanın görüntülerinin ötesindeki hakikate bakarım hep. Savaşa bakar sevgi görürüm, bedene bakar can görürüm, ölüme bakar hakikat görürüm, insana bakar Allah'ı görürüm. Bu mümkün. Ve bilin ki bunun olması için dünyanın değişmesi gerekmiyor. Bu olduğunda, ben kendimi bildiğimde dünya ve insanlığım değişmiyor. Ben yine aynı insanım, aynı şeyleri yapıyor, aynı şeyleri söylüyorum... Ama hakikatim değişiyor. İnsan tarafım yerine hakiki kimliğime bakıyorum ve sadece onu görüyorum artık.

Bu el, bedenin eli Tanrı'nın eli mi? Hayır. Tabii ki hayır. Ama ben hakiki kimliğim'i hatırlıyorsam o, Tanrı'nın eline dönüşebilir. Bana bedenin eli bile Yaradan'ımı hatırlatabilir. Eğer ben hatırlamayı, ruhumu seçtiysem bana her şey O'nu hatırlatır. Ama ben insanı seçtiysem o zaman yalnız, bitik, ümitsiz hissederim kendimi.

Yani tersten baktığımda, toz bulutu sana Tanrı'yı çağırabilir mi? Hayır. Tanrı'yı deneyimletebilir mi? Hayır. Tanrı dünyada mı? Hayır.

Ama ben hakiki kimliğimi hatırladığım müddetçe O'nu da hatırlarım ve O'nu, Yaradan'ı dünyaya taşırım. Yaradan kendisi kalkıp gelemez dünyaya. Sınırsız olan sınıra giremez çünkü. Ölümsüz olan ölümün olduğu yere adım atamaz. Ve zaten adımların atıldığı yere de adımı olmayan, doğmayan ve ölmeyen gelemez. Hakiki olan olmayanın içinde yer alamaz. Dünya zaten yok, oysa Allah varoluşun kendisi. O yokluk değil, varlık. O ölümlü değil, sonsuz. O nedenle dünyada O'nu göremeyiz, O'nu deneyimleyemeyiz.

Dünyada Allah'a ulaşabilmek için tek yapabildiğimiz O'nun

hatırasını taşıyan yüreğimizin sesini dinlemek. O'na ulaşamayız ve ulaşamayacağız. Çünkü O'nun olduğu yerde ego-ben yok. Ego-ben bir hiç ve hep öyle kalacak.

Hakiki kimliğimizi hatırladığımızda dünyada da Tanrı'yı hatırlarız. Burada da O'nun hatırası ile nefes alabiliriz. Belki O'na ulaşamayız ama en azından onu hatırlayarak yaşayabiliriz. Böylece dünyayı hakiki yaşamın hatırlandığı yere, cennete dönüştürebilirim. Dünya asla Tanrı ile paylaştığım alan olmaz, çünkü o alanda sadece Tanrı var, başka hiçbir şey yok. Ama en azından O'nun varlığını hatırlayabiliriz.

Bu güç bizim elimizde. Herkes hakikatin hatırası olur o zaman. Her yer hakikatin ekosu olur. Bir duvar, bir el, bir ayak, bir masa bile Yaradan'ın hatırasını, O'nun hatırlanmasını temsil edebilir. Gerçekten öyle oldukları için değil, ben onları öyle görmeyi seçtiğim için. Evet, bu duvar bir toz bulutu. Ve hakiki değil. Bu beden de, dünyada olan diğer şeyler de hakiki değil. İçinden can çıktı mı bir et parçası, elbise gibi bir şeyim. Ben, can içindeyken yaşam dolu. Ben buradayım diye.

Ben buradaysam ben sorumluyum. Ama rüyada olanlardan değil, olan her şeyi kabullenmekten, affetmekten, sevgi ve ışığa alan tanımaktan sorumluyum. Sonsuzluğumu zamanın içinde deneyimleyebilirim. Hakikati rüyada hatırlayabilirim. Bedene ve dünyaya takılmak, dünya ve insan tarafımın ne yaptığı ile ilgilenmek yerine onu tamamen özgür ve kendi haline bırakabilir, olana izin verebilir, ben hakikatte kalabilirim...

Ben yaşamın kendisiyim ve bunu hatırlayabilirim. Bakın, şu anda hakikati hatırlamanın ne yaptığını görüyor musunuz? Ben yaşamın kendisiyim. O yüzden benim varlığımda bu beden de yaşamın kendisi. Bu beden tek başına, içindeki can olmadan çocuk doğurabilir mi? Hayır. Ama ben buradayım. Ben/hakiki kimlik bunu bedene yaptırırım. Bu bedeni sağlıklı tutarım, bu bedenden yaşam fışkırır. Ben burada olduğum müddetçe, yani kendimi bildiğim sürece bu beden de hakikatin içinde, hakikatin koruması altında kalabilir.

Tanrı asla rüyada ölümlü bir karakter olamaz, rüyaya, illüzyonun içine giremez. Ama ben O'nu rüyada bile her an hatırlayabilirim. Olan her şeyin ötesinde O'nun varlığını ve korumasını hissedebilirim. Dünya rüyasında başıma ne gelirse gelsin, insan olan tarafım ne yaşarsa yaşasın, ne yaparsa yapsın, ben tüm bunların hiçbir zaman olmadığını hatırlayabilir ve özgür kalabilirim. Dünya rüyasında bir ölümlü karakter bile olsam ruhun, öz'üm sayesinde Tanrı'yı ve hakikati her an hatırlayabilirim. Ve Tanrı'yı hatırlayarak dünyada O'nun anısını yaşatabilir, rüyayı cennet rüyasına dönüştürebilirim. Bu, dünyanın değişmesi demek değil. Ölümün olmaması, saldırının olmaması, savaşın olmaması, bu tüm bunların çocuksu bir oyun olduğunu görebilmem demek.

Dünya hiçbir zaman Tanrı'yla paylaştığım bir yaşam olmayacak ama O'nun hatırlandığı yer olabilir. O'nun konuşulduğu ve O'na döndüğümüz yer.

Dünyanın size "neredeyse gerçekmiş gibi" göründüğünü biliyorum. Ego-ben hep olacak. O dünyaya inanıyor ve onu hakiki zannediyor. Bunu değiştiremezsiniz, insanı, ego-beni rahat bırakın. Bırakın da o yapması gerekeni yapsın. Onu özgür bırakın ki özgürlük peşinde koşmayın.

Özgür olan sensin, insan değil.

Sevgi olan sensin, ölümlü bir ego-ben-insan değil.

O insanı hiçbir zaman olamayacağı şeye, hakikate, sevgiye, ışığa dönüştürme çabanı bıraktığında egonu da bırakmış olacaksın.

Madem dünya rüyası beden gözlerinin algısına ve beş duyuya göre "neredeyse gerçekmiş gibi" ve beden algısına göre çok gerçek, o zaman onu kendi hakikatim için kullanabilirim. Dünyada Yaradan'ın hatırasını, sevgisini, kabullenmesini, koşulsuzluğunu yaşatabilir, hem kendi insanlığımı, hem tüm insanları her ne olursa olsun, katil bile olsalar, kucaklayabilirim. Eleştiren ve yargılayanın ben değil, ölümlü bir zihin olduğunu hatırlayabilir, onu eleştirmesi için özgür bırakabilir ama ben kim olduğumu hatırlamaya devam ederek olanı, insanı, her şeyi kucaklayabilir, sevebilirim. Önce kendi insan tarafımı, sonra diğer insanları varlığımla kucaklayabilirim. Bu, insan tarafımın herkesi kucaklaması değil. Bu, varlığımın, özümün herkesi kucaklaması demek. İnsan tarafım birini kucaklamadığında da onu ve herkesi kucaklamak demek. İnsan tarafım birini sevmediğinde de önce onu, onun sevemeyişini, sonra diğer insanı, sevilmeyeni kucaklamak demek.

Çoğu kişi ruh hakikatini beden hakikati ile karıştırdığı için (ego bilinci'nden bakarsan karışır) koşulsuz sevgiyi, ışığı, bolluğu, bereketi, sağlığı ve şifayı insanın özelliği olarak algılıyor. Halbuki değil.

Koşulsuz sevgi, bir bedenin diğer bedene saldırdığı anda bile var... Bir bedenin ölümünde, çektiği acılarda da var... Birbirine işkence çektiren insanların arka planında var koşulsuz sevgi. Onu dünyada aramayın. O ruhunuzun özelliği. Onu insanda aramayın, insan herkese sarılamaz, affedemez. Eğer insan tarafınız herkesi affetsin isterseniz dipsiz bir kuyuya sokarsınız kendinizi.

İnsan koşulsuz sevemez. Onun koşullu bir zihni, sınırlı bir algısı var. Nasıl koşulsuz sevebilir, herkesi kucaklayabilir? Sen herkesi enerjinle, varlığınla, nefesin ve hakiki kimliğinle kucaklayabilirsin. Ruhunla... Ama fiziksel olarak bunu yapamazsın... Uğraşma. Bunu yapmaya çalışırsan başarısız olacağın kesindir ve sadece öfke biriktirmene sebep olur. Kendine bunu yapma. İnsan tarafını limitleriyle kabul et, ondan yapamayacağı şeyleri istemeyi bırak. Yazık, günah.

"Ben herkesi ve her şeyi sevebilirim" diyen benlik; ruhun, nefsin, gönlün. Fiziksel seviyede, hem sevginin hem sevgisizliğin olduğu bir rüyada olan insan, ego-ben herkesi sevemez. Vazgeç bu uğraştan... Uyanışını geciktiriyorsun.

Hakiki kimliğini kabul ettiğinde zaten her şey farklı gözükecek.

Kendimi bildiğim noktada ölü bir el bile hakiki, bu el de cennet. Her dokunduğum insandan ya da çiçekten aldığım koku cennetin kokusu. Niye? Ben buradayım çünkü ve cenneti hatırlıyorum, tabii ki öyle olacak. Ben buradayken hiçbir şey cennetin dışında olamaz. Savaş bile affetme planının bir parçasıdır. Dünyadaki tüm saldırılar, intikam duyguları sevginin içinde erir ve yok olur. Yokluğu ve anlamsızlığı görünür olur. Bu; savaşların bitmesi, ölümün yok olması veya kan akmaması demek değildir, akan kanın ve intikam duygusunun bile kutsal amaç ile yer değiştirmesidir.

Eğer her anımı kutsal amaç ile yaşıyorsam tüm dünya ayaklarımın altında yok olur. İnsan tarafımın attığı her adım, benim hakikati hatırlamam eşliğinde hakiki adımlara, ilahi derslere dönüşür. İşte gerçek hatırlama bu.

***

Çok önemli bir konu daha: Tanrı'yı hatırlayabilirim... Tanrı'nın özellikleriyle, hatta Tanrı'yla bir olduğumu hatırlayabilirim. Ve bunu hatırlayan bilinç olarak ölümlü bir şeye Tanrı'nın hatırası ile, O'nun hakikati ile bakabilir, onu kutsayabilirim ama bir şeyi tanrısallaştıramam. İnsanı Tanrı'ya ve O'nun özelliklerine dönüştüremem. İnsan, Tanrı gibi sevemez. Ruh; gerçeği, Yaradan'ın sevgisini, ışığını ve sonsuzluğunu hatırlayabilir ve insan tarafına, tüm insanlığa hatırlatabilir ama dünyayı Tanrı'nın yaratımı haline dönüştüremez. Dünyaya O'nu ve hakikati yansıtabilirsin, Tanrı'yı şimdi şu anda rüyada bile olsan hatırlayabilir, baktığın her yerde onun anısını, sevgisini, ışığını görebilir, dünyayı Yaradan'ı hatırlama aracına dönüştürebilirsin. Ama dünyayı hakiki yaşama dönüştüremezsin.

Dünyayı ancak kutsayabilirim. Tanrı'nın hatırası ve hakikati ile... Ölümlü bir şeyin ağzından "ben tanrıyım" cümlesi asla çıkamaz.

Evet, Yaradan'ı, O'nun sevgisini, sonsuzluğunu, tekliğini, birliğini hatırlayacak olan, bu hatırlamayı, hatırlayan taraf olan ruhumu dünyaya getirecek olan benim, ama o buraya gelemez. Ölümsüz olan, ölümün olduğu bir rüyada olamaz. Uyanmak... İşte bu.

Dünya rüyasına uyanmak; rüyada mümkün olana ve olmayana uyanmaktır. Dünyanın değişmeyeceğine, insanın değişmeyeceğine uyanmaktır. İnsanı "Tanrı gibi" yapma çabasının bitmesi ve insan tarafının bir hiç olduğunu ve hep öyle kalacağını hatırlamaktır.

İnsan, dünya rüyasının bir parçası. Yani illüzyonun içinde kalmaya devam edecek. O ve ego illüzyona yapışıklar, birbirlerinden ayrılamazlar. Rüyadaki kimliğin; zihni olan, bedeni olan, egosu olan, duygu ve düşünceleri olan ölümlü bir beden. O illüzyonun bir parçası ve uyuyor. Onu uyandırmaya çalışırsan başarısız olacağın kesin.

Dünya eylem dünyası. Durmadan ilerlemen, kendini ifade etmen, yaratman ve üretmen gerekiyor. Yoksa hamlanırsın, paslanırsın, çürürsün...

Dünyada ilerleyeceksin... Yürüyeceksin... Ne olursa olsun, arkana bakmadan, geçmişe takılmadan önüne bakmak ve ilerlemek zorundasın. Yoksa yanarsın. Dünyanın kökünde yanmakta olan kor ateş seni içine alır ve yakar.

İnsanı sevgi dolu yapmaya çalışmak yerine hakiki kimliğini kabul etmen gerekiyor, o zaten sevginin kendisi. Ruhunla, özünle bağlantıdaysan, onun sevgisini görmüşsen ve biliyorsan, dünyadaki gerçek olmayan kimliğin sevgisizliği seni rahatsız etmez.

Hakiki kimliğinizi kabul etmediğiniz için, insan olan tarafınızın herkesi ve her şeyi sevmesi bu kadar önemli. Ne yazık ki ulaşamayacağınız hedefler peşindesiniz ve mutsuzluk, başarısızlık, öfke garanti.

Etrafımız eve dönüş yolculuğuna çıkmak isteyip mesajı yanlış anlayan ve insan tarafını sevgi dolu, hakikat dolu, ışık dolu yapmaya çalışan, halen daha insan tarafını fevkalade önemseyenlerle dolu... Oysa hakiki kimliğini kabul etmiş bir kişi insan tarafını sevgi dolu yapmaya çalışmaz. "ben sevgiyim" hakikati içinde yaşayan kişi insan tarafı herkesi sevmese de sevgi olduğunu hatırlayabilir.

"Ben ışığın kendisiyim ve bunun farkındayım" bilincinde yaşıyorsan (ruhunu, özünü bilerek, kendini bilerek ve kabul ederek) zaten sürekli sevemeyen insan olmadığını da görmüş olmalısın.

İnsan sürekli sevemez, hep aydınlık olamaz. İnsan, düalitenin içinde. Hep bir karanlık tarafı var. Sen onun sürekli ışık içinde olması peşinde koşuyor, doğasını kabul etmiyorsan zaten içindeki karanlık daha da büyüyor sen görmediğin ve kabul etmediğin için.

İnsanı saf ışık yapamazsın, vazgeç bu boş çabadan. O ışığı, ruhu, nefesi barındırandır, ışığın, ruhun kendisi değil.

Hakiki kimliğini seçtiysen eğer; seversin. İnsan tarafın sevmediğinde de seversin.

Işıksın... İnsan tarafın karanlıkta kaldığında da ışıksın.

Huzursun... İnsan tarafın huzursuzken de huzurlusun.

Barış içindesin... İnsan tarafın dünyanın saldırı gerçeği içinde, ayrılık ve savaşın içinde olduğunda da barış içindesin.

Ve bil ki dünyanın kuralları, sistemi, kolektif bilincin yönetiminde, senin değil. Ve bu asla değişmeyecek. Hakikati seçtiğinde sen farklı bakacaksın sadece, olanı farklı algılayacaksın, ama olan değişmeyecek.

Hakiki kimliği'ni seçtiğinde dünyadaki tüm sevgisizliğin içinde bile sevgi göreceksin. İnsanlığın, kendi insan tarafının ve diğer insanların sevgisiz davranışlarda bile sevginin kendisi olduğunu hatırlayabileceksin. Ve işte o zaman insanların sevgi dolu olması bile gerekmeyecek. Dünyadaki sevgi arayışın bitecek. Hakiki sevgiyi bulmuşsan dünyada sevgi aramazsın, sevgi dolu olmaya falan da çalışmazsın. Karnın tokken yemek peşinde koşar mısın? Sevgi olduğunu bilen, hakiki kimliğini seçmiş kişi dünyada sevginin peşinde koşar mı? İnsan tarafının her davranışı sevgi dolu olsun diye uğraşır mı? Ben kendimi bilen isem insan tarafım ne yaparsa yapsın, isterse hiç sevilmesin, sevmesin ne fark eder ki? Sevgiye aç bilinçler dünyada sevginin peşinde koşarlar. Sevgiye tok olan sevgi aramaz. O sadece sever. İnsan sevmediğinde de sever. Dünyada sevgi olmadığında da sevgidir o.

İnsanı ona sarılarak, onu hep destekleyerek sevemezsin. Hakiki sevgi dünyada görünenin ötesindedir. Savaşın da içindedir, ölümün de... Ve hatta sevgisiz davranışların da içindedir. İnsan zaten sevgiyi bilmez. Egonun sana tarif ettiği sevgi; insanlara iyi davranmak, herkesi kucaklamak vs... Bunlar seni sadece doğandan, insanlığından uzaklaştırır.

İnsan, ayrım yapar. Yargılar ve eleştirir. Bu gerçeği değiştiremezsin, barış kendinle.

Hakiki sevgi bu... İnsanı olduğu gibi kabul etmek... Algısıyla, yargısıyla, eleştirisiyle, öfkesiyle... İnsan olan tarafının herkesi sevmesini istemen ona büyük bir yük, gereksiz bir yorgunluk... Rahat bırak onu, sevemiyorsa sevemiyor işte. Sen sevginin kendisisin, onu bırak ve kendine dön.

İnsan dünya tiyatrosunda basit bir oyuncu sadece. Ondan rolünü yapmasından başka bir şey bekleme. Ondan sevmesini, kabullenmesini, affetmesini, her şeyi kucaklamasını bekleme. O bunu yapamaz. Rolü gereği tokat atması gerekiyorsa atacak, buna engel olamazsın. Rolünde ne varsa onu yapacak. Unutma ki iyi ya da kötü rol yoktur, sadece dünya tiyatrosu vardır. Ruh ve hakiki benlik bu tiyatronun ötesindedir. O oynanan basit bir rol değil, oyuncusunun kendisidir. Rolde ne olacaksa olacak, ne yaşanacaksa yaşanacak, sevginin ifade edildiği anlar kadar öfkenin ifade edildiği anlar da olacak. Çünkü insan sadece sevemez, sevdiği kadar korkar da. Zaten o nedenle onun sevgisi gerçek değil, sadece rol gereğidir. İnsan rol gereği sever. Sevdiğini sever, sevmediğini sevmez. Ama ruh öyle değildir, ruh hakikati gereği sever, her şeyi, herkesi sever.

Ruh oyunun içinde değil, dünyada değil. O dünyadaki soyut alem. Ruhun sevgisi; onun sevmesi, kabulleniş, affediş, alan tanıma ve özgürlük olarak yansır rüyaya. İyi davranışlar ve sarılmalar ve tiyatro gereği olan bitenlerle ifade etmez ruh kendini.

Hakiki benliğin dünya tiyatrosunun ötesindedir. Onu tiyatrodaki davranışlarda, sözlerde, atılan adımlarda, yaşananlarda, tecrübelerde göremezsin. O tüm tecrübelerin arkasındadır. Bir katil rolünün bile içinde, bir saldırıda, hatta savaşta ve sevişmede ve yemekte ve içkide ve uykuda ve her yerdedir... Ruh her yerdedir. Sevgi sonsuzdur ve her yerdedir, dünya rüyasının bir bölümünde olup diğer bölümünde olmaması mümkün değildir. Sevgisiz insan vardır ama sevgisiz ruh yoktur. O nedenle hakiki kimliğinde kaldığında baktığın yerde, insanın sevgisizliğinde bile sevgi görebilirsin. Eğer göremiyorsan, sana bazı durumlar, davranışlar ve insanlar sevgisiz görünüyorsa bil ki sen kendini unutmuşsun. Onlar sevgisiz bile olsa onlara sevgini yansıtabilirdin, onları tüm sevgisizlikleri, hırsları, öfkeleri içinde bile sevgilin olarak görebilirdin.

Her insanın dünya rüyası içerisinde bir rolü var.

Tüm hikâye kahramanlarının, tüm insanların dünyada yapacakları var, söyleyecekleri var... Ve en önemlisi bu çoktan yazılmış. Belli. Dünyadaki rolünüz neyse ne. Burada herhangi bir sorun yok. Sorun "ben bunu dememeliydim, şunu demeliydim" demeye başladığınızda veya "şunu böyle yapsam daha iyi" diyerek rolü senaryoda olmayana yönlendirmeye çalıştığınızda oluşuyor... Her insan karakter özellikleri, rolü, kaderi, yolu neyse sadece o olabilir, onu yaşayabilir. Hayat yolunuzu değiştirebileceğinizi, dünyadaki rolünüzü ve kaderinizi yönetebileceğinizi düşünmeniz yapabileceğiniz en büyük hatadır. Özgür irade, rolünüz seviyesinde yok. Özgür irade başka bir şey.

Sen özgür iradenle dünyaya hangi bilinçten bakacağını, olanlara nereden bakacağını seçebilirsin sadece, ne yaşayacağını seçemez, değiştiremezsin. Ne olacaksa olacak. Ne yaşanacaksa yaşanacak...

Yaşaman gerekenlerin ne zamanını, ne şeklini, ne de gidişatını değiştirebilirsin. Dünya dönüyor, hayat akması gerektiği gibi akıyor ve senin tüm bunlar üzerinde en ufak bir kontrolün ya da etkin yok. Olduğunu zannediyorsan sadece yanılmakla kalmıyorsun, asla değiştiremeyeceğin seviye ile uğraşıp boş hayaller peşinde koşarak uyanışını da geciktiriyorsun.

İnsanı basit bir makine gibi düşünmek lazım. Her insanın belli becerileri, belli bir yolu, yönü var. Senin yapmaya geldiğin şeyleri bir başkası yapamaz, yaşamaya geldiklerini de bir başkası yaşayamaz. Her insanın kendi yolu vardır. Her makinenin yapması gerekenler olduğu gibi. Ve her kimsen, emin ol her an, yapmaya geldiğini yapıyorsun ve bunu değiştiremezsin. Çamaşır makinesi çamaşır yıkar, bulaşık yıkayamaz. Onun bulaşık da yıkamasını istersen arıza yapar. İnsanlar da aynen böyle: arızalanıyor, hastalanıyor... Yapman gerekeni yapmak, olman gereken insan olmak yerine başka biri olmaya çalışıyorsun. Bulaşık makinesi olmaya çalışan çamaşır makinesinden farkın yok.

İşte insanlar böyle hastalanıyor. Sahip oldukları ve mükemmel işleyen sistemlerini, insani özelliklerini değerlendirmek ve o özelliklere, şahsına münhasır limitlere, bakış açılarına, algıya göre yaşamak yerine bunu değiştirmeye ve başka bir insan olmaya çalışıyorlar. Olduklarından farklı olmaya çalışınca da hastalanıyorlar. Çünkü olduğundan farklı olabileceğini düşünüyor olman hastalığın kendisi. Çünkü olduğundan farklı olamazsın... Varoluşa teslim olmak zorundasın. Rüyada rolün neyse o. Rolünde, zaten ezbere devam ettirdiğin karakter özelliklerinle uğraşmayı bırakmalısın, yoksa hastalanırsın.

***

21. yüzyılda çoğu makine arızalanmış durumda. Nereden mi biliyorum? İlaç sektöründen... İnsanlar bugün avuç dolusu ilaç içip sağlıklı olduklarını düşünebildikleri bir çarpıklıkta yaşıyorlar!

Bilin ki hakikatte bir fırsat olan rolünüz, karakter özellikleriniz, yani egonuz siz onunla uğraşıp durduğunuz için, onu beğenmeyip başka bir hale-role değiştirmeye çalıştığınız için işe yaramaz halde. Makine arızalıyken yaşamaya geldiğin rolü mutlu ve huzurlu şekilde deneyimlemen mümkün değil. İşte mutsuz, sağlıksız, stresli, gergin bir insan oldun bile!

İnsan olan tarafın; eksiklikleri, algısı, yargıları, duyguları, düşünceleri ile mükemmel... İnsan olan tarafın, problemsiz. Onu bu şekilde, olduğu gibi kabul edemeyip değiştirmeye çalışıyor olman problemin kendisi.

Yıllardır insanların insanlıkları ile, karakter özellikleri, düşünceleri, duyguları, algıları ile kendilerini bir problem olarak gördükleri ve nefeslerini açarak bunu böyle algılamayı bıraktıkları kurslar veriyorum. Bu kurslarda ne gördüm biliyor musunuz? Hatasıyla, algısıyla, düşüncesiyle, duygularıyla, tüm tecrübeleri ve insanlığı ile kendini kabul etmeye hazır olanların nefesi, mucize kursu'nun ilk günlerinde açılıyor. Benim nefesim tek seansta açılmıştı mesela. Ama öyle kişiler var ki dünyadaki rolü ile uğraşmayı, insanlıkla ve insanlığı ile uğraşmayı adet edinmiş.

Nefes koçu veya yaşam koçu da olsa, nlp eğitmeni veya mucizeler kursu lideri de olsa, kurs üstüne kurs da alsa kendi insanlığını ve insanlığı olduğu gibi kabul etmek istemiyor. Uğraşıyor da uğraşıyor, her şey ve herkes değişsin istiyor. Sanıyor ki; bir gün gelecek ve kendisi insanüstü bir varlığa dönüşecek. İnsanlar da değişecek, kimse kimseyi eleştirmeyecek, herkes iyi insan olacak, savaşlar bitecek, fikir ayrılıkları olmayacak, herkes birbirini sevecek filan zannediyor! Nasıl derin bir uykudur bu anlamakta zorluk çekiyorum.

Tüm bunlar olmayacak.

Sen insanlığı, dünyayı ve tüm insanları olduğu gibi, yani yanlışıyla, doğrusuyla, saldırısı, kavgası, hastalığı, ölümü, acizlikleri ile kabul edebildiğinde hepimizin bir olduğumuzu görecek ve rüyaya uyanacaksın.

Rüyanın mükemmelliğini göreceksin.

Bu rüya bu şekilde, olduğu hali ile mükemmel zaten.

Gecesi, gündüzü, savaşı, barışı, kavgası, gürültüsü, doğumu, ölümü, sevgisi, korkusu ile tam ve mükemmel. Rüyanın bir bölümünü "kötü" veya "çirkin" diye algılamak, bir bölümünü diğer bölümlerden "daha doğru" diye ayırmak hatanın kendisi, ayrılığın kendisi.

Dünyada ayrılık, algıladığın anlamda yok. Tüm düalitenin arkasında mükemmel bir bütünlük var.

*Dünya rüyasının ve insanın olduğu şekilde, olduğu hali ile tam ve bütün olduğunu algılayabilmek, uyanmak için ne yapmalıyız?*

Öncelikle rolümüz ile, insanlığımız ile kavga etmeyi, insanlığımıza, dünyaya ve insanlara saldırmayı bırakmalıyız. Fiziksel saldırı değil anlatmaya çalıştığım. Fiziksel bir saldırıyı engellemekten bahsetseydim yine dünyaya, rollere, insanlara saldırıyor olurdum! Burada bahsettiğim, dünyayı olduğu gibi bırakmak! Saldırıya saldırmamak! Savaşa saldırmamak, korkuya saldırmamak! Her şeyi olduğu gibi, olduğu şekilde bırakmak.

*Fiziksel dünyaya karışmamak...*

*Fiziksel dünyayı bırakmak...*

*Egoyu bırakmak... Kendi haline bırakmak... Onu başka bir şey yapmaya çalışmamak, öyle, olduğu gibi kabul etmek...*

İnsanlar birbirine saldırmak mı istiyor, saldırsın... Gerçek bile değil, niye bunu engelleyesin ki? İnsanlar sevişmek mi istiyor sevişsin, savaşmak mı istiyor savaşsın... Dünyayı değiştiremezsin ve ayrıca sana ne! Dünyadan sana ne? Dünyada ne olduğundan, ne yaşadığından sana ne? Zaten belli bir yolda, belli bir kaderle yaşıyorsun, bu debelenme ya da reddediş niye? Kendini hasta etmek içinse ayrı. İsteyen, istediği gibi hasta olmakta da serbest ve özgür.

Bunları niye yazıyorum? Çünkü her insan kendi içinde ne isteyip ne istemediğini bilir.

Her insanın kaderi, onu yöneten bilincinde, egosunda mevcuttur.

Hiçbir insan kaderinin dışına çıkamaz, çünkü isteklerinin, arzularının dışına çıkamaz...

Ne istiyorsan olacak, çünkü zaten o isteklerin egonun kendisi, rolün kendisi. Elbette olacak! Tek yapman gereken izin vermek ve insan tarafını rahat bırakmak! O zaten ne yapması gerektiğini biliyor.

Yolun başında önce makineyi tamir etmeliyim ki, kendimi sevmeye ve kucaklamaya devam edebileyim. Çünkü makine bozukken kötü gözüküyor. Önce tamir olmalı, nefesi, bilinci düzelmeli. İşte bunu yaptığınız yer mucize kursu.

Karakter özelliklerinin, kaderinin dışına çıkmaya çalışan kişi; gerçek olmayan bir zihin döngüsünde ve duygularda uyuyordur. Önce o yapay zihin döngüsü'nden çıkıp hakiki zihin döngüsü'ne, kaderinin, egonun, isteklerin olduğu döngüye geçiş yapman gerekir. Yaşamının rayına oturması gerekir önce. Bu olduğunda zaten bilirsin. Her şey yolunda, tıkırında gitmektedir, olması gerekenler sırayla, yavaş yavaş, olması gerektiği şekilde oluyordur. Senaryoda ne varsa tek tek oynanıyordur. Buna izin vermişsindir. Hakiki iyileşme, hakiki sağlık da bu zaten.

Hepimiz önce insanız sonra ruh. Ya da önce ruhuz, sonra insan... Hangisini seçersen... Ama bu iki gerçek her zaman bir arada olacak.

*Dünyada uyanış burada uykuda olduğunu hatırlaman, dünyanın gerçek olmadığını hatırlaman ve insanı da dünyayı da olduğu gibi bırakman demektir.*

Uykuda olduğunu hatırlıyorsan uykuda değilsindir zaten, uykuda gibi görünüyorsundur. Ama tam olarak uyanmamışsındır da. Çünkü insanın uyanmayacağını bilirsin. Ve zaten insanın uyanmayacağını bildiğin seviye senin uyandığın seviye. Ve tüm bunlar an'da mümkün. An'da kalmanla, açık nefes ve açık bir bilinçle mümkün. Nefesini ve bilincini açabilmen için dünya sana binlerce yöntem sunuyor. Türkiye'de bile yüzlerce nefes koçu ve yaşam koçu var, zihninle uğraşacağın, sana aydınlanma vaat eden sayısız çalışma var. Bu çalışmalara gitmeden önce bence kendine şunu sorman gerekir: *kendisi insanlığına uyanmamış bir insan, beni uyandırabilir mi?*

*Bir kişi sana aydınlanma sözü veriyorsa daha halen kendisi uykudadır.*

*Uyanmış kişi asla aydınlanma sözü vermez. Çünkü uykuda olduğuna ve asla uyanmayacağına uyanmıştır.*

Sana nefesini açma sözü verebilirim... Sana hakikate uyanman için bilincini açman konusunda yardımcı olabilirim... *Ama rüyadan uyanmanı sağlayamam. Rüyada olduğuna uyanmanı sağlayabilirim.*

Uyanış bilinç seviyesinde mümkün, başka bir seviyede değil. Örneğin fiziksel seviyede uyanış mümkün değil. Hakikate uyanmış bir insan da halen daha hata yapmaya, belki küfretmeye, belki kızmaya ve insan tarafı ne yapıyorsa yapmaya devam eder. Sadece henüz hakikate uyanmamışlar gibi tüm bunları dert etmemektedir. İnsani hatalarına, acizliğine güler geçer sadece. Tüm bunların rüya olduğunu her an hatırlar.

Uykuda olan bilinçler dünya ile uğraşırlar. Onu ve insanı değiştirmeye, daha iyi hale getirmeye çalışırlar. Rüyayı gerçek zannederler. Rüyayı gerçek zanneden kişi dünyayı değiştirmeye uğraşır. Hakikate uyanmış bilinç dünyayı ve insanı olduğu gibi kabul eder.

Uyanış dünyayı ve insanı ciddiye almadığın, fikirlerini, düşüncelerini, algısını, duygularını oluruna bıraktığın, önemsemediğin ve bu dünyada olan her şeyi kabul edebildiğin noktada mümkün. Rüyadan uyanamazsın. Rüyaya uyanabilirsin. Bu da rüyanın yansıması olan zihin döngüsünden özgürleşmenle, kendi tecrübemle en üst seviyede açık ve bağlantılı bir nefesle, mümkün. Hakikati entelektüel olarak anlaman rüyaya uyanmanı sağlamaz. Bence bunu anlaman her şeyden önemli.

Dünyevi deneyimler uyandırır seni. Entelektüel seviyede okuduğun kitaplar, aldığın bilgiler değil!

Kendini Nevşah/Ali/Ayşe zannetmeyi bıraktığında ve kutsal benliğin burada olduğunu gördüğünde rüyaya uyanırsın. Çünkü öz benliğin ile bağlantın varsa insanlığın ile kıyaslayacak başka bir varoluş deneyimin de vardır. Eğer insan tarafını kıyaslayacak bir ikinci ve daha hakiki bir benliğin olmasa, insan tarafının ne olduğunu, algısını, limitlerini, yargılarını, karanlık ve aydınlık taraflarını göremezsin. Öz benlik hakikati, insan tarafımızı görmemizi sağlar.

Dünyayı olduğu gibi, tüm eksileri ve artıları ile, yanan ateşi ile gördüğün ve kabul ettiğin an rüyaya uyandın.

*Ruh ve beden bir rüya. Rüyayı gören ruh, rüyada olan beden... Hakikatte rüya da yok, onu gören de yok, rüyada olan da yok.*

Rüyayı farklı kılan tek şey benim seçimim.

Rüyayı gören tarafta mı kalmak istiyorsun? Rüyada olduğunu hatırlamayı ve olana anlam yüklemeden, hafif şekilde, uçarak yaşamayı, ne olursa olsun izin vermeyi ve dünya rüyasında olan her şeyi dibine kadar kabullenmeyi, doyasıya deneyimlemeyi?... Yoksa rüyada olan tarafta mı kalmayı seçiyorsun? Rüyada kaybolmayı ve beş duyuna inanarak, dünyevi her şeyi gerçek zannedip takılmayı mı?...

Dünyaya bakıp ateşler içinde yanmayı mı seçiyorsun? Yoksa hakikate bakıp huzurla uyumayı mı?

**Mucize Kursu**

Tüm kitabın özeti:

Dünya bir savaş alanı. Burası senin olduğun yer değil, savaştığın ve çabaladığın yer. Ruhlar âlemine gittiğinde "olursun". Burada hareket etmek, çabalamak ve ilerlemek zorundasın. Çünkü bunun için buradasın. Çok şükür dünya rüyasının içindeki insan –beden de ruh da– gerçek değil. Tıpkı dünyada deneyimlenenlerin; savaşın veya sevişmenin gerçek olmadığı gibi.

İnsan egosu ile bir ve ondan asla ayrılamaz. Bunu kabul etmek zorundasın. İnsan egosu sebebiyle belli bir algı ile yaşar, her şeyi kendi algısı ile yorumlar, eleştirir. Kaderine bağlı olduğu yer bu algıdır ve neyi nasıl algılıyorsan öyle.

Hakikatten kaçamazsın. İnsan mutlu olduğu kadar mutsuz, neşeli olduğu kadar üzgün, iyi olduğu kadar kötüdür ve "rüyada olan her şeyin" tamamıdır. Belli duygulara anlam yükleyip onlardan kaçarsan yaşam enerjini limitlersin ve hastalanırsın. İçinde yanan ateşe saygı duymalısın. Onu oraya, gerçeği görebilesin diye Tanrı koydu, ondan kaçma, onun seni yakmasına izin ver. O ateş seni dünyada tutuyor, iyi ve kötü, dengeli ve dengesiz, mutlu ve mutsuz hissetmek senin normalin. Kendinden kaçmayı bırak. Çünkü kendinden ve bazı duyguları hissetmekten kaçtığında kan değerlerin bile düşüyor. O aleve direnç gösterirsen ateşlenir, hastalanırsın, ateşle savaşma, onun içinden geç.

*Savaşın dünyada, kendi içinde değil!*

İçinde yanan alev, tüm o hissetmekten kaçtığın derin duygular, seni dünyada tutan enerji. O enerji nefes almanı sağlıyor, egonu ve insanlığını ayakta tutuyor, senaryonu gerçekleştirmeni sağlıyor. Onu bastırmak üzere planlanmış dünya ile savaşmalısın. Çünkü o enerji orada baskılanıp durduğu zaman bir bombaya dönüşüyor ve patladığında gidip birini öldürmek veya parçalamak isteyebiliyorsun. Gerek yok kendini o seviyeye getirecek kadar limitlemene. Düşün; bir çocuğun saf öfkesi hiçbir zaman birini öldürmez ama yıllarca öfkesini limitlemiş insanın bir anda patlayan "birikmiş öfke"si birini öldürebilir.

Yaşa. Yaşamanı sağlayan şeyleri, duyguları bastırmayı bırak.

İnsanın içinde, derinlerinde yanan ateş onu dünyaya bağlıyor. O enerjiden kaçarsan ölürsün. O enerjide kalır ve yanarsan özgürleşirsin.

Dünyada olmanı sağlayan bu enerji. Çünkü dünya enerjisiyle-magmayla bağlantıya geçtiğin yer diyaframının olduğu yer, nefesin, nefsin, dünyanın başladığı yer, hara bölgesi... Bu enerjiyle bir olduğunda dünyada dev adımlar atabilirsin. Gücünün doruklarını deneyimleyebilirsin. O alan dünyada etkin olduğun alan. Yani insanın etkin olduğu, insanın gücünü deneyimlediğin yer. Herkül'ün gücünü aldığı yer... Hara bölgesi, tüm karanlık zannettiğimiz insani duygularla bağlantıya geçtiğimiz yer, insan bedenini tanrısallaştırdığın yer. Evet, insan Tanrı olamaz ama O'nun yanan ateşi ile birleşebilir. İşte o zaman durdurulamaz olur. Evrenin tüm kapıları o insana açılır. Ateşe dokunma cesaretini gösterdi diye. Hissetmek istemediğin tüm o duygular var ya; hırs, öfke, arzular, istekler, koyu ve derin enerjiler, orası insan bedeninin potansiyelinin dibi. Kasların, beynin o yanan ateşle, bu hareket halindeki duygular yaşam enerjisi ile çalışıyor. Hücrelerin o bölgedeki arzularla yenileniyor, orada hissettiğin, yaşama karşı duyduğun iştah, tüm hayvani dürtüler senin hayatta kalmanı, sağlıklı, güçlü, dinamik kalmanı sağlıyor.

Terbiyeli ve kibar bir insanın dünyayı değiştirdiği görülmemiştir. Dünyayı değiştirenler, insanları uyandıranlar her zaman insanlığını kabul eden ve insanlığın içindeki derin duyguları yaratılışa dönüştürenlerdir.

Hırs olarak algıladığınız şey aslında hırs bile değil. Sadece hareket halindeki enerji o, emotion. Yaşayan enerji... Canlı enerji... Hücrelerini yenileyen enerji... Kaynayan kor ateş... Sen ona hırs de, istek de, arzu de ne dersen de...

Bu enerjinin rekabetle, diğerlerinden önde olmak, farklı olmakla ilgisi yok. Küçük bir çocukta da görebilirsin; o sadece canlı olduğu için, insanlığının özünde yanan "ateş"le, "yaşam"la bağlantıda olduğu için kendini olduğu gibi ifade eder. Neyse odur.

Ama bu yaşam enerjisi ile, insanlığın derinindeki hakikat ile bağlantıdaysan, insanlığı hissederek, insanlığa dokunarak, doğanda ve kendinde yaşıyorsan bu insanın bakışlarına bile yansır. Bedenine bakanlar göremez belki ama, gözlerine ve yüreğine bakanlar sendeki derin manyetik enerjiyi, yaşamın derinliklerini hissedebilirler.

*Kendi insanlığına dokunabilen, tüm insanlığa dokunur.*

Zaten bir kere bile o derinlikle, insanlığınla bağlantıya geçtiysen tüm insanların içindeki derinlikle bağlantıya geçmeye başlarsın. Bunu tüm dünya görür.

Doğrudan insana, insanın en derinindeki noktaya dokunursun, insanın hakikati ile bağlantıya geçersin. Bilirsin, ki "hepimiz aynı çukurun içindeyiz" ve "bir"iz. Farklıyız, hepimizin farklı karakterleri, farklı bir algısı var belki ama deneyim seviyesinde biriz. Hepimiz insanız.

O nedenle, uyanış insanlığını kabul etmenle başlıyor.

Sadece bir insan olmakla başlıyor.

İnsandan daha fazlası olmaya çalıştığında "bir"likten koparsın.

Hepimiz insanız, aynı duygular ve durumun içindeyiz ve bu hakikat noktasında hepimiz biriz.

Dolayısıyla "sadece bir insan olduğumuzda", insanlığımız, bildiklerimiz, bilmediklerimiz, anladıklarımız ve anlamadıklarımız dışında hiçbir şeyle bağlantıya geçmeye çalışmadığımızda, bir olduğumuzu deneyimleriz. İnsanlık ile bağlantıya geçtiğinde hem kendi insanlığın ile bağlantıdasın (bütün o derin duygularla) hem de tüm insanlıkla. Dünyadaki tüm insanların hücrelerinin o en dibinde yanmakta olan alevi, kalp atışını, kan pıhtısını hissedebilirsin. Deneyimin tamamı olursun. Eğer o derinliğe dokunduysan ve o insanlığın en derin duygularından haberdarsan insanlığa dokunmuşsundur ve bundan büyük bir tatmin yok.

*İşte hakiki mutluluk: İnsana, karşılaştığın her insana, önce kendi insanlığına, sonra tüm dünyaya dokunmak. Ölümsüz, sınırsız ve her şey olmak.*

İnsanlığına dokunmuş kişiler karşılaştıkları her insanda derin bir iz bırakırlar. Onlar herkesin en derinine inebilenler, insanın dokunmak istemediği alanlara dokunabilenlerdir. Etkilerler, dokunurlar, çünkü onlar kendi insanlıklarının en derinine inmeye cesaret edebilenlerdir.

*O kişiler insanı anlar. Tüm insanları... Ve insanlık bunu bilir. Onların gözlerinde görebilir bu hakikati.*

İnsanı, insanlığı hissetmek gerçekten çok büyük. Çok derin. Hem insanlığa müthiş bir anlayış getiriyor hem müthiş bir derinlik, müthiş bir olgunluk... İnsanlık tecrübesinin dibine inebiliyorsan; kaçmadan, gocunmadan kendinle yüzleşebiliyorsan, insanın acılarına, hırslarına, arzularına inebiliyorsan zaten orada, oracıkta "an"ında uyanırsın.

Kitabın başında anlattığım rüyaya uyandığım "an"ı eminim şimdi daha iyi anlıyorsun.

Bir sabah kalktım; dünya ile, insanlığım ile yüzleştim ve

ağlamaya başladım. Tek yapabildiğim ağlamaktı. Aylarca... Aylarca ağladım. Bir sabah kalktım ve dünya gerçeğinin içine düştüm. O derinlikten aylarca çıkamadım. Deliriyorum sandım. Sadece kaçmadım. Kaçmaya çalışmadım. Nasıl bir derinlik, nasıl bir dipsiz kuyudur o! İnanılmaz bir deneyim yaşadım. Bütün insanlığın acısını tek bir anda yüreğimin en derininde hissettim. Ve bu beni yok etti. Dayanılmaz geldi. İnanılmaz bir derinlik. İnsan... Derin bir çaresizlik, yalnızlık... Önce kendim için ağladığımı sandım. Ama izin verdikçe yüreğim öyle yandı öyle yandı ki bunun tüm insanlığın hakikati olduğuna erdim. Gördüm. Duydum. Öğrendim.

Hiç olduğumu kabul ettim.

Sonra aşk "ol"du.

Anladım. Sadece bir insan olduğumu anladım ve bana verilen tek ismi kabul ettim.

O isim bu kitap "ol"du.

Tek bildiğim; dünyaya geldiğim andan itibaren tüm insanlığı anladığım. Gerçekten anlıyorum ve yüreğimde hissediyorum. Yüreğimde hissettiğim "aşk"ı önce gizlemeye, saklamaya çalıştım, sonra bir sabah bunu daha fazla yapamadım ve o aşk beni uyandırdı.

Hayatım boyunca kimseye kızamadım... Kızamam. Çünkü biliyorum. İnsanlığın neyin içinde olduğunu biliyorum. Uyanış, zannettiğiniz şey değil. Hakikate uyanmanıza gerek yok, hakiki kimliğinizi biliyorsunuz aslında, onu sadece hatırlatmam gerekiyor size. Asıl uyanış. İnsana ve dünyaya...

*Dünyanın ve insanın ne olduğuna uyandığında gerçekten uyanırsın.*

*Hakikati hatırlamak değil asıl mesele, insanı görmek.*

*Hakikate dokunmak, onu anlatmak değil asıl mesele, insanlığına dokunmak.*

Artık uyandın sen de. İnsanlığına uyandın. Artık kendinden kaçmana gerek yok. Bu kitabı okuyan herkesle, benimle, diğer tüm insanlarla aynısın. Hepimizin sorunları, sıkıntıları, duyguları aynı. Bunu, kendini, insanlığını gizlemene gerek yok.

*Uyanışa giden tek yol, insanlığından geçiyor.*

Her insanın dibinde, özünün özünün özünde bütün o derin duygular duruyor, kan kırmızısı ve o alev yanıyor. Kaçman bir işe yaramıyor. Kitabın sonuna geldik, eminim bütün bu anlattıklarımın özetiyle birlikte de bir uyanış yaşıyorsunuz. Kendinizi, insanlığınızı kabul ediyor, affediyor ve onu anlıyorsunuz.

Kaçman gereken hiçbir şey yok. Gizlemen gereken... Kendini farklı göstermen işe yaramıyor, benliğin hakikati biliyor. Kasma kendini, mutlu numarası yapmayı bırak, işe yaramadı.

*Önce insan ol. Önce hakiki bir insan ol, gerisi kolay.*

Ego sana eğer bu duygularla bağlantıya geçersen öleceğini düşündürüyor, biliyorum. Sen ölmeyeceksin, hakiki benliğin ölmeyecek ama ego ölecek, bu doğru. Ölmüyorsun işte; ben aylarca o alanda, insana hakikaten bakarak kaldım, çıkamadım oradan, insanlıktan. Ve hâlâ daha oradayım, bir şey olmuyor. Evet, dünyayı herkesten derin yaşıyorum; evet, insana inanılmaz bir anlayışım ve sevgim var ve yüreğim her an yanıyor, ama ölmedim.

Sadece bazen o kadar çok gündelik işle meşgulüm ki belli etmiyorum belki de. Ama hâlâ oradayım ve onun ne olduğunu biliyorum. Aylarca ağladım, ne oldu? Hiç. Aylarca yataktan çıkamadım, kuyunun en dibinde kaldım... Ne ilaç kullandım ne başka bir şey yaptım. Böyle bir şeyde insanların ilk yaptığı doktora gitmektir. O zaman da bütün psikiyatrik ilaçları dayıyorlar. Tam orada aslında bir uyanış oluyor. Bıraksan orada, onun içinde kalsa, müthiş bir uyanış yaşayacak. Kalamadığı için insanlar ve bu konuda hiç kimse ona destek olmadığı için, doktorlar ilacı dayıyor. Ben kendimi bir denek olarak kullandım ve doktora da gitmedim, ilaç da kullanmadım ve onun içinde kaldım. Gerçekten müthiş bir şey oluyor. Hani mucize kursundan çıkıp "Ama kendimi kötü hissediyorum" diyerek kaçıyorsunuz ya, olay o zaten. Mucize kursu seni buraya getiriyor. Tabii ki kendinizi iyi hissetmeyeceksiniz; uyanış kendini iyi hissederek olmuyor ki... İnsanlığın dibine ineceksiniz önce ve mucize kursu size bunu veriyor. Buna cesaret edebilir durumdasınız artık. O duygularla başa çıkabilecek durumdasınız. Artık inanılmaz güçlü bir nefesiniz var. Bu derinliğe inebilirsiniz ve bu derinlikte, bu bilgelikte bir insan olarak yaşamınıza devam edebilirsiniz. O noktada kaldığında herkesi anlayabilirsiniz artık, gerçekten. Ve hepinizin bunu seçtiğini biliyorum.

## Nefes Seansları

(...)

*Hani dedin ya, acının dibine indiğin zaman hiçbir şey olmadığını görüyorsun...*

En önemlisi bence; mesela şimdi bu kurgu olarak da böyle gidiyor, eğitimin başındaki Nevşah'a ve şu anda bu derinlikteki Nevşah'a bak. Ve sizin bana şu anda ne hissettiğinize bak.

*Ben şunu söylemek istemiştim: Hiçbir şey olmadığını gördüğün zaman biraz daha o duygunun içine girersen gülmeye başlıyorsun. Ne kadar komik bu yaşananlar, ne biçim bir senaryo yazmışım diye gülmeye başlıyorsun.*

Gülmeye başladığında ne oluyor sana söyleyeyim mi? Zihnin seni devralıyor ve daha derine gitmemen için sana bir kurgu yaratıyor. Genel olarak insanoğlunun, dünyanın en başından beri yaptığı en saçma eylem gülmek. En yapay, yapaylığın dibi... Nietzsche'nin bununla ilgili bir sözü vardır: "İnsanoğlu tüm canlılar içinde en fazla acı çeken canlı olduğu için gülmeyi icat etmek zorunda kalmıştır" der. O zaten seni acılarından uzak tutmak için bir kurgu. Neşe duygusunun gülmeyle hiçbir ilgisi yok. Komik gelmesi buraya çıkarıyor seni. Oradan alıp buraya çıkarıyor. Ne olduğunu bildiğim için söylüyorum; direkt oradan biraz daha derine ineceksin. Burada; henüz yukarı enerjilere çıkmadık, o yüzden söylüyorum, bir şey komik geliyor. Bir şeyin komik gelmesi zihinsel bir şey, yani enerjinin buraya çıktığını gösteriyor. Bu enerji öyle derin bir kuyu ki! Burada herhangi bir komedi falan olmuyor. Bayağı kan akıyor. Bayağı bedensel acı var. Eğer buradaysan burası komik değil. En komik olmayan yer burası, yeryüzü sisteminde. Eğer bu dipsiz kuyudaysan hiçbir şey komik değil. Her şey sadece böyle. Komedinin zerresi yok. Gerçekten cehennemin dibi. Ve bunda bir sorun yok. Bu bir azap değil. Ve buna azap diyen, buna cehennemin dibi diyen, ego. Orası senin aydınlandığın yer. Ego senin aydınlanmanı geciktirmek için bunu söylüyor. "Sakın oraya gitme" diyor. "Orası cehennemin dibi, azap çekersin, mahvolursun" diyor. Ben de oraya girmiş, orada takılabilen ve orada yaşayabilen biri olarak size rehberlik edip diyorum ki: "Hayır, bunun azapla alakası yok." Alakası yok cehennemin dibiyle. Sadece can atman gerekiyor. Can attığında oradan sadece müthiş bir şefkat çıkıyor. Çünkü burada derine indiğinde, burada sürecin bittiğinde otomatik olarak enerjin buraya, kalbe sıçrıyor.

Biraz önce deneyimlediniz: Önce hepinizi burada tuttum, sonra "Gözünüzü açın, kalbinizi açın" dediğimde başka türlü açıldı kalbiniz. Çünkü burada derinleştiğin anda insanla ilgili öyle bir yüzleşme oluyor ki onunla birlikte insana müthiş bir şefkat başlıyor. Yani şöyle söyleyeyim size: Bütün dünya burada kalabilseydi eğer –insanlığa dokunarak– birinin bir diğerine zarar vermesi mümkün olmazdı. Yani gerçekten karşındaki kişinin neyin içinde olduğunu, yani nasıl bir duygu yoğunluğu ve çaresizliğin içinde olup nelerden kaçtığını bilseydin, ona zarar verecek hiçbir şey yapamazdın. Sadece elini uzatmak ve onu kucaklamak isterdin. Bu biraz önce oldu sizin tecrübenizde. O noktayı hissettiğinde karşındakine bir şey yapamazsın. O da aynen senin gibi bütün o derin duyguların içinde; daha fazlasını ona niye yapasın ki? Daha fazlası yok zaten artık. Çekebileceğin en büyük acı orada, onu oracıkta kessen ne olur? Oraya dokunamadığı için zaten bütün bu kesip doğrama eğilimleri. Karşındaki insan zaten kendini bin kere doğramış, bedenli o. Bedenin çektiği bütün acıların içinde zaten. Olayın içinde.

*Kızım yurtdışında yaşıyor. Üç sene önce gelmiş ve ilk kez iki ay kalmıştı. Daha kalabilirdi, arkadaşlarını özlediği için gitmeyi tercih etti ve onu havalimanına bıraktım. Eve geldim ve ağlamaya başladım. Ama nasıl ağlıyorum! Çıkmak istiyorum bu şeyin içinden ama çıkamıyorum ve sabah kalktığımda kusmaya başladım.*

O kusma mesela, o duyguya gösterdiğin direncin yüzeye çıkması...

*Psikoloğa gittim ve ilaç verdi. Üç senedir bir daha bunu yaşamadım ama bu sabah kalktığımda yine bir safra geldi ve arınıyorum diye düşünürken o anda kesildi. Ama ben bu bilinçte olmasam...*

Buradan sonra tek söyleyebileceğim, buna izin vermeniz dışında başka bir şansınız yok. Başka yol yok. Bunun etrafından dolanamazsınız. Bunun dibine girmek durumundasınız.

*Peki, dibine girme olayı, seanslarda yaptığımız gibi mi?*

Yo, hayır. Seanslardaki sadece izin verme. Bütün bu konuşmaların ve bu seminerin üzerine zaten bir yerde patlayacak. Bir gün bir şarkı dinlerken veya bir gün bir yerde otururken bir şey olacak ve sebepsiz bir şekilde bir derinliğin içine girip belki ağlamak isteyeceksin, belki yalnız kalmak isteyeceksin, bir şeyler olacak... Ve ona izin verdiğinde ve oradan çıktığında inanılmaz bir şefkatle çıkmış olacaksın. Çünkü otomatik olarak buraya girişin çıkışı o durum. Buraya dibe giriyorsun ya, buranın çıkış kapısı neresi biliyor musun? Burası. Zaten buraya dibe indiğinde kabullenmek zorundasın insanlığı. Ve insanlığı o derecede kabul ettiğinde müthiş bir şefkat yükselmeye başlıyor. İnanılmaz bir sevgi, inanılmaz bir anlayış... O andan itibaren kimseye kızamazsın, kimseye bir şey diyemezsin... Çünkü neyin içinde olduğunu biliyorsun.

*Dünkü son seansta bir sürü şey konuştuk ya, "Aslında asıl ben Elif değil hani, benim" diye. O iyi geldi. Sonra seansta koçlar ben kötü olduğumda sürekli "İşte bu bedendeki benliğin" dedikçe bütün gece eve gittikten sonra kafam böyle şey oldu... Bir taraftan o bedenin yokluğunu algılamaya çalışırken öbür taraftan da bu bedendeki benliğim... Ama şimdi onun cevabını aldım.*

Ama bu bir rüya ve böyle. Olay zaten burada o magmadan, ateşten başlıyor ve o sende duruyor. Sonra dediğim gibi, buraya indiğinde otomatik olarak kalbe çıkıyor enerji. Ve başka yol yok. Bu derin duygulara girmedikçe ne yaparsan yap, bin beş yüz tane kalp meditasyonu yap, fark etmez. O yüzden nefes seanslarında nefesin karından başlamasını istiyoruz. Çünkü burada açılıp orada bir anlayış gelişmeden buraya çıkartamıyoruz kimseyi. Burada onun gerçekleşmesi ve senin insan tarafınla bağlantıya geçmen gerekiyor. Sonra kalbe sıçrıyor enerji ve bu kendiliğinden oluyor. Ve burada, kalpte sevgi ve şefkatin... Şöyle diyeyim: Benim seçtiğim mucize bilinci, her şeyi kabullenmem ve hakikati hatırlamam, bu bedene dışarıdan bakmamı sağlıyor. Ama bu bir gerçek değil. Ve ben gerçekte burada bile değilim bir seviyede. Yani rüyayı yaratan değilim, rüyayı izleyen olabilirim ancak. Rüyanın içindeki Nevşah değilim. Ama ben bir rüyada bile olsam ben her yerde olduğum için buradayım. Ve hakikati hatırladığımız noktadan artık bu bedene bakabiliyoruz. Bu bedene baktığında "Bir bakayım ne varmış burada" diyerek yüzleşebiliyorsun.

Birincisi, böyle bir şey var. Damara akan kan... Sürekli bu enerjiyle atan kalp... O yanan ateşle hareket içinde bir organizma var. Ve senin tek yapabildiğin şey insan olarak, bunu kabullenip buraya inmek. Sen buraya indikten sonra uyanış otomatik oluyor. Önce enerji kalbe, sonra üçüncü göze, sonra da bütün bilgiye sıçrıyor. Nefes seansında, karın nefesi için gereken eforu senin göstermen gerekiyor. Bunu yapmazsan nefes seansında hiçbir şey olmuyor, enerji buraya inmiyor. Nefes seansında buraya enerjiyi senin indirmen gerekiyor. Nefes verişin kendiliğinden olması gerekiyor. Çünkü bu sıçrama senin gösterdiğin büyük eforun hediyesi. Bir bakıma buradan iniyorsun yeryüzünün derinliklerine, ateşe, yaşam enerjisine... Orayla bağlantıya geçiyorsun. Orayla bağlantıya geçmiş olmanın ödülü olarak önce kendiliğinden müthiş bir sevgi başlıyor. Verişle ilgili o. Sen ne kadar rahat bırakabiliyorsun burayı... Ne kadar kabullenip bağışlayabiliyorsan buraya çıkıyor ve ondan sonra da sıçrama kendiliğinden buraya kadar gidiyor. İniş benimle ilgili, çıkış sistemin kendisiyle ilgili. O yüzden aydınlanmanın yolu buradan geçiyor. Çünkü buraya doğrudan çıkılmadığı gibi, bu çıkışı ben yapmıyorum. Bu çıkışı benliğin doğası, Tanrı'nın hakikati yapıyor. Çünkü bu benim eve dönüş yolculuğum. Ve bunu ben yapamam. Ama dünyanın dibine gidişi benim yapmam gerekiyor. Dönüş yolculuğu garanti zaten, çünkü o Tanrı'nın planının yansıması. Bu Âdem, bu Havva. Biri benim seçimim, biri Tanrı'nın planı. Biri benim iradem, biri Tanrı'nın iradesi. O yüzden kendi kendime yükselmem, bilgiye niyet etmem falan bir işe yaramıyor. O yüzden aydınlanma aşağı doğru. Tabii ki aydınlanma yukarı doğru ama yukarı gidiş yolu aşağıdan geçiyor. Yönü böyle. Nefesi, almadan veremiyorsun. Çaba sarf etmeden ödül yok. Nefes alış ve oradaki efor; nefes veriş ve oradaki teslimiyet...

*Zaten dünyadaki en başarılılar, her şeyi yapmış, kariyerinin tepesine gitmiş insanlar... Ve bir şey bulamayıp...*

Benim hep söylediğim bir şey var. İnşallah mucize kurslarını alanlar da siz de her istediğinize sahip olursunuz ve bir gün olayın bununla hiç ilgisi olmadığını görürsünüz. Maddi manevi bütün istedikleriniz... Ruh eşleriniz ve ikizleriniz dâhil... Olayın, bunların hiçbirinden ibaret olmadığını görürsünüz. Benim iradem ve Tanrı'nın iradesi bir bütün. Buranın amacını yazıyorum şu anda... Burada bile benim iirademle Tanrı'nın iradesi bir bütün. Rüyada bile benim gücüm onun gücünün yansıması.

*Bu bir direnç mi bilmiyorum. 16 ya da 17'nci nefes çalışmam bu. Mucizeyle başladı. Yüzde 80 oranında nefes yapacak olmaktan korku ve nefrete yakın bir şey duyuyorum.*

Buraya girmekten korkuyorsun. Bunu fark ediyorsun. Egonun bütün oyunları seni buradan uzak tutmak için. İnsanlığından. Ego bilinci sana bunun kendisi olduğuna, bedendeki her şeyin sana ait olduğuna seni razı ederek o insanlıktan korkmanı sağlıyor. Artık mucize bilincinden hatırlayarak "Bu bir araç, bu ben değilim, o yüzden onun sahip olduğu duyguların benim üzerimde hiçbir etkisi yok, o yüzden dibine kadar gidebilirim" diyebilirsiniz. Bu ateşin benim özümle bir ilgisi yok. Benim insan tarafım bu. Ve o insan bir rüya. OK o zaman, dibine kadar gidebilirim bu olayın. Duyguları dibine kadar hissedebilirim ve dünyada ne yapacaksam yapabilirim. Kaçmama gerek yok dünya hayatından, buradaki aksiyondan, buradaki yapıştan... Mucize bilincinden baktığınızda dünyevi her şeyi yaşayabileceğinize, yapmanız gereken her şeyi yapacağınıza uyanırsınız.

*Nefesi yaparken, özellikle de başında, çok yoruldum. Mızmız bir çocuk gibi... İçimde bırakmak istiyorum falan...*

Çünkü buraya çocukluktan geçmiş bir özellik bağlantıya geçmemen. Çocuklukta gelişiyor bu olay.

*Zamanla geçer mi bu peki?*

Zihin bunu yapıyor. Zamandan ziyade senin kararlılığın gerekiyor burada. Nerede duracağına karar vermelisin. Mucize bilincindeysen bu bedende olup olabilen hiçbir şey seni korkutmuyor. Acının dibine girebilirsin, fark etmiyor. Özdeşleştirmiyorsun kendini.

*Peki, nefes kendiliğinden girsin diye bir şey geliyor bana... "Sen yapma, kendiliğinden girsin" gibi.*

Demek ki orada bir çaba var. Bir seviyede çaba sarf etmen gerekiyor. Demek ki o çaba sende aşırı.

*Kızmam mı gerekiyor buna?*

Hayır. Biraz daha eforsuz eforla yap. Kendiliğinden bir şey oluyor orada... Ama o bir sonraki nokta zaten. Oraya gidene kadar efor sarf etmen gerekiyor.

*Benim kafam karıştı: Duygu ve düşünce diye bir şey yoktu?...*

Yok. Bu anlattıklarım duygu değil. Zihindeki düşünce, duygu değil aslında, bir his yaratıyor. Duygu dediğin şey, İngilizcesi "emotion". Açılımı "energy motion". Hareket halindeki enerji yani... O yüzden duygulara aslında duygu diyemem veya isimlendiremem derken, bunu söylüyordum. Buradaki, hareket halindeki, alev alev yanan enerji... Öfke, hırs diyorsun ama onlar zihnin yaratımları. İki durum var: Biri senin doğal enerjin, diğeri de o enerjinin sabote edilmesiyle ilgili düşüncelerin ve bu düşüncelerin ürettiği hisler... Bu hisler senin doğana uygun şeyler değil ve eğer bir his varsa sisteminde, bundan özgürleşmen gerekiyor. Kendini altüst hissediyorsan, kötü hissediyorsan... Bu bir his değil. Yanan bir alev bu. Hırs diyebilirim, korku, acı diyebilirim ama aynı zamanda hiçbiri. Bütün yoğun enerjiler. Düşüncenin ürettiği hisle hiçbir ilgileri yok. Düşüncenin ürettiği his, sisteminde olmaması gereken bir acı. Seni altüst eden, dünyadan koparan... Mesela az önce anlattığım derinlik, kötü bir şey değil. Senin o derinliğe "kötü" demen o hissi doğuruyor. Meltem biraz önce "Nefes seansından önce korku başlıyor" dedi. "Burası korkutucu bir yer" düşüncesi oraya korkuyu yüklüyor. Burada o korku yok. Burada daha hakiki bir şey var. Evet, korku ve panik hissine benziyor ama değil. Çok fazla anlam yüklediğiniz için korku, öfke, panik gibi kelimeleri bilinçli kullanıyorum. Onları hissetmeye can atman gerekiyor bağlantıya geçmen için. Buraya zihnin çok fazla anlam yüklemiş. Buraya ve dünyaya. Zihin, dünyaya anlam yüklüyor. Ve dünya burada, bedeninde. Bütün o alev alev enerji, kan, beden; dünyayı sembolize ediyor. Ve zihin dünyaya, dolayısıyla bedeninde alev alev yanan o ateşe o kadar çok anlam yüklemiş ki, buranın korkunç olduğunu düşünüyor. Burayı acı ve çaresizlikle özdeşleştiriyor. O yanan ateşi; korkuyla, çaresizlikle ilişkilendirirsen orayla bağlantıya geçebilirsin.

*Ben yogada yaşadım. Üçüncü gözüm açıldı. Perdelerim açıldı.*

Bu kalıpları anlamıyorum. Tek bildiğim, buraya girdiğinde enerji yükseliyor. Buraya, muhtemelen üçüncü göze. Yükseliş oluyor yani. Ama bir tek üçüncü gözün açılması bana bir şey ifade etmiyor.

*Ben Çeşme'de en korktuğum şeyi yaşadım. Kontrolümü kaybedip çıldırmaktan çok korkuyordum. Ama Çeşme'de bir seansta onun dibine girdim ve orada çıktım. Geldikten sonra acayip bir sevgi ve anlatma isteği... Herkese anlatıyorum... Yüreğimin genişlediğini hissettim ve yazmaya başladım. Sürekli anlatmak istiyorum. Kalamıyorum çünkü bu şekilde. Ama şimdi tekrar yine o his geldi. Yani o dibe gireceğim... Ve onu çok yaşamak istediğim için de geldim bu ileri seviye mucizeye. Oraya tekrar girmem gerekiyor ki devam edebileyim diye düşünüyorum.*

Tabii, can atmak gerekiyor. "Üçüncü gözüm açıldı, bütün çakralarım açıldı, oldu bitti" gibi söylemler gibi bir şey yok. Bu her an oluyor. Açılıp kapanma, sonra yine açılma ve yine kapanıp bitme yok. Bu senin nefesinle ilgili. Şu daha doğru olabilir: Ben nefesimi ve sistemimi o kadar açık tutuyorum ki, bunun hakkında o kadar dikkatliyim ve kendimi o kadar bu işe adadım ki çakralarımı, bütün enerji merkezlerimi açık tutabiliyorum. Açıldı bitti diye bir şey yok. Burası eylem dünyası. Yapmayı bıraktığın anda bittin. Bu dünyanın kanunu böyle. Ben mucize kurslarını, eğitim yapmayı, seans vermeyi bırakayım bir sene, beni tanıyamazsınız. Şu anda bunu bırakabilecek seviyede değilim tabii bilinç olarak. Mümkün değil. Neyin ne olduğunu biliyorum. Ya da bir sene bırakayım, kendi kendime yapayım, yine tanıyamazsınız beni. Çünkü kendi kendine yapmakla kendini buraya adamak çok farklı. Sürekli vermeye devam ettiğim için kendimi bir yerde tutuyorum. Dünyada yapma kanunu var. Yapmadığınız hiçbir şey olmuyor. Evet, burada hakikat seviyesinde zaten oluyor ama bu benim benliğimle ilgili, Nevşah'la ilgili değil. Ben benliğimle ilgili bir şey yapmam gerektiğini düşünürsem yanlış yaparım. Çünkü hakiki ben ışığın kendisi. Herkesin yaptığı hatayı anlatayım size: Hakiki ben zaten hakikati, ışığı hatırlayan yer. Mükemmelliğin ve Tanrı'nın yansıması. "Ben sevgiyim, ışığım, ben mükemmelim" diyor hakiki ben. Niye? Çünkü O'nun temsilcisi. Tanrı'nın bir kolu gibi. O'nun bütün özelliklerini barındırıyor ve hiçbir şey yapması gerekmiyor böyle olmak için.

Zaten Tanrı'nın beni yarattığı haliyle mükemmelim. Buradaki, Nevşah'ın fiziksel zihin bedeni. Basit bir elektrikli cihaz gibi çalışan ve bu alev alev yanan şeyi barındıran bu zihin bedenin böyle bir durumu yok. Eğer "Nevşah tam ve hiçbir şey yapması gerekmiyor" dersen, bayağı bir illüzyonun içindesin demektir. Sen hâlâ kendini Nevşah'la özdeşleştirdiğin için öyle anlıyorsun mesajı. Nevşah olmadığını fark etmemişsin daha. "Ben tam ve mükemmelim" derken Nevşah'ı kastediyorsan zaten olayı anlamamışsın daha. Nevşah'la ilgisi yok oradaki benin. Nevşah'ın nesi tam ve mükemmel? "Tam ve mükemmelim" diye hatırladıkça, hakikati hatırladığı için, Nevşah'ı tam ve mükemmel kalması için yönlendiririm. Ben, Nevşah'ı yönlendirenim. Tamlığın, mükemmelliğin ne olduğunu bilen benim. Bu dünyada da tamlığı ve mükemmelliği gördüğümde tanıyan benim. Ya da tersini gördüğümde yine tanıyan benim. Ben o kadar hatırlıyorum ki kendimi, burada bir hata olduğunda, o hata da tam ve mükemmel demem. Çünkü değil. Bu beden istediğim gibi gözükmediğinde "Ama öyle de tam ve mükemmelim" diyecek kadar saf değilim. Niye? Hakikati hatırlıyorum. Tam ve mükemmelliği bilenim zaten. Bu bedenin tam ve mükemmel halini de biliyorum. Niye kendimi aldatayım ki? Ya da hayatımın ne zaman tam ve mükemmel göründüğünü biliyorum. Niye aldatayım ki kendimi? Tamlığın ve mükemmelliğin ne olduğunu hatırlıyorsun, burada da biliyorsun. Bir ilişkinin tam ve mükemmel halini biliyorsun.

Onu tam hale sokmazsan ne olur? Doğan müsait değil. Bu bedenin içindeysem bu beden tam ve mükemmel olacak. Bunun için ona sürekli bir şey yaptıracağım. Spor yaptıracağım, beslenmesine dikkat edeceğim, ne gerekiyorsa onu yapacağım. Çünkü bu beden, yapma dünyasında. Bu beden, olma dünyasında değil. Ve bu beden tam ve mükemmel olan değil. Benim o. Ben tam ve mükemmelim. Ve bunun ayrımını da yapabilenim. İşte ışık ve mucize bilinci bu. Bu ayrımı yaptığında netleşiyor zaten her şey. Beden dünyası, yapma dünyası. Ben ve özüm ise "olma". Bu ikisinin birbiriyle hiçbir alakası yok. Ben ışığın kendisiyim. Ama bedenimin kendi kendine ışıkta kalabilmesi mümkün olmuyor. Bu bedenin ışık olması için bir şey yapması gerekiyor: Nefeste kalması, eğitimler vermesi... "Ben ışığın kendisiyim" demem bedeni bağlamıyor; bunun Nevşah'la ne ilgisi var? Ben ego bilincindeysem o zaman ancak ilgisi var. "Ben ışığım" dediğimde sen zannediyorsun ki Nevşah diyor. Yooo, ben burada Nevşah'ı kastetmiyorum ama hissetmesi için ona günde yüz kere "Ben ışığım" dedirtiyorum. O zaman Nevşah da ışık oluyor ve yapma dünyasının içinde her an ışık olarak gözükebiliyor. "ben ışığım" demeyi bıraktığında, bitti. Ve egonun en güzel oyunu: "Ben tam ve mükemmelim, hiçbir şey yapmama gerek yok." Sen kendini tam ve mükemmel olarak gördüğün için Nevşah'ın bir şey yapmasına gerek olmadığını düşünüyorsun. Çünkü ego bilincindesin. Kendimin Nevşah olmadığını görüp dışarıdan baksam ne kadar çok şey yapmam gerektiğini de görürüm. Bayağı yapma eyleminin içinde kalması gerekiyor kişinin. Bırakamazsın onu tek başına. Bir çöp yığınına dönüşür, çünkü onun böyle bir becerisi yok. Ben ışığın kendisiyim, sevginin ve hakikatin kendisiyim. Dolayısıyla benim uyanmam gerekiyor mu? Hayır. Ben uyanışı yansıtıyorum zaten. Ben, ışığın kendisi... Tanrı'nın yansıması buradaki o benlik. Zaten uyumadı. O zaman uyanması falan gerekmiyor.

Bu zihin beden, Nevşah olan zihin beden uyanacak mı? Hayır. Hiçbir zaman uyanmayacak. Çünkü hiçbir zaman uyanmadı. Bu hikâyedeki rol. Romeo hikâye kitabından çıkıp gerçek bir adam olacak mı? Böyle saçmalık var mı? Romeo'yu oynayan adam, onun canlandırması. Bu, oyuncu. Bu, rol. Rol nasıl uyansın, canlansın? Hiçbir zaman anlamayacak, bilmeyecek. Hikâyenin içinde, örümcek ağının içinde bilemez, anlayamaz. Bunun sevgiyi bilmesi, anlaması mümkün değil. O yüzden yolun bir yerinde onu bırakmanız gerekiyor. Meltem, Öznur gidip anlasın istediğinde, anlamıyor. Bu da seni limitliyor. Ama o anlamayacak, bilmeyecek. Rahat bırakın. Öyle bir kapasitesi yok. Senin de uyanman gerekmiyor. Tek yapman gereken onu rahat bırakmak. Bunu yapamadığın için ışık olamıyorsun. Işık olmakla ilgilendiğin için ışık olduğunun idraki gerçekleşmiyor. Işık olmayan anlasın diye debelenmekten, rolle uğraşmaktan, ki rol değişmeyecek, sen oyuncu olduğunu unutmuşsun. Çoğu insanın durumu bu şekilde özetlenebilir. Bir örnek daha: Oyuncu, Romeo'yu canlandırıyor sahnede... Evine gidiyor ve kendini hâlâ Romeo zannediyor. Tek yapmanız gereken bunları birbirinden ayırmak.

*Burada ikilem varmış gibi geldi. Öz, bir şekilde... zihin bedene karışmayacak... Diğer taraftan da onu ha bire bir şeyleri yapmaya zorlaması gerekiyor.*

Şöyle: Burada bir senaryo var. Tiyatro oyunu gibi gör. Şimdi ben *Romeo ve Juliet*'te Juliet'i oynuyorum. Benim oyuncu olarak karışabileceğim yerler var, karışamayacağım yerler var. Mesela aynı oyunu farklı oyuncularla izlediniz mi? Ben izledim. Her şey aynı, bir tek oyuncu değişmiş ama sanki başka bir şey oluyor orada. Aynı şeyleri söylerken sanki başka bir şey diyor. İşte senin karıştığın alan orası. Sen oyuncu olarak o rolün nasıl ve nereden oynandığına karışabiliyorsun. Korku yaşayan başka bir oyuncu da aynı sözleri söyleyebilir ama nasıl bir enerji verdiği önemli. Aynı cümleleri dillendirebilir ama sen anlamazsın. Ya da öyle bir oyuncu öyle bir söyler ki, her şeyi anlayıverirsin. Yani senaryo değişmiyor aslında. Ama kalan her şey değişiyor. Senaryonun içinde belli kalıplar var. Mesela hangi gün nerede olacaksın, ne giyiyorsun, kiminle karşılaşıyorsun, hatta geçen konuşmalar... Bunlar üzerinde bir etkin yok. Yatay seviyede yok, dikey seviyede var. Senaryo ideal. Senaryoyu iki oyuncu oynasın. Biri acayip profesyonel, kendini senaryoyla özdeşleştirmiyor. O kadar ki, Juliet'i iyice okumuş kavramış, Juliet kaç kiloysa o da o kiloda, saçı nasılsa öyle, Juliet elini nasıl şöyle yapıyorsa o da öyle yapıyor. Çünkü süper bir oyuncu ve kendini rolle hiç özdeşleştirmiyor ve muhteşem oynuyor o yüzden. Hikâye kitabından fırlamışçasına. Rolden o kadar özgür ki Juliet oluyor. Sonra başka bir oyuncu geliyor... Juliet 55 kilo, o 50. Juliet'in saçı uzun, onunki kısa. Hiç dikkat etmemiş. Rolü çalışmamış, anlamamış. Oynayamama sebebi, rolü sürekli zihninde eleştirip durması zaten. "Shakespeare de nasıl yazmış bunu, Juliet böyle dememeliydi, aslında şöyle yapması gerekirdi" demekten, rolle, senaryoyla uğraşmaktan rolün detaylarını kaçırmış. Oynayamıyor.

Senaryo öyle bir şey ki, onu etkileyebilecek değişimler yapamıyorsun. Ona müsaade edilmiyor. Senaryonda dekatlon yarışçısıysan senin 100 kilo olma ihtimalin yok, olamıyorsun zaten. Ama masa başındaysan o açılım oluyor. 50 ya da 100 kilo oluyorsun. Zaten eğer senaryonda dekatlon oyuncusu olmak varsa senin ana sorunun kilo olmuyor. O mesele senaryonun içinde hallolmuş oluyor. Senaryoda mankensen, yine hallolmuş oluyor, zaten öyle bir tipsin. Yani herkesin senaryosunda değişemeyecek şeyler var, bir de değişebilecek şeyler var. O değişebilecek şeyler de rolünü ne kadar iyi oynadığın. Coşkun'a; hakikatini hatırlayarak, tamlığını-mükemmelliğini hatırlayarak baktığında, Coşkun bunu ne kadar yansıtıyor?

Yüzde 100 mü, 80 mi, 50 mi? İşte orayla çalışman gerekiyor. O kadar. Çünkü ben mükemmelin, tamın ne olduğunu biliyorum. O yüzden Nevşah'a baktığımda nerede daha sevgi dolu olabilir, ben bunu görenim. Ama Nevşah bunu göremiyor. Ben kendimi Nevşah zannedersem, ben de göremem. En iyi anlamanız gereken yerlerden biri bu. Ben mucize bilincinde kaldığımda, Nevşah'ın ne zaman sevgi dolu olup olmadığını görebiliyorum o ışıkla. O zaman diyorum ki, "Burada böyle olmalı ve bununla ilgili bir şey yapıyor Nevşah." Ve bu otomatik oluyor. Ben Nevşah'a bir şey söylüyorum gibi bir şey yok. Bu benliğin varlığı buraya bir şeyleri gösteriyor. Yani rol oynanırken, dışarıdan bakıyorsun. Ama ego bilincini seçmişsen ve kendini rol olarak görüyorsan, buranın içinde olduğun için ne yaptığını da görmüyorsun zaten. Kendini gerçekten Juliet zannediyorsan rolü ne kadar iyi oynayıp oynamadığını kaçırıyorsun. Onun bir rol olduğunu hatırlaman gerekiyor. Burada bunu demem gerekiyordu, elini böyle kaldırması gerekiyordu... Bunu unutuyorsam elimi kaldırsam bile saçma sapan bir şey oluyor.

*"Ben tam ve mükemmelim." Bunu dua gibi ezberlemeye başladım. Ama yapma dünyasında senin Nevşah'ı çalıştırma şeklin ile benim Arzu'yu çalıştırma şeklim aynı değil. Tamam, "human design"larımız farklı. Ama o zaman tam ve mükemmel algılarımız da mı farklı?*

Arzu'nun tam ve mükemmelliği ile Nevşah'ın tam ve mükemmelliği farklı.

*Aynı değiliz yani.*

Aynıyız. Şöyle diyeyim: Nevşah mesela, böyle oturduğunda, şu an tam ve mükemmel hissediliyor. Arzu da başka şekilde oturduğunda. Şimdi Nevşah gibi mi oturmak tam ve mükemmel, Arzu gibi mi?... Buraya sürekli bilincinizde ne seçiyorsanız o yansıyor. Ben bilincimde tamlığı ve mükemmelliği seçiyorsa öyle de yapsam böyle de yapsam, tam ve mükemmelim. Çünkü bunun senaryoyla bir ilgisi yok. İşte bunun ayrımını yapamadığınız için sorun oluyor. Oyuncu mükemmel bir oyuncuysa Romeo'yu da, Juliet'i de, Ayşe'yi de süper oynuyor. Oyuncu kendini biliyorsa, yani oyuncuya baktığımda ben mucize bilincinde kalıyorsam, sekiz çocuklu ve beş kere evlenmiş şarkıcı birini de oynuyor olsam mükemmel... Hiç evlenmemiş, çocuk sahibi olmamış, tek başına yaşayan adamı da oynuyor olsam mükemmel. Buranın bununla bir ilgisi yok. Buradaki bilinç sürekli olarak buraya yansıyor. Buranın ışık dolu olduğunu hatırlayıp yaptığını ışıkla yapıyorsan, sevgiyle yapıyorsan...

Kendi tecrübemden örnekle anlatayım: Bazen öyle şeyler yapıyor ve öyle şeyler söylüyorum ki, başkası yapsa insanlar tahammül edemez. Ama sevgi nedeniyle yapıldığı görülüyor... Mesela oyuncusun, karşındaki kişiye "Aptalın tekisin sen" diyorsun. Senaryoda bu var. Kim olduğunu hatırlayarak, sevgi olduğunu hatırlayarak "Aptalın tekisin sen" dediğinde –ne dediğinin önemi olmadığı için hiçbir zaman– o sevgi karşıya gidiyor ve sevgiden başka bir şey algılanmıyor. Ama sen sevgi olduğunu unutup bir beden olduğunu düşünerek ve bedene bakarak "Aptalın tekisin sen" dediğinde karşındaki kişi alınıyor. Olan değişti mi? Hayır. Aynı şeyi söyledin. Ama onu nasıl ve hangi bilinçten dediğine göre değişti her şey... Birine, yüreğinden, gözlerinin içine bakarak "Seni seviyorum" dediğinde onun ömür boyu senin yanından ayrılması mümkün değil. Yüz kere de diyebilirsin bu cümleyi, senaryoda var çünkü, ama bilinçte yoksa işe yaramayacaktır. Bu yüzden, senaryoda ne olduğu değil, o derinlikte ne olduğu önemli. Hayatımda kim olduğu önemli değil, benim hangi noktadan ilişki kurduğum önemli. Zaten olaydan tatmin oluyorsun o zaman. Seni Ali, Veli, Ayşe tatmin etmiyor ki. Sen sevgi olduğun için tatmin oluyorsun. Ve böylelikle senaryo olduğu gibi kalabilir. Kiminle evleneceksen onunla evlenirsin, kiminle arkadaş olacaksan onunla olursun. Aynen kalabilir hepsi. Sen sevgi olduğunda fark etmez ki! Ya da sevgi olmadığında Ali'yle de olsan bir, Veli'yle de olsan bir. Kendini nasıl hissettiğinin, kim olduğunun burayla bir ilgisi yok. Kim olduğunun seninle ilgisi var. Ve bu senin çalışman gereken alan. Burada kendini tutman senin sorumluluğunda. Mucize bilincinde senin kalman gerekiyor. Senaryo senin sorumluluğunda değil, otomatik olarak oluyor. Ama sen ikisini karıştırdığın için, senaryoyla uğraşmaktan ve Ali'ye ne diyeceğini düşünmekten asıl kalman gereken yerde kalamıyorsun. Zaten ne diyeceğin senaryoda belli. Oyuncu olduğunu ve aslında kim olduğunu unutuyorsun. Halbuki burayı unutsan, vaktini kim olduğunu hatırlamaya ayırsan burası bambaşka bir yer oluyor. Senaryo aynı, rol aynı ama en yüksek ihtimal... Orada da müthiş bir tatmin var. Her senaryonun, her rolün en yüksek ihtimali var. O kadar sevgi dolu olabilirsin ki, birine attığın tokat bile sevgi olur.

*İki gündür buradan çıktığımda aynı ikilemi yaşıyorum. Özü kabul ettim. Zihin bedeni de kabul ettim. Onun bir senaryosu var ve onu oynuyor. Fakat öz olarak...*

Onu nereden oynuyor?

*O söylediğin şey geliyor aklıma orada... Ben bunu yıkamazsam kokuyor, ben buna yağlı yedirirsem şişmanlıyor... O zaman müdahale etmem gerekiyor.*

Bununla ilgili müdahale zaten geliyor coşkun. Senin aradan çekilmen gerekiyor sadece. Dedim ya; nörologların keşfi bu, çok şükür... Bekliyordum böyle bir şeyi çünkü. Readiness potential diye bir refleks var beyninde. Sekiz saniye önce ne yapacağın belli. Zaten Coşkun'a bütün bunlar geliyor. "Kalk yıkan. Kalk şunu yap..." O gelen mesajların titreşimi, senin beyninde ne seçtiğinle değişiyor. O gelen mesaj elektrik devresi ya, senin mucize bilincini seçmenle o gelen titreşim değişiyor. Mesela "İki kere banyo yap" demeye başlıyor. Sen bilincinde ne seçiyorsan gelen mesajın ona uyarlanması gerek. Çünkü Coşkun'un yüksek ihtimali de var, düşük ihtimali de. Coşkun yine Coşkun. Ve o mesajlar otomatik olarak senin yüksek ya da düşük ihtimaline göre geliyor mucize bilincinde kalan bir kişiye... Mesela rolde bir gülme sahnesi var. Düşük titreşimdeki birine "Çok zorlama kendini, azıcık gülsen yeter" diye mesaj geliyor. Yine "Gül" diye mesaj var. Çünkü senaryoda gülmek var. Mucize bilincinde kalıyorsan mesaj "Öyle bir gül ki yüzün aydınlansın" diye geliyor. İki halde de gülünüyor ama her şey değişiyor.

*Duygusal değil de fiziksel örneklere... Mesela Buda'ya da bakıyoruz...*

Şöyle diyeyim: Buda'ya takılma bu arada bence...

*Sen ve ben aynıyız sonuçta. Mükemmeliz. Sigarayı bırakmalı mı mesela burayı bitiren kişi?*

Üst ihtimali görüyorsun... Senin üst ihtimalinde sigara içmek olabilir mi? Bir bedenin en yüksek ihtimalinde kendine kötü davranmak yok. Ama senaryoda düşük titreşimde var o ihtimal. O yüzden senaryoyla ilgilenmenize gerek yok. Otomatik mesajlar geliyor. Sen bilincinde ne seçtiysen ona göre de otomatik programlama var. Mesela bir sonraki an... Olasılıklar dünyası çünkü... Mesela Coşkun adım atacak. Ama bu adımı hızlı mı, yavaş mı atacak, bununla ilgili sonsuz olasılık var. Ego bilincini seçtiğinde bu olasılıkların en düşüğü geliyor ve onu yapıyorsun. Mesela bir adım atıyorsun ve çukura giriyor ayağın. Mucize bilincini seçtiğinde ise adım atıyorsun, sana yine bir mesaj geliyor, hayatının aşkıyla karşılaşıyorsun. Birini senin seçimine göre, diğerini zaten kendiliğinden organize ediyor sistem. Buradaki senaryo değişmiyor ama seçtiğin bilince göre modifiye oluyor. Ama bu kendiliğinden oluyor. Olan oluyor. Senin asıl çalışman gereken, yaptığın seçim. Çünkü senin bir tek bu bilinç dünyasında gücün var. Niye? Sen bilincin kendisisin çünkü. Sen burası değilsin ki... Ve buradaki seçimin otomatik değişime yol açıyor. Uğraşman gerekmiyor. Değişik boyutlardan elektrikler geliyor yani. Gidiyorsun bir kitapçıya, sonsuz olasılık... Senaryoda kitapçıya gideceğin var. Değişmiyor bu. Düşük olasılıklarda başka, yüksek ihtimalde başka bir kitabı seçiyorsun. Mesela mucize kursu yazarlarından birinin kitabına gidiyor elin. Çünkü hayat senin nerede olduğuna göre otomatik olarak nasıl değişiyorsa öyle değişiyor. Ama "Nasılsa öyle" derken, "Hiç değişmeyecek" anlamında demiyorum. Değişim bile oluyorsa kendiliğinden ve nasılsa öyle oluyor. Benim bir etkim yok. Benim bir tek etkimin olduğu yer, bilincimde ne seçtiğim. Mucize bilincini seçiyorsam beyne öyle mesajlar geliyor ki burada en yüksek ihtimalimi yaşıyorum. Rüya gibi senaryo yaşıyorum. Ego bilincini seçiyorsam otomatik olarak düşük titreşimde bir senaryo yaşıyorum.

*Şimdi netleşti. Çünkü baştan beri "senaryo hiç değişmiyor" diye bir cümle kullanıyorsun. Onu kullandığın zaman senaryo olasılıklar dahilinde değişmiyor gibi oluyor.*

Değişmeyen şey, sonsuz olasılığa müdahalenin olmayışı... Onu otomatik sistem belirliyor. O yüzden mesela bir karar alıp netleştikten sonra, bilincinle ilgili kararlardan sonra, değişim çok zor. Çünkü o anda bir şey değiştirdi orada.

*Dün buradan çıktığımda çok midem bulanıyordu. Sürekli yatmak istiyordum. Ama dediğiniz aklımdaydı hep: "Burada ben varım. Buranın mükemmel olması lazım. En iyisini yapmam lazım." Mesela kızım bir aylık, yıkanması gerekiyordu, kalkıp yıkadım onu.*

"Ben mükemmelim ve her şey mükemmel" noktasından beynine otomatik olarak "Kızını yıka" mesajı geliyor, durduramazsın onu. "Şuraya git, bunu yap, spor yap..." Geliyor bunlar. Senin seçimine göre değişimler oluyor. İhtimaller değişti. Yaşadığın ihtimaller yükseliyor. Belki senaryoda o gün kiminle karşılaşacağın değişmiyor ama oradaki ilişkinin boyutu değişiyor. Belki aynı konuyu konuşuyorsun ama sözcükler değişiyor. Ama hâlâ onunla karşı karşıyasın. Birinde kavga ediyorsun saç saça baş başa, diğerinde "canım cicim" oluyor...

*Bunun sonunda yaşanan en zor şey iletişim kurmak oluyor.*

Ne anlamda? İletişim kuramıyorsan ego bilincindesin. Karşındaki seni anlamıyorsa da ego bilincindesin. Ben bütünlüğümü hatırlıyorsam hem ben onları anlıyorum hem onlar beni anlıyor. Hep böyle. Bütün anlaşılmama durumları, hâlâ senaryoyla uğraştığını gösteriyor. Bütün zorluklar... Zorluk derken biri için bacağını kırmak zorluktur, diğeri için parasızlık, diğeri için de trafikte kalmak. Her neyse o zorluklar, senin bilinç seçiminin yansıması. Mesela otelde ayağımı burktum. O an Nevşah onun ne olduğunu hemen gördü. "Dinlenmem lazım, dinlenmediğim için oldu" dedim. Daha alt bir bilinçten olsa o olay, öyle kayardım ki kafam gözüm yarılırdı. Bana bir lütuftu o. Zaten dinlenmek istiyordum, eğitimi koltukta oturarak verdim.

*Evde bana sürekli "Çeşme'den geldiğinde iyiydin" diyorlar.*

Demek orada mucize bilincindeydin daha çok. Dönünce ego bilincine düşmeye başlamışsın. Çünkü yapma dünyasında eylemi sürdürmen gerekiyor. Burayı sadece ego bilincindeyken boş bırakırsın. Kendini burayla özdeşleştirdiğin an sorunlar başlar. Mesela ben ego bilincini seçip kendimi Nevşah zannediyor olsam (tam ve mükemmelim, mucizenin, ışığın kendisiyim ya) "Nevşah'ın hiçbir şey yapmasına gerek yok" başlıyor. Halbuki kendimi Nevşah'tan ayırdığımda Nevşah'ın hep yapması gerekiyor zaten. Niye? Tam da değil, mükemmel de değil. Sevgi de değil, ışık da değil. Bunların hepsi benim. Ayrımı yaptım işte. Ne geliyor sonrasında: "Mucizeler kursuna, dersine, rolüne çalış, nefes seanslarını ver..." Yap yani.

*Bugünün en önemli notlarından biri benim için "yaşam enerji-*

*si" bölümüydü. Oradaki onu aktive etme ve yapma kısmı ile ilgili sıkıntım var. Hâlâ ego bilincinde olduğum için bir şeylerin nasıl olması gerektiğini biliyorum ama aksiyona geçmekte sorunum var. Bu yaşam enerjisini aktive etmenin bir yönteminin de adrenalin, spor olduğunu söylediniz. Ama işte "human design"larımız farklı olduğu için ben daha ağırım. Bunu çözmek için yine "human design"a daha detaylı bakıp bunu aktive etmenin yollarını mı bulmam gerekiyor?*

Bence zaten bütün mesele, herkesin "human design"ına göre yaşaması. Çünkü senaryonun özü o. Yaşam rolümü kavramam için çok önemliydi mesela "human design"ımdan bakmak... Orada mutlaka bir şeyler çıkar, netleşir.

*Ben olma ve yapma dünyasını karıştırıyorum. "Olmayı dünyaya getirmeye çalışıyordum ve işe yaramıyordu.*

Kimsede işe yaramıyor. Hakikat noktasında, ben tam ve mükemmelim, süper bir düşünce. Çok işe yarıyor. Özellikle sakin kalarak, huzur içinde olman için tek yol ama bu dünyada işe yaramıyor.

*Yapmayı bilmek beni acayip rahatlattı. İlk seansta Tarzan'da falan olur ya, maymunlar gibi küt diye indim yere... Dedim ki, yapacak çok şey var...*

Benim ilk seansımda yaşadığım şey olmuş. Evet, yapacak çok şey var. Burası öyle.

*Sokaktaki birilerine anlatsam bile anlarmış gibi geldi. Çok da heyecanlandırdı bu beni. Ama ben zihnimle çok uzun süre çalıştım... Şu an geçmiş yok, gelecek yok... Şu anda yaşamda olmak istiyorum.*

"Ben buradayım" diyorsun.

*Ben arkadaşlarımın söylediklerini hissetmiştim... Ama insan ilişkilerinin çok kolay olmadığını biliyorum. Boşanmalar neden oluyor mesela?*

Boşanma diye bir şey var çünkü senaryoda. İlgisiz bir örnek olacak ama... Mesela doğum gününde bir pasta alıp birkaç arkadaş yiyorsun... Ertesi gün de yiyorsun... Bir gün bitiyor. Bazı ilişkiler bitiyor. Öyle. Elimdeki pastanın bitmesi gibi. O kadar. Tartıştığın, anlaşamadığın için, sadece bittiği için bitiyor bazen. En güzel örneklerden biri benim transformal nefesle yolumu ayırmam. Ben başlangıçta transformal nefes eğitmeniydim. Türkiye temsilcisi olarak getirdim buraya. Ve Judith'in akımını temsil ederken, bir gün geldi, onlarla yolum bitti. Onunla hâlâ arkadaşız, birbirimizi çok seviyoruz. Sadece o yol bitti. O kadar. İkimiz de hakikatte ve mucize bilincindeydik, ki olurken ikimiz de hissettik. Bir gün "Ben seninle konuşmak istiyorum" dediğimde, gözlerimin içine baktı ve "Ne diyeceğini biliyorum" dedi. Mucize bilincinde böyle oluyor işte. Yine arkadaşız ama o yol bitti. Ve şu anda görüyorum bunu yapmış olmamın ne kadar büyük bir adım olduğunu. Transformal nefesin, NFS'nin geldiği yere gelmesi mümkün değildi. Ben bugün bulunduğum yere geleceğimi görüyordum vizyonumda... Ve hatta on sene sonra... Bu bizim için bile başlangıç, yani bebek adımları atıyoruz. On sene sonra nereye gittiğimizi de görüyorum. On sene sonra transformal nefes mesela benimle gelemiyor. Aynı şekilde, bazıları seninle bir yere kadar geliyor, sonra gelemiyor. Başka yere gidiyor. Sadece yollar ayrılıyor. Ayrılığa acı yükleyen ego. Birçok insan tuvalete de çıktığında acı çekiyor, orada da bir şeyden ayrılıyorsun. Ölüme de acı yüklüyor çoğu insan. Ölüm de acı bir şey değil. Her gün ayrılıyorsun bir şeyden. Sabah eşimden, kızımdan ayrıldım, buradayım şu an işte. Fark etmiyor. Hayat böyle. Ayrılıp birleşiyorsun ya da birleşmiyorsun.

*Mutluluk da çok saçma geliyor bana.*

Eğer mutluluğu hayatla özdeşleştiriyorsan saçma. Hayat temelinin içinde zaten saçmalık var. Çünkü o temel yok. Dünyanın temeli bile yok. Anlamsız ve saçma. Dünya ben burada olduğum için anlamlı. Ve ben buradayım, o yüzden hiçbir şey saçma değil. Anlamsız ve saçma dediğin yerler, senin burada olmadığın o bütün zamanlar. Tam orayı görmemiz gerekiyor. Hayata bakıp saçmalık, anlamsızlık gördüğüm her dönem orada yokum. Benlik orada olsa; saçmalık, anlamsızlık, mutsuzluk yok. Her şey anlamlı. Kendini bildiğin an içinde her şey anlamlı. Her şey Tanrı'nın bir yansıması. Olabilecek en güçlü söz: "Ben buradayım. Ben burada olduğum müddetçe her şey benim yansımam."

*Konuştuğumuzda zihinden konuşuyoruz. O yüzden belki de hiç konuşmamamız, hep meditasyon yapmamız gerekiyor.*

Herkes, herkesi kendi gibi zannediyor ve öyle görüyor. Bu söylediğin şey benim için çok yeni. Çünkü zihin diye hiç deneyimlemediğim bir noktadan çıkıyor sözler ağzından. Ve bu söylediğin; zihinden konuşmak, planlamak, düşünüp söylemek, benim için çok uç bir yer. Anda ve bilinçte zihin yok.

*Beden ve ruhu ayırarak ikilik yaratmıyor muyuz?*

Bütün bunları yeterince çalıştın mı? The work yaptın mı? Zihni kucakladın mı?

*Evet. Zihnimizi sahiplenmek zorundayız. Sevmek zorundayız bütünleşmek için.*

Bir tek şunu söyleyeceğim: Yeterince sorgulanan hiçbir düşünce iddia edilemez. O yüzden bütün bunları bana "Belki de şöyledir" diye anlatıyor olsaydın seni dinlerdim. Ama sen şöyle anlatıyorsun: "Böyle yapmalıyız." Bu me'li-ma'lı kalıplar zaten sorgulanmamış bir zihin döngüsünün açılımı. O yüzden de diyorum ki, istersen önce bunları bir sorgula, istersen bu düşüncelere "belki" diye bir bakalım...

*Şöyle: Zihne ve bedene ayrı bir varlık olarak baktığım zaman ikilik...*

Yonca bütün bu üç günlük eğitimden sonra burada ikiliğin olmadığını mı düşünüyor?

*Olmadığını düşünüyorum. Çünkü bir rol diyorsun ya mesela, rolü en iyi oynayan kişi rol oynadığının anlaşılmadığı yerde oynar...*

*Sen onu rol olarak gördüğün anda zaten ikilik çıktı ortaya. Senaryoyu bütünleştirmek zorundasın.*

Bu kişisel olay. Ama gerçekten bir geribildirim istiyor musun bu konuda? Düaliteye ve buradaki ikiliğe o kadar kızgınsın ki, gerçekten onun dışına çıkıp bakamıyorsun.

*Ben tam tersini hissediyorum.*

Bayağı bir kızgın ses var orada. Düalitenin olmasını istemeyen tarafı çok iyi anlıyorum.

*Hayır, istemediğimi söylemiyorum. Eğer bir şey yapacaksak burada... Dışarıda hiçbir şey olmadığına göre, sadece ben varım. Gördüğüm her şey benim yansımam. Senaryoda beni rahatsız eden şeyler düzeltmem gereken şeyler. O düzelteceğim şeyi gördüğümde, onu kendimde düzelttiğimde ben kendimle tatmin olacağım.*

Grupta Yonca'nın söylediklerini gerçekten içselleştirip anlayanlar el kaldırsın. Yonca iyice bir bak, söylediklerin hakiki miymiş? Bunlar senin kişisel illüzyonların. Bırakman gerekiyor. Derin bir nefes al. Hiç kimse anlamıyor seni şu anda. Çünkü zihnindesin ve senin rüyan. Uyanabilirsin. Zamanı gelmiş. Orada kaldığında herkesten kopuksun. Ne yaptığını bile anlamıyoruz. Bütün dünyaya kapatıyorsun kendini. Burada olmak istiyor musun bizimle? Hepimiz anlıyoruz seni, hakikat noktasından, teklikten bakınca, buradaki ikiliğe hepimiz kızıyoruz. Ama onun olmadığını düşünmek başka bir şey. Başka bir illüzyon. Bunu gördüğünde kabullenmiş oluyorsun...

*Sen değişirsen karşındaki de değişiyor. Çünkü "Kişi kendinden bilir karşısındakini" demişler ya... Kendini görüyorsun karşısındakinde. Ters düşmektense ortayı bulmak... Her şey düzelir o zaman. Onun dediğini yapmak değil de...*

Kendini bilmek.

Eski Selvan değilim diyorum mesela...

Anladın ki eski Selvan olmamak için çalışmaya devam etmen gerekiyor. "Ben mucizeye gittim, oldum bittim" demiyorsun.

*Gerçekten de sinirlenmiyorum ama artık bir şeye.*

Ama devam etmen lazım çalışmaya. Çalıştım, oldum bittim yok. Yapma dünyasının içindesin. Yapmaya devam etmek zorundasın.

*Sürekli hayatı sorgulamak, geçmişe dönmek, geleceği sorgulamak... Anladım ki çok boş şeyler... Anı yaşamak doğru.*

Doğru olduğu için değil de, doğam gereği andayım. Başka ne gördün?

*Benim kalbim varmış, onu gördüm. Gerçekten kalbim atmaya başladı. Buraya gelmeden önce bir şey hissetmiyordum. Yaşadığım şeyin anlamlı olmadığını düşündüğüm bir dönemdi.*

Âşıksınnnn, âşıksınnnn(!)

*Dönem dönem iş ortamındaki sunumlarda zorlandığımda kalbim yerinden çıkacak gibi olurdu. Bugün onu yaşadım. Bambaşka. Kendimle ilgili bir şey.*

Sabırsızlanma başladı mı? Hayatın içinde olmayla ilgili. Hepinizde başladı mı? Süper. Peki başka?

*Son bir aydır sadece mucize bilincindeydim. Hakikatin farkındayım ve onu buraya getirmeye yelteniyorum. Kafayı yiyeceğim. Burası bana gerçek gelmiyor.*

Anlamı getirmen gerektiğine uyandın. O nokta, gerçekten insanların kafayı yediği, çıldırdığı yer. Burayı hakikatin yansımasına dönüştüremiyorsan... Burayı, bu bedeni, bu salonu ve karşılaştığın her şeyi özünün muhteşemliğinin, kutsallığının, ışığının ifadesine dönüştüremiyorsan çıldırırsın. Buraya bakıp anlam görene kadar rahat etmeyeceksiniz. Dokunduğunuz şu bardak dahil. Baktığın her yerde anlamı gördüğünde burada oluyorsun... Bunlar zihinsel bilgi değil, birinci elden tecrübe... Ben 24 saat mucize bilincinde kaldığımda, her saniye hakikatimi hatırladığımda burası hakikatin yansıması oluyor. Burası anlamsız kalıyorsa, saçma sapan bir yerse, zaten sürekli mucize bilincinde değilim. Hatırlamıyorum. Hatırlasaydım burayı, buradaki küçük çocuğu, insanoğlunu yalnız bırakmazdım bu konuda. Bir şey yapardım. Onu tutardım. Onun yolunu aydınlatırdım. Bu Nevşah karanlıkta. Ve Nevşah önünü görmüyor. Ve Nevşah limitli, kısıtlı. Ve sevgi üretmiyor. Ve ışık da üretmiyor. Ben ışık ve sevgi olduğum için ben Nevşah'a destek olmak zorundayım bu yolculuğunda. Onu yalnız bırakırsam o önünü göremez. Her şey anlamsız görünür gözüne. Tek gördüğü ikiliktir ve onun içinde kaybolur... Benim bütünü ve anlamı getiren. Ve ben buradayım. O yüzden anlam ve bütünlük burada.

Mucizeler kursunda "Ben her şeye anlam yüklüyorum" denmiyor. "Her şeyi anlamlandıran benim" deniyor. Bunu böyle anlamamak ego bilinciyle ilgili. Çünkü burada olmanı, burayı cennete çevirmeni istemiyor. "Ben yoksam anlam yok, hiçbir şey yok" deniyor mucizeler kursunda. "Ama ben varsam bu bardak bile Tanrı'nın yansıması" deniyor.

*Mucizeden sonra içdünyamda bir şeyler düzelmeye başladı. Canavar gibi gördüğüm eşim... Öyle bir yere geldim ki, hastanelik oluncaya kadar bir olay yaşadım. Ama oraya kadar hep ona tutunuyordum. Ayrılma korkum vardı. O noktaya geldikten sonra dedim ki, "Bitti, niye korkuyorum, ben güçlüyüm, hayatta kalabilirim..." Bir şey oldu ama bana...*

İşte "ben" Emel'i destekledi. Ben Emel'e arka çıktı. Ne oldu? Bu oldu. Ben, Emel'in yanında oldu. Herkes için böyle oluyor. Emel'in bütün sistemini kavradı o benlik ve gücünü Emel'e yansıttı. Onu güçlü yapan ben...

*Sonrasında da eşimin davranışları değişti bana. Nasıl oldu anlamadım. Aynı adam. Ben sadece olduğum yerdeyim. "Olsun" demeyi bıraktım.*

Konunun Emel'le hiçbir ilgisi yok. O ben buraya geldi. Konunun sadece onunla ilgisi var. O ben buraya geldiğinde her yere dokunuyor, herkesi değiştiriyor. Ve bunu emel yapamaz.

*Benim çocukluğumdan beri kafam karışık çalışır. Kavramlara takmıştım bir ara, hiçbirinin anlamı yok diye. "Yalan ne?" diyordum kendime. "Doğru ne?" Saçma sapan gidiyordu hayatım. Sonra kaptırdım kendimi akıntıya. O soruları sormayı bıraktım. Sonra ikinci ses içimde tekrar konuşmaya başladı. Bu sefer "Zaman ne?" falan diye sormaya başladım. Sonra bir üçüncü ses daha gelmeye başladı. Zaten kötü bir dönem geçiriyordum; her tarafımdan ses gelmeye başladı. Acayip bir durumdayım... "Hangisini dinleyeceğim ben bunların?" diye...*

Tam olarak burada ne oluyor söyleyeyim mi? Karar almıyor işte hangi bilinci seçeceğine. Farklı farklı bilinçlerden farklı farklı mesajlar geliyor.

*Sonra nefesle... Mucize kursundan çıktım. "Ben varım, ben varım..." gibi şeyler çıkmaya başladı. Dedim ki, "Bırak, hangisini istiyorsan onu yaparsın." Şimdi gene devamlı bir şey fışkırıyor. Bu eğitimde neye dur dediğimi, sesleri çıkaranların kim olduğunu, kendimin kim olduğunu daha iyi oturttum kafamda. O yüzden iyice rahatladım. Anda devam ediyorum. Makine çalışıyor. Onunla oyun oynuyorum hatta, "Hadi bakalım senin işin var bugün, yürü git şunu yap" diyorum. O onu yaparken ben sanki tatildeymiş gibi oturuyorum.*

İşte mucize bilinci bu. Bütün bunlar olurken ben de takılıyorum. Volkan'la benliğini ayırdın. Daha iyi bir şey yok. Zaten ne yapacağının mesajı geliyor. Şu ara kalk, çişin geldi, acıktın... Devam ediyor, otomatik. Arka planda sen takılıyorsun.

*"Hiç bitmeyecek herhalde" dedim bu. Her gün, her gün, bir daha yapman gerekiyor.*

Daha iyi bir fikir, yaptırmak. Bir sonraki seviyesi yaptırmak.

*Sokakta görmediğim adamlara bile nefes seansı yapasım geldi seanslardan sonra. Ama sonra "Niye anlatıyorsun ki bu kadar bilgiyi herkese, görmüyorlar işte!" falan dedim. Ama şimdi yine işyerindekilere yaptırmak istiyorum.*

Bir yere kadar ilerleyebilirsiniz kendi process'inizde. Bir

diğerine dokunmadan, destek olmadan mümkün değil. Mucizeler kursundan sonra bir kişiye bile olsa hemen eğitim vermeniz gerekiyor. Öğretmen hazır olduğunda öğrenci zaten hazır... Bunu vermeye başladığında göreceksin, asıl o zaman mucize bilincinde kalabiliyorsun.

Bütün anlattıklarımı özetlersem, tek hakiki ilişki, Tanrı'yla olan ilişkimiz. Ve O, ilişkide yaratan, yani öğretmen, biz de O'nun öğrencisiyiz. Dünyadaki tek ilişki öğretmenle öğrenci arasında geçiyor. Aslında bu dünyada hiçbir şey olduğu yok. Merlin'le Arthur'un hikâyelerini okuyan var mı aranızda bilmiyorum ama bir Merlin var, bir de küçük Arthur. Bir insanoğlu ve bir de kutsal yüce benlik ve ikisi arasındaki diyalog... O kadar. Ben ne zaman insanoğluyum ne zaman kutsal benliğim; sürekli değişiyor. Küçük Arthur içinizdeki çocuk, Tanrı'nın evladı dediğin ve kutsal ruh denen, öz-ben dediğimiz kutsal ben, hakikati arayan taraf arasındaki ilişki. Âdem ile Havva; kim ne zaman Âdem kim ne zaman Havva, sürekli iç içe geçmiş durumda. İlişki dediğimiz hep bu. İnsan hiçbir şey bilmeyen, karanlıkta âciz, kendini tek başına hisseden, bütün o derin duyguların içinde çaresizce yanıp duran bir tip. Bir de kutsal benlik: Bütün bunların gerçek olmadığını ve hakikati hatırlayan, ışığı ve sevgiyi hatırlayan... O yanıyor, öbürü su serpiyor... Küçük çocuk ağlıyor ağlıyor, benlik ona "Bütün bunlar gerçek değil" diyor veya sevgisiyle kucaklıyor. Bütün olay o. Bunun dışında bir şey olmuyor. Ve aslında bu da olmuyor hakikatte. Ama bizim için oluyor.

*Aslında benlikle çok da kopmadığımızın örneklerini çoğumuz yaşadık hayatımızda.*

Kopamazsın da zaten. Ruh ve beden birbirinden ayrı değil.

*Aslında mucizeler yaşadığımız oldu hayatımızda. Sadece bu dönemde çok koptuğumuz için mi?...*

Yooo, ikisinin ayrımını yapman gerekiyor nihayetinde. Şu anda mucize kursuyla başlayan yolculuğunda insan tarafın ruh olan o bilge ve kutsal benlikten öğrenme yolculuğuna çıktı. Bu kursta Merlin ben oluyorum, küçük Arthur sen oluyorsun. Kendi içinde, işte o kutsal benlik Merlin ve Ebru o küçük çocuk... Bu böyle devam ediyor... Nevşah mesela, kutsal benliğinden her şeyi öğrenmeye hazır olduğu için bu bilgi gelebiliyor. Ve ben Nevşah'ı bırakmadığım için kimse beni bırakmıyor. Bir sürü tecrübe yaşıyorum böyle. Hepsi iç içe geçmiş. Ama tek ilişki bu. Tanrı'nın kendi kendine olan ve benimle olan ilişkisinin yansıması aslında. O burada böyle gerçekleşiyor. Yani dünya ilişki yeri. Normalde ilişki yok. İlişki için bir insanoğlu bir de kutsal yüce benlik olması gerekiyor.

*Kıyamet var mıdır?*

Hiç o konuya girmeyelim. Mucizeler kursu konusu. Kıyamet birkaç kere oldu zaten bu kursun içinde. Kıyam yani.

*Senaryonun ne olduğunu tam olarak anladığında insan çok rahatlıyor. Bir sürü ses geliyor falan... Şimdi anlıyorum...*

Büyük bir hediye bu da... NFS'deki bütün sistemlerin bize hediye olduğunu biliyorum... Gerçek birer hediye... Birer kurtarıcı... Bizim kurtuluşumuzun yansıması... Evet, başka?

*Ben de aynı o anlattığınız süreçleri yaşıyorum. İşte ağlama krizleri, bıraksalar yataktan çıkmayacağım, kalk ne yapman gerekiyorsa yap, sonra uyu tekrar... Her şey anlamsız geliyor, uyusam uyanmasam o kadar rahatlayacağım ki...*

İşte cevap şurada gizli: "Her şey anlamsız geliyor, ben niye varım?" Aslında ne kadar basit, ne kadar anlamsız. "Ben niye varım?" Anlam vermek için. "Her şey boş, eee ne yapacağım?" Dolduracağım. Hepsi bu. Sevgi yok, ne olacak? Sevgi getireceksin. Bu kadar basit.

*Gittiğimiz bir hoca, "Depresyondasın, ilaca başlayalım" dedi. Ama şimdi dördüncü gündeyim, "Ben ilaç almayayım" falan demeye başladım. Şaşırıyorum sadece dört günde olmasına. Bir yanım "İlaca ihtiyacın var" diyor, bir yanım...*

Benlik Lilya'nın yanında olmadığı için ilaca ihtiyacı oldu. Benlik yanında olduğu sürece hiçbir şeye ihtiyacı yok. "Ben buradayım." Bütün sorularının cevabı... Benlik bir şeyi bırakır mı? Sonsuzluğun dışında kalamaz hiçbir şey... Onun içindesin zaten.

*Hikâyeler yazmaya başlamıştım Nefes'e gelmeden önce. Bir hikâyede ben ve kendim vardı. Ben ve kendim birbirini öldürmeye çalışıyordu. Yani benimi mi öldüreyim, kendimi mi öldüreyim?... Seanslardan sonra "Böyle de yaşarız" dedim...*

Özetlemem gerekirse; o küçük çocuğun benliğe çok ihtiyacı var. Ve bunun için her şeyi yapar. O yüzden yapma dünyasının içinde o küçük çocuk. Bunun için her şeyi yapabilme kapasitesi var. Zaten her şey olduğunu hatırlayan, hiçbir şey yapmaz. Onun da bir şey yapmama kapasitesi var. İkisini birbirine karıştırmayın. Varoluşun hiçbir şeye ihtiyacı yok. Varoluş olarak zaten tam ve doygun. Ne kimseye ihtiyacı var, ne bir yere gitme, ne bir yerden gelme ihtiyacı var. Orada duruyor sadece. Küçük çocukta ise, insanoğlunda hiçbir şey yok. Çünkü o hiçlik. Ve zaten yok. Ve tek başına hiçbir şey yok. Tek başına bir toz bulutu. Onun da her şeye ihtiyacı var. Her şeye ihtiyacı olduğu için o küçük çocuk o kutsal varlıktan, varoluştan ihtiyacı olan sevgiyi, ışığı, besini, kudreti almak için her şeyi yapar. O her şeyi yaptığı için eylem ve yapma dünyasının içinde. Bunu anlamanız ve görmeniz gerekiyor. Onun sınırsız olduğu yer orası zaten. İhtiyaçlarının karşılanması için her şeyi yapar. O yüzden yapma dünyasında. Ama o varoluşun parçası olan benliğin de hiçbir şey yapası yok. O yüzden yapmayı kim yapacak? Nevşah. Benliğin bir şey yapası yok. Bütün sorumluluk benlikte. O sadece orada duruyor ve fışkırıyor. Senin ondan almak için bir şeyler yapman gerekiyor. Ve zaten her şeyi yapma uzmanısın.

Eminim şu da netleşiyordur: İnsanoğlu ve Tanrıoğlu. İnsanoğlu derken insanın doğurduğu Nevşah. Bir de can var, o da

Tanrıoğlu. O'nun doğurmadığı, aslında O'nun parçası. Tanrıoğlu, insanoğlunun yanında. İnsanoğlunun da bunu hatırlamak için bir şeyler yapması gerekiyor. Tanrıoğlu'nun hatırlaması için bir şey yapmasına gerek yok oysa.

Ayrım gerçekleşti mi artık, net olarak? O ayrımın içindeki bütünlüğü görüyor musunuz? O ayrımın arka planındaki mükemmelliği, o ilişkideki akışın yaşam enerjisi olduğunu?... O iletişim zaten bütün olay.

*Bir şey sormak istiyorum: Ben bu filmi gördüm. Böyle hissediyorum. Görev geldi, önüme koydular, yapacaksın dediler, yapacağım dedim ve vermeye başladım. Fakat dünyada o sistemin nasıl çalıştığını bilmiyordum. O zaman verilen o görevi yapamadığımı, geri adım attığımı, bu dünyadaki halime döndüğümü düşünüyorum. Şimdi buradayım, yeniden görev veriliyor... Ama eski başarısızlığım, şimdi bunun altından kalkıp kalkamayacağımı bilmememe sebep oluyor. Acaba başta hazır değilken o görevi almak hata mıydı?*

Bunun cevabını aslında biliyorsun. O yüzden cevaplamıyorum.

*Belki biliyorum ama acayip bir vicdan duyuyorum... Bir de ikinci sorum var: O zaman bırakmak hata mıydı?*

Birincisi, senaryoda bir hata olmuyor. Senaryonun kendisi hata. Temeli big bang, bir arızayla başlıyor zaten. Senaryo o tohumdan çıktığı için, ego bilincinden dünyaya bakarsan dünyada her şey hatalı ve arızalı. Hakikatin inmediği yerde özü bu. O hatayı ve arızayı düzeltecek olan zaten benim mucize bilincim. Burada bir hata var. Ne yapacağım? Düzelteceğim. Arıza, problem var. Ne yapacağım? Çözeceğim. Tanrıoğlu, insanoğluyla böyle konuşuyor. Orada, muhtemelen o düzeltmeye izin vermediğin için bütün bunlar oldu. Veya düzeltilecek şeye bakmadığın için. Yani o görevi devraldığında, o burada işlerken, zaten bir şeyleri düzeltmeye geliyor. Şimdi bu konuda daha bilinçlisin. Görev zaten senin burayı değiştirmen. Burada olduğunu hatırlayıp burayı istediğin şekle dönüştürmen senin görevin. Keyif de orada, neşe de. Eski çizgi filmlerde vardı: Her yer karanlık, dikenli ağaçlar falan, cadının bulunduğu yer... Bir anda bir iyilik meleği geliyor, mucize bilincinin temsilcisi. Adım attığı her yer çiçekleniyor, çimen çıkıyor, kuşlar uçuşmaya başlıyor. Adım attık, değişiyor her yer ve her şey. En son *Karlar Kraliçesi*'nde de hani her yer donuyor ya... Çok güzel anlatılıyor aslında. Ego bilinciyle sen dünyayı kendi haline bırakıyorsun. Ego bilincinin yansıması; kendi haline bırakmak, umursamamak ve diken diken...

*İnsan zihni şu anda korkuyla işliyor olabilir. Ama sevgiyle işler hale getirdiğinizde insan zihni Tanrı'nın zihniyle bir olup kaybolur. O zaman bütünleşmiş olur ruh ve zihin.*

Ama bu söylediğine biz bilinç diyoruz. Geçmiş gelecek döngüsüne zihin diyoruz biz.

*Benim dediğim düşünen zihin. O düşünen Tanrı'yla bir olduğunda zaten sadece Tanrı'nın düşünceleri oluyor. Öyle bir an gelecek ki, zihin dediğimiz şey Tanrı'nın zihniyle bir olduğunda, insan kalmayacak.*

Zaten insan kalmıyor. Ben de bunu anlatıyorum. Ama zihne bilinç diyoruz. O birleşmeyi de "Ben buradayım" diye anlatıyoruz. Ben gerçekleşmiş halini anlatıyorum, sen olacak diye anlatıyorsun, sorun burada.

## SON MESAJLARIM

Kendini kaybedemezsin.

Hatta tek kaybedemeyeceğin şey kendin.

Ve kendini bilmediğin doğru değil. Sen ölümlü bir zihin bedeni bilmiyorsun. Kendini, sonsuz bir ruh olduğunu ve bunun ne olduğunu gayet iyi biliyorsun. O yüzden ölümü anlamıyorsun ve o yüzden hiç ölmeyecekmişsin gibi geliyor.

Çünkü hiç ölmeyeceksin. Sen Yaradan'ın suretisin. Ama bedenin değil. Sen derken kastettiğim bir kişi değil. Sen derken hakikatini kastediyorum, "sonsuz ruh gerçeği"ni. Bu beden geçici bir dünyada seyahat edebilmen için sana verilmiş geçici bir araç.

Kendini tanıman gerekmiyor, yani ruhunu, özünü... Ama bedenini ve zihnini tanıman gerekiyor. Bedenine ve zihnine nelerin iyi geldiğini öğrenmen gerekiyor. Niye? Çünkü bilmiyorsun.

Sonsuz bir varlık, geçici bir rüyanın içindeki sonlu ve ölümlü bir şeyi bilmez, anlamaz... Onun ne olduğunu ancak öğrenebilir.

Sonsuz bir varlık, Yaradan'ın sureti olan, doğmamış-doğmayacak, ölmemiş-ölmeyecek bir varlık ölümlü bir bedeni de, ölümlü dünyayı da, geçici olanı da bilmez. Dünya bu yüzden öğrendiğin yer. Öğrenmen gerektiği için değil, doğan gereği hakkında hiçbir şey bilmediğin için öğrendiğin yer.

## NELER ÖĞRENDİK?

İnsanların hiçbiri hakikati "ben'im gibi (özün bildiği şekilde) algılayamıyor. Bunun sebebi "öz-ben"i seçmemek ve dünyaya ve insana değer vermek.

Ben (öz benliğimin yansıması olarak) kimliğimden emin olduğumda ve insanların karşısında şüphesiz durduğumda bile bana inanmayabiliyorlar, çünkü kendi içlerindeki özü seçmedikleri müddetçe "ben"i göremiyorlar. İnsan olmayı seçen zihinler öz-ben ile bağlantıyı kuramıyorlar, ne böyle bir kitap yazabiliyorlar, ne binlerce insana ilham kaynağı olabiliyorlar, ne de tek amaca hizmet edebiliyorlar. Çünkü onlar "iyi ve doğru insan olmak"la ilgililer. Onların zihni hakikati değil dünyada "iyi insan nasıl olunur"u bilmek istiyor.

Ben kendimden, hakiki kimliğimden emin olsam bile insanlar (insan tarafı) benim ben olduğumdan şüphe edebiliyor. Benim her an "sonsuz benliğin yansıması olabileceğim ihtimali"ni algılayamıyor.

İnsanın sınavı da bu. Benliği karşısında görse bile tanıyamıyor. Ve tanımadığı, bilmediği ve anlamadığı, kendisi gibi olmayanı yargılıyor, eleştiriyor ve karalıyor... Öz kimliğini seçen kişi insan kimliğini reddeder, diğer insanlar gibi olmaz artık. İnsan olmayı kabul etmemiştir çünkü.

"Kendinden eminlik noktası"nı insanın anlaması mümkün değil. Ve bu noktada, her an özle bağlantıda durduğumuz zaman insan bilinci bunun öyle olmadığını ispatlamak için her şeyi yapabiliyor.

Mucize bilinci-öz hakikat "Ben insana konuşmam, çünkü

konuşsam da anlamaz" diyor, ego bilinci buna acayip kızıyor, çünkü kendisini aşağılanmış hissediyor. Ben "Bu bilgilere sen ulaşamazsın" dediğimde beni de insan olarak algıladığı için "Sen ulaşırsan ben de ulaşırım" diyor. Oysa "mucize bilinci"nde olanlar "Evet, haklısın, ben bu bilgiye ulaşamam, çünkü bir tek sen bu bilgiye ulaşansın" diyebiliyor. Bilgi tek kanaldan iner. O kanalı bilenler kanal açıldığında susar ve dinler.

İnsan bilinci ile özü anlayamazsınız.

O nedenle de insan tarafını seçmiş insanlar özünü yansıtan insanları anlayamıyorlar.

*Öz benliği ile hizada, hakiki kimliğini hatırlayan kişi insanları değil eleştirmek-yargılamak, eleştirecek kadar önemsemez, insanlarla ilgilenmez bile.* Onun varlığı kısaca "Sen kimsin ki?" der egoya. Zaten bu sebeple egoyu ve insanı seçen kişiler kendilerini aşağılanmış ve önemsenmemiş hissederler hakikati seçen kişilerin yanında.

*Dünya ve insanlara hakikatin ışığıyla bakalım... Ne görüyoruz? Aşağı âlemlerde neler oluyor?*

İnsanlar sözünde duramıyorlar. İnsanların çoğu sözlerinin ne kadar etkili olduğunun bilincinde değil. Söz büyüdür, ağzımızdan bir söz çıktığı an hayat sözlere göre şekillenir. Ne yazık ki çoğu insan bunun farkında olmadığı için her gün bilinçsizce hayatlarını farklı yönlere götürebilecek farklı sözler sarf ediyorlar ve sonra hayatlarının neden dengesiz ilerlediğini merak ediyorlar!

Sonra, insanların çoğunun iyi insan taklidi yaptığını öğrendik. Bunun tam olarak ne işe yaradığını onlar bile bilmiyor bence ama zihinlerinde "İyi insan olursam işler yolunda gider" türünde bir inanç olduğunu tahmin ediyorum. İyi insan taklidi yapmak insanı hasta ediyor, bir de bunu öğrendim. Çünkü insan, tıpkı dünya gibi düalite içinde. Yani her insan hem iyi hem kötü, hem sağlıklı hem sağlıksız, hem dingin hem çılgın... Ama sadece güçlü ve kendisiyle barışık insanlar bu düalite durumunu kabul edebilmiş durumdalar. Kalanların çoğu sadece iyi olmaya çalışmakla meşgul ve bu ne yazık ki boş bir hayalden öteye gitmiyor. Bunu yaptıklarında aslında kendilerine ne kadar büyük zarar verdiklerini de fark etmiyorlar. Bir insanın sağlıklı, mutlu ve güçlü olmasının tek yolu kendisi olmak. Yani hem iyi hem kötü, hem dingin hem çılgın. Oysa bir tek iyi veya bir tek dingin olmaya çalışanlar kendileriyle tam barış içinde olmadıklarından içlerinde derin bir savaş sürüyor. Tükeniyor, geriliyor ve bazı garip duygular içine giriyorlar.

İnsan ne yaparsa kendisine yapıyor. Kendisiyle barışamayan, sadece iyi, sadece başarılı, sadece güzel olmaya çalışan, yani diğerlerinden farklı olmaya ve sahip olmaya çalıştıkları özellikleriyle öne geçmeye çalışanlar aslında hep en geride kalanlar oluyor. Çünkü bunu yaptıkça, bir yönlerini ezdikçe kendilerini küçültüyorlar ve ezik insan modeli oluşuyor, toplumda sürekli eziliyorlar...

Düşünsenize; kendi varlığını, tüm özelliklerini (iyi-kötü, güzel-çirkin, kibar-kaba, dingin-gergin) kabul etmiş bir insan her an potansiyelinin tamamını kullanıyor. Ne zaman ne olması gerekiyorsa, ne zaman ne yapması gerekiyorsa –iyi mi olmuş kötü mü olmuş hiç ama hiç düşünmeden– sadece yapıyor, yani sadece yaşıyor. Yüzde yüz! Ama iyi ya da başarılı, ya da kibar veya her neyse olmaya çalışan insan, sürekli diken üstünde. Sahip olduğu bir özelliği yüzeye çıkartabilmek ve diğer özelliği de gizlemek için kendisini gerçekten kasıyor. Sonuç: Önce stres, gerginlik, sonra ezik insan olma durumu ve bunun bilincinde yaşanan öfke, nihayetinde de muhtemelen kanser. Doğal olmak, kendin olmak en iyisi. Ey insanoğlu, bu kadar kasmaya gerek yok. Hepimiz her şeyiz, rahat ol!

Bir grup insan hayatı yorumlamaktan hayatı yaşayacak vakit bulamıyor! Bu da komik bir durum. Hayatı sürekli yorumlamaktan sadece yaşamaya, öylesine, özgürce, canının istediğini yapmaya vakit bulamıyorlar. Doğrular, yanlışlar ve ne yapılmalı ve ne söylenmeli ve ne giyilmeli ve kim kiminle ne yapmış, neredeymiş, o ne demekmiş, bu ne demekmiş gibi yorumlara o kadar vakit harcıyorlar ki akıp giden yaşamı hissetmiyorlar bile!

Birkaç gün önce plajda otururken yan tarafta birilerinin konuşmasını duydum, koptum gülmekten! Diyorlardı ki "Ay bu insanları hiç anlamıyorum, herkes her anını Instagram'da, Facebook'ta paylaşıp duruyor, bence bunlar anın tadını çıkaramıyorlar, resim çekmekten yaşamın tadına varamıyorlar..." Gidip sormak istedim ona "Tatlım, farkında mısın biz şu anda plajdayız?" diye! Düşünce ve yorumlarına o kadar dalmıştı ki deniz ve plajı fark etmediğine eminim! Ve bu insan anı yakalayamamaktan, insanların hayatı nasıl kaçırdığından bahsediyor. Öğrendim ki insanlar kendileri ne durumdaysa herkesi aynı durumda zannediyor. Kim bilebilir ki? Belki de Instagram'a resim koyan o kişi, bunu yaptığında tadına varıyor hayatın! Belki de o "an"da içinden öyle geliyor ve "can"ı ne isterse, yorumsuz, sorgusuz sualsiz onu yapıyor... Canı resim mi koymak istedi, koyuyor ve o an Instagram'a resim koymanın hazzını yaşıyor, sonra dönüp bir bardak su içiyor... Kim bilir? Yorumlar ve yargılar ve düşünceler bizi "an"dan ve yaşamdan uzak tutar. Davranışlar değil!

İnsanlar kendilerini gizleyebildiklerini düşünüyorlar. Bu da çok komik, çünkü bu hiç olmuyor! Her insan zihnindeki düşünce yapısını, inanç sistemini, nefes alışkanlıklarını, geçmişini ve bakış açılarını her an bulunduğu ortama taşıyor. Ve bunlarla, içsel durumu ile her an ortamı etkiliyor. Etrafınızdaki herkes, sizin yanlarında olduğunuz zamanları ve yanlarında olmadığınız zamanları deneyimleyerek bildikleri için, yanınızda olmanın nasıl bir his olduğunu ve kim olduğunuzu gayet iyi biliyorlar! Ve insanların kendilerini gizleyebildiklerini düşünmeleri bana cidden komik geliyor. Ben, sen yokken kendimi deneyimliyorum, sen varken de deneyimliyorum, ben yalnızken olan durum ile seninle birlikteyken yaşadığım durum arasında "senin deneyimin", yani sen varsın. "Seni senden bile iyi tanıyorum" demek istiyorum karşılaştığım herkese. Onları uyandırmak için. Herkes herkesi görüyor, biliyor, kimse kendini gizleyemez, uyansınlar da olduklarından farklı olduklarını iddia edip debelenip durmasınlar diye. Boşa enerji kaybı, yazık.

İnsanlar ruh gerçeğini, O'nun saflığını ve güzelliğini tamamen unutmuş durumda. Zaten öyle olmasa, "ben"i gördüklerinde, kendilerini tanıdıkları için tanıyor olmaları gerekirdi. Tanımak bir yana, gördüklerinin ne olduğunu bile anlamaktan âcizler.

En yakınımızdaki insanlar bizi en iyi yansıtan, bize kim olduğumuzu, bilincimizin nerede olduğunu en iyi gösteren insanlar: Eşimiz, çocuklarımız, dostlarımız... Eşi politikacı olan biri de politiktir. Eşi sporcu olan biri de sporcudur. İnsanların eşleri onları hakkındaki her şeyi gösterir. Çünkü her eş insanın zihinsel seçimlerinin yansımasıdır.

Dünyada ruhsal anlamda; kadınlar erkeklerden çok daha güçlü. Bir kadın istediği an birini yok edebilir. Her kadın yarı büyücü, yarı cadı. Kadın bedeni Yaradan'ın yaratıcı ve değiştirici özelliklerini barındırıyor. Bunun farkında olan kadın dünyayı yönetiyor, her an, her düşüncesiyle dünyayı değiştiriyor. Ve evet, istediği zaman, karanlık tarafına denk gelirse, birini tamamen yok edebilir, hatta sadece düşünerek yeryüzünden silebilir. Kadınların böyle bir gücü var, bunu her kadın bilir ama söylemez. O yüzden bir kadının, hele kendisinin farkında olan güçlü bir kadının ahını almak istemezsiniz. Kadın üzüldüğü an melekler onun yardımına koşar ve ona "Ana, dile benden ne dilersen" der. Kadın ne isterse o olur. Bebekler de böyle olur, kadının isteği ile. Ve erkeklerin buna dikkat etmesi gerekir. Bir kadının ahını alıyorlar, onun gönlünü ve onayını almıyorlarsa, hayatta çok zorlanabilirler. Hatta çoğu erkek bu sebeple hastalanır, başarısız olur, maddi manevi düşer... Cennet annelerin ayakları altındadır. Cenneti istiyorsanız kadınlara daha dikkatli davranmalısınız. Bunu anladığınız an evreni anladınız demektir.

Zihninde kendi kendini ezen, toplum, eş, dost, kural, sistem, onaylanma ihtiyacı gibi düşünceler sebebiyle canının çektiğini yapmak için kendine izin vermeyen kişi ezik birey haline gelir ve bunu yapan, canının istediği gibi yaşayan, kendini her an ifade eden, iyi veya kötü her şeyi yapabilecek özgürlükte ve güçte olan büyük insanları sürekli çekiştirir, eleştirir durur. Aslında insan olmak istediği insanı görüp, onun gibi olamadığı için birini eleştirir. Yani eleştiriliyorsanız iyi bir şeyler yapmış olmalısınız ve birileri sizi çekiştiriyorsa bu onlardan daha yukarda olduğunuz için oluyor. Aşağıya hiç bakma, dilediğin gibi, doyasıya ve limitsiz yaşamaya devam et, onlar da hayran hayran baksınlar! Belki bir gün seni örnek alır, senin seviyene yükselirler.

Öğrendim ki sahip oldukça insandaki kaybetme korkusu da artıyor. Sahip olduğu şey ne kadar büyükse, onu kaybetmesi de o kadar imkânsız hale geliyor, çünkü ona dört elle sarılıyor.

İnsanların anlam verdiği şeyler yaşamlarını yönlendiriyor. İnsanlar anlam verdikleri şeyler noktasında buluşuyor, bir araya geliyor ve karşılaşıyorlar. Evrenin düzeni sebebiyle; insanlar, sadece aynı değerlere sahip insanlar ile bir arada olabiliyor. Benzer değerler benzer insanları bir araya getiriyor. O yüzden hayatta neye değer verdiğinize dikkat edin. Yaşam yolunuzu değerleriniz belirler.

Sevgi tek gerçek. Ancak "hakiki sevgi"yi bilemez insan. İnsanlar "Ben sevgi doluyum" diyorlar ama aslında "yargı dolu"lar. Sevgi ve yargı bir arada olamaz. Sevgi ve limit de bir arada olamaz. Zaten tam orada uyanmaları gerekiyor. "Sevgi dünyada yok" demeleri ve insan taraflarını bırakmaları gerekiyor ama çoğu bunu yapamıyor.

Dünyada ne kadar büyük bir ışıksan insanın seni anlaması o kadar zorlaşıyor. Bugüne kadar aydınlanmış ruhların hiçbiri bulundukları yüzyılda anlaşılamamış. Hepsi daha sonra anlaşılmış. Her çağda aydınlanmış kişilere anlam yükleyen, onları anlayamadıkları için eleştiren, yargılayan, taşlayanlar olmuş. Çünkü ışık ve sevgi, insan zihninin anlayamayacağı bir boyut. Işık ve sevgi ne zaman nasıl akacağını ve ne yapacağını kestiremeyeceğiniz bir hal olduğu için, her dönem farklı inmiş yeryüzüne. Sevgi bir dönem savaşlarla vermiş mesajını, bir dönem meditasyon ve içe dönme ile, bir başka dönem kendini ifadeyle...

Şu an aydınlanmanın özgürlük olduğu bir süreçten geçiyoruz ve her dönem olduğu gibi aydınlanmış insanları kendi karanlıkları sebebiyle göremeyip, anlayamayıp, fark edemeyenler var. "*Ben sizlerden farklıyım, ışığı getirenim, insanı değil Tanrı'yı seçenim*" cümlesi her dönem, her yüzyıl farklı şekillerde yankılanmış insanların kulaklarında. Haberci her dönem farklı görünmüş insanlığa. Ama her zaman haberci olduğunu, Tanrı'nın mesajını taşıyan olduğunu anlatmış. Ve her zaman ona inanmamışlar. Klasik bir hikâye bu. Her habercinin etrafında mutlak ona inananlar ve inanmayanlar olmuş hep... Onun bedeninin ve insanlığının arkasında barındırdığı hakikati; saflığı, özgürlüğü, bilgeliği ve büyüklüğü göremeyenler... İnsan olmayı seçtikleri için, küçük kalmayı seçtikleri için görememişler. O büyüklük onları korkutmuş, asla o kadar büyük olamayacakları için inandırıcı gelmemiş. Bir de kıskançlık girince araya, "Sen kendini aydınlanmış ve her şeyi aşmış mı görüyorsun? Bence kendini sorgulamalısın, esas böyle dediğinde varmamışsındır oraya" yorumlarıyla kendi uyanışlarını geciktirdiklerini görememişler. Bu yüzyıllardır böyle.

İnsan, insan içinde kaybolmuş.

İnsan, insanlığı (duygu, düşünce, bakış açısı ve algılar) içinde kaybolmuş.

İnsan, kendini (ve böylelikle diğer insanları) analiz etmekten hakikate dönemez halde.

İnsan, dünyevi seçimleri ve davranışları içinde kaybolmuş durumda.

Ve halen daha umut var. Çünkü halen daha insanı ve insanlığını, tüm kaybolmuşluğu, sınırları, limitleri, hataları ile bırakabilme şansın var.

Bu neden şimdi olmasın?

# SON SÖZ

Hakikat, hakiki benliğinin olduğu yerde duruyor ve seni bekliyor.

Oraya ulaşmanın yolu basit ama tek.

Dünya düalitesi gereği iki kimliğinin olduğuna uyandın. Biri somut kimliğin; ismi ve cismi olan. Diğeri soyut kimliğin; ruhun, nefesin, nefsin.

Hakikat; soyut kimliğinle, ruhunla bağlantıda ve "ol"duğun yerde...

Dünyada o yere, "olma hali"ne ulaşman için önce "yapma hali"nin bitmesi gerekiyor.

Yani; hakikate ulaşabilmen, "olma hali"ne geçiş yapabilmen için önce "dünyada her an yapacağın ne varsa onu yapman ve bitirmen" gerekiyor.

Eğer her an somut olan kimliğin ile, dünyadaki rolünün gerekliliklerini yapar, yapman gerekeni yapar, söylemen gereken söyler ve kendini limitlemeyi bırakırsan; işte o zaman her an soyut olan kimliğine de dokunarak yaşarsın.

"Olma hali"ne ancak "yapma hali"n bittiğinde, "yapacakların bittiğinde" ulaşabilirsin.

O nedenle kendini limitleyen bir insan asla hakikate ulaşamaz.

Ancak kendini yüzde yüz ifade eden insan hakikate, özüne, ruhuna, olma haline ulaşabilir.

Hakikat, egonun bittiği yerde başlar.

Ego; yapma halin, sadece rolünü oynaman ile, yapacaklarını yapmanla biter.

Ve onun bittiği yerde aşk başlar.

Dünyada yaşamaya geldiğin ne varsa yaşa. Kendini limitlemeyi bırak.

Bitirmen gereken işleri bitir, yapman gerekeni yap, söylemen gerekeni söyle, rolün ne gerektiriyorsa hepsinin olmasına izin ver.

Bunu yaptığında egonun an içinde bittiğini ve özünle bağlantıda kalabildiğini göreceksin.

Bitir onu. Egoyu bitir.

Dünyayı bitir. Dünya yaşamını bitir.

Yaşaman gerekenleri yaşa ve yolu bitir.

Yoksa hep "hakikate ulaşma yolunda" kalır ama ona asla ulaşamazsın.

Dünyayı ahirete; hakikatle bağlantıda olduğun yere götüremezsin.

Uyanmak ve uyanık kalmak istiyorsan önce dünyayı bitir.

Her insan gibi senin de rolün gereği isteklerin, arzuların, hedeflerin, dünyada yapmaya geldiklerin, söylemeye geldiklerin, peşinde koştukların olacak.

Yine ve herkes gibi senin de bu isteklerin, arzuların ve hedeflerin peşinden gitmen gerekecek.

Ancak sen de benim gibi; artık tüm bunların bir kıymeti veya değeri olduğu için değil, yolu bitirmek, dünyayı ve egoyu bitirmek için peşinden koşuyor olacaksın.

Güzel çocuk! Dünyada yürümeye devam et. Her ne olursa olsun, önüne ne çıkarsa çıksın, hep yürü. Arkana da, sağına soluna da dönüp bakma. Kimin ne dediğiyle, ne yaptığıyla ilgilenme. Sen bildiğini yap. Bildiğin yolda yürü ve yaşaman gerekenleri yaşayıp bitir.

Başka yol yok.

Anlamayanlara, bilmeyenlere, baktığında seni değil bedeni görenlere arkanı dönmelisin. Hepsine. Bu senin son sınavın olacak.

## SON SINAV

Hakikati seçmiş bilinçlerin dünyada vermesi gereken son bir sınav var.

Çoğu kişi bunu "last temptation" olarak adlandırıyor. "Son baştan çıkarma."

Dünya bizi, altın gözü açık kişileri, bilenleri; doğduğumuz günden beri baştan çıkarmaya çalışıyor. Önümüze milyonlarca tuzak getiriyor. Kendimizden vazgeçmemiz, yolumuzdan çıkmamız, kendimiz olmaktan vazgeçmemiz, politik olmamız, hesap kitaplı yaşamamız için... Ve ne yazıktır ki dünyadaki birçok insan şu an bile kendinden vazgeçerek yaşıyor. Dünyada anlam yüklediği ve onun başını döndüren "şey"lerin peşinden koşuyor ve kendini, özünü, hakiki isteklerini, söylemek istediklerini, yapmak istediklerini o şeyler uğruna satıyor.

Birçok insan sevilmek ve beğenilmek, iyi bir sosyal çevre edinebilmek için kendinden vazgeçiyor. Onlar "insan"a o kadar çok anlam yüklemişler ki kendilerini, "öz"lerini, hakiki isteklerini, hakiki sözlerini, gerçek düşüncelerini satarak karşılığında daha çok insan satın almakla meşguller... Ne kadar beğenilirlerse o kadar iyi. Onları ne kadar çok insan severse o kadar iyi. İnsanın aynen bu evren gibi boşluk ve toz bulutu olduğunu anladıkları zaman büyük bir hayal kırıklığına uğrayacakları kesin. Boşluğa yatırım yapmışlar çünkü. Kendilerini satmış, karşılığında boşluk satın almışlar. Kendilerinden boşluk uğruna, hiç uğruna vazgeçmişler. Ben her gün bu seçimi yapan, kendini insanların (toz bulutu) onu sevmesi, beğenmesi ve yanında olması için satan, nefesleri açıldıkça da kendilerine yaptıkları ile, özlerinden bir hiç uğruna vazgeçerek çektikleri acı ile yüzleşen insanlar görüyorum. Ben bu insanlarla çalışıyorum. Onları o kadar iyi anlıyorum, biliyorum ki.

Kendini bilmeyenler korkuyu seçenlerdir. Onlar dünyaya anlam yüklerler ve arkadaşsız kalmaktan, sevilmemekten, beğenilmemekten, sosyal çevrelerinin çökmesinden, başarısız olmaktan, parasız kalmaktan, özetle dünyadaki yerlerinin sarsılmasından ölesiye korkarlar. Ve yerleri sarsılmasın diye diledikleri gibi yaşamaz, dünyada elde ettikleri pozisyon uğruna özlerini satarlar.

Kendini bilenler bilir.

"Ben de bir insanım, diğer insanlardan farklıyım, herkes beni sevmek zorunda değil"i bilir.

"Özümün yolunda yürürken beni beğenmeyenler, eleştirenler olabilir, fark etmez. İnsan ve düşünceler sadece bir toz bulutu ve beni durdurmaya güçleri yetmez"i bilir.

"Öz'ümü yaşamak öyle büyük bir haz ve yaşam enerjisi ki dünyanın beni onurlandırmasına, alkışlanmaya hiç ihtiyacım yok" der, çünkü bilir.

İşte bu yüzden, bildiklerin ve kendini bilmen yüzünden, diğer insanlar politik olabilirken, gerçek düşüncelerini söyleme konusunda kendilerini limitlerken, kendini durdurabilirken sen bunu yapamayacağın için, kendini bilen olarak kendini bilmekten ve sadece özünü deneyimlemekten, dünyada bile olsan canın ne istiyorsa onu yapmaktan hiç çekinmeyeceğin ve vazgeçemeyeceğin için... Kendini bilmeyenlerden uzak durmalısın.

Yapacağın son seçim bu olacak.

Biliyorum, zor bir seçim bu. Ama senin son sınavın, biliyorsun.

İşte son karar bu.

Kendini bilen isen, hakiki olmadığını bildiğin ve her an hatırladığın yerle, dünya ile arkadaş olmayı bırakmalısın.

Dünya bugüne kadar senin başını döndürmek ve aklını başından almak için, yani sana doğuşun itibariyle bildiğin hakikati unutturmak için elinden geleni yaptı. Sınav üstüne sınav verdi, tuzak üstüne tuzak geldi, engel üstüne engel çıkardı... Ve sen aldanmadın. Hep bıraktın. Dünyayı hep, her zaman bıraktın. Ona dokunmadın ve sınavı geçtin.

Şimdi son bir sınav daha var: Dünya, seni bildiğin ve emin olduğun hakikat ile sınayacak.

Öğretmeni öğrettikleri ile sınayacak.

İnsanların dedikleri olmaz.

İnsani kehanetler tutmaz.

Onlar atıp tutarlar ve hiçbiri olmaz.

Çünkü insanlığı seçenler, uyumayı seçenler bilmezler.

Dedikleri asla çıkmaz.

Hayat asla onların dediği gibi akmaz. Ve onlar bu yüzden hep sinirli ve gergindirler. Aslında kıt ve limitli algılarına kızmaktadırlar sadece. Ne kadar az biliyor olduklarını kabul etmek istemezler. Yaptıkları seçimin onlara ne yaptığını görmek istemezler, sendeki (yani bendeki) hakiki gücü gördüklerinde onu kendilerine uyguladıkları tuzaklarla durdurmak isterler... Ve asla yapamazlar.

***

Kendini bilen için dünya ne dosttur ne düşman, sadece yoktur. O nedenle peşinden koşmaz. Bu kadar basit.

Son sınav zamanı yaklaştığında kendini bilen kişi, bildiği hakikat konusunda da sınanmıştır. Bildiği hakikat onun dilinden dünyaya yayılmış, dünya (insanlar) onu tamamen, kendi algılarına göre çarpıtıp geri yansıtmıştır. Bu, dünyanın son tuzağıdır. Hakikatten şüphe etmesi, kendisini sorgulaması için karşısına çıkar.

Ben bunu şöyle yaşadım: Kurslarıma tamamen uykuda gelip, "Nefes" ve "Altın Kitabın Sırrı" sayesinde uyanış yoluna giren insanlar henüz daha yolun başında olmalarına rağmen rolleri karıştırıp bilene ders vermeye kalktılar. Ben onların öğretmeye çalıştığı dünyevi dersleri kabul etseydim tuzağa düşmüş olacaktım. Ama bunu yapmadım ve "Ben bildiğimi biliyorum ve bildiğimi bildiğimi de biliyorum" diyerek her defasında onları kendi hallerine bıraktım.

Ego bilinci için, buraya uyanmaya ve öğrenmeye gelmiş bilinç için, bilen ve bildiğini de bilen bilinçle karşılaşmak zor bir sınav olsa gerek.

Benim için ise bilen olduğum teyidinde kalmak zor bir sınavdı. İnsanlara ne derseniz deyin, hakikati nasıl algılarsanız algılayın, "hakikati bilen"im ve hakikat bildiğim gibi, senin yorumlarınla değişmez noktasında durabilmek inanılmaz büyük bir sınavdı.

En başta dediğim gibi, dünyada uyanık bilinçler var. "Bilen"ler. Onlar zaten bilerek geliyorlar ve öğretmeye gelmişler. Hakikati her an bilenler onlar. Hakiki öğretmenler... Bir de uyuyan bilinçler var, uyumaya gelmişler. Uyumayı ve dünyada kaybolmayı seçmişler ve öyle. Onlar böyle bir kitapla asla karşılaşmayacaklar mesela.

Bir de uyanık ve kendini bilene sınav olarak gelmiş, uyanış yolculuğuna yeni başlayan, halen daha uyuyan ama kendini uyanık sanan bilinçler var... İşte bunlar kendini bilenin, uyanık bilinçlerin asıl sınavı.

Onlar hakikati yorumlayanlar.

Hakikat ile ilgileniyorlar, çünkü bilmiyorlar.

"Ben" ile ilgileniyorlar, çünkü benden öğretmen istiyorlar. Ve "ben ile birlikte kaldıkları her an öğrenebilirler, ama daha öğrenmeleri tam olarak gerçekleşmediği için yoldalar ve halen daha öğrendiklerini insan bilinci ile yorumluyorlar. Sonra dönüp bilene, "Hakikat böyle diyor, sen yanlışsın" diyorlar.

Tövbe ya Rabbim(!)

Hastayım bu tiplere(!)

Evrenin bir illüzyon olduğunu bile benden öğrenmiş, duymuşlar, iki kurs alıp iki nefes seansı yaptılar diye benden iyi bildiklerini düşünebiliyorlar(!)

Onlara "Tatlım, bak! Hakikati bilen bilir, bilmeyen kendi gibi bilir. Bilerek doğmuş, hatta hiç doğmamış olana sen ne öğretmeye, ne anlatmaya çalışıyorsun?" demek istiyorum. Ve hatta diyorum da(!) Anlayana...

İşte bu rol karışımı, kendini bilenin kendisi için seçtiği yol haritası.

Hakikate uyanma yolunda olanların, hakikati bilen olmadıkları için tek hakikati bile kendilerine göre nasıl çarpıttıkları ve yorumladıkları ile ilgili bir kitap yazabilirim. Ama gerek yok. Neden gerek yok? Çünkü onların yolu uzun, daha çok yanlış anlayacaklar, sonra uyanacaklar vs. vs...

Benim bugün söylediklerime 10 yıl sonra uyananlar var(!)

Hakikat tek. O olduğu yerde duruyor. Ona hâkim olanlar, âlim olanlar bunu bilir, o nedenle de hakikati henüz daha tam olarak algılayamayan, henüz uyanma yolunda olanlara karşı sabırlı olurlar.

Beni bilen bilir, bilmeyen kendi gibi bilir.

Kendini bilen! Sen de biliyorsun ki kendini bilmeyenden zaten çok uzaktasın. Onlar dünya yolculuğunda senin karşına bile çıkmayacaklar. Ama uyanma yolundakiler, öğrenciler karşına elbet çıkacak.

Rolünü asla unutma.

Görevini karıştırma.

Sen bilen ve görensin, onlar bilmeyen ve görmeyen.

Sen öğretmen olarak doğdun ve bunu biliyorsun. Annen baban bile doğduğun günden itibaren bir eğitime tabi tutuldular. Seninle karşılaşan herkes sürekli eğitimde. Bunu asla unutma.

Bir an bile öğrenme yoluna girecek olursan yanarsın. Orası senin asla giremeyeceğin, deneyiminde, seçiminde olmayan yer. Bırak.

Kendi adıma; hakikat hakkında yeni hiçbir şey öğrenmediğimi ve zaten her şeyi varlığım gereği bildiğimi kabul etmem yıllarımı aldı. Kendini bilenin dünyada yapması gereken tek şey kendini bildiğini, ne kadar çok bildiğini, hakikati zaten bildiğini kabul etmek. Bunu yaptığı an öğrenciler önüne dizilmeye başlıyor zaten.

***

*Kendini bilenin son sınavı aşk. Vermesi gereken son sınav, özgürleşmesi gereken tek şey dünyaya duyduğu aşk.*

O her şeyi seven olduğu için dünyayı da seviyor. Ama dünya da, insan da O'nun sevgisine layık değil. Ve işin kötüsü tüm dünya O'nun aşkı ile yaşıyor.

O âşık olmasa, aşkını akıtacağı bir yer dilemese dünya da olmazdı.

Kendini bilen, aşktan ve kendini bilmekten vazgeçmek için dünyada.

Her şey nasıl da yerli yerine oturdu değil mi?

Uyuyanlar uyumaya, uyanma yolunda olanlar uyanmaya, uyanıklar ise tekrar uyumaya geldi dünyaya.

Dünya kendini bileni dünyaya çekmek için bir tuzak, basit bir oyun.

Öyle büyük bir çekim gücü, manyetik alanı var ki cennetten bir varlığı cehennemin içine, tam dibine, ateşin içine atabiliyor.

O varlığın sevgi uğruna yaptıklarından, kendini ateşe atmaktan vazgeçmesi gerekiyor.

Bunu yaptığında sadece bir an kalacak.

Her şey yok olacak, olması gerektiği gibi.

Geriye sadece Allah kalacak.

Ve bunu, kendini bilenin son sınavı yapacak.

Son sınav verildiğinde kıyamet kopacak.

O kıyamet benim dünyamda çoktan koptu.

Aslında kıyamet doğduğum gün, "altın kitabın sırları öğretisi"nin dünyaya indiği gün koptu. Benim dünyamda insanlık 17 Mart 1975 itibariyle her anlamda uyanmaya başladı ve bu uyanış halen daha devam ediyor.

***

Şu an tüm bunları yazma cesaretini bana veren Allah'a, özüme ve bu bilgilerin dünyaya inmesini sağlayan sağlıklı bedene, araca teşekkür ediyorum. Uzun bir yoldan geliyorum, "ben"i yanlış anlayanlar ile, beni bilmeyenler ile sınandım. Hakikatten gelen her söz, her bakış insanların yüzlerine tokat gibi çarptı. Yargıladılar, eleştirdiler, kızdılar, sevmediler, beğenmediler, çok sevdiler, çok beğendiler, hayran oldular, peşimden koştular, terk ettiler... Fark etmedi. Bildiğim hakikat değişmedi. Dünyada yaşananlardan bağımsız, sadece orada durdu ve zamanının gelmesini bekledi.

O zaman geldi.

O an şu an.

"Altın kitabın sırları" öğretisi, sen onun hakkında ne düşünürsen düşün müthiş bir hakikat bilgisi barındırıyor. Senin onu anlayamamış olman onun hakikatini değiştirmez. Yazdıklarımı eleştirmen de değiştirmez, beni yargılaman da. İnsanların yaptığı hiçbir şey, bugüne kadar yaptıkları hiçbir şey hakikati etkilemedi. Bunu önünde sonunda anlayacaklar.

Kıyamet bunu anlamalarını sağlayacak.

***

Gelelim ilk kıyamet alametine: *Son sınav.*

Dünyada başını döndürecek, kendini ve hakikati unutmanla sonuçlanabilecek deneyime...

Ruh ikizin ile karşılaşman.

11:11.

Karşılaşma günü'nün 11:11 olması elbette ki bir tesadüf değil. İkiye ayrılmış ruhlar, ikiliğin sembolü 11:11 rakamları olan günlerde karşı karşıya kalırlar.

Ruh ikizimizle, ruhumuzun kardeşi ile yaşadığımız deneyimi diğer bölümlerde yazmıştım.

İlk parçalanma... Big bang... Tekliğin yok oluşu... Düaliteye geçiş ve ruhun, hakikatin ikiye ayrılması...

Uyuyan ve uyanık tarafların oluşması...

Evrenin en *baş*'ı ve en *son*'undaki iki *nokta*'nın karşılaşması...

Baştaki sonlanmak, sondaki ise başa dönmek istiyor.

Cennetteki meleğin dünyaya âşık olup indiği an... Oradaki çekim... Amaç... Sebep...

Dünyanın dibindeki karanlık duygular...

İlahi düzen gereği oluşan çekim...

Ruhun veya bilincin bir parçası uyumak ister, diğeri uyanık kalmak... Bu ikisi arasında sürekli devam eden bir birlik vardır. Biri sağa bakar, diğeri sola... Biri dünyayı algılar, diğeri ruhu...

Biri öze dönüktür, diğeri dünyaya...

Birbirlerini asla tam olarak anlamazlar ama yine de bir yerlerde (insanın ve evrenin yok olma anında) bütün olduklarını bilirler.

Ruh ikizlerinin arasındaki dünyevi çekim tam bir baştan çıkarmadır (last temptation).

Uykuda olan taraf uyanık olana bakar ve uyanmak ister. Uyanık olan da bir an evvel uykuya dalmak ister.

Madalyonun iki yüzü gibi.

Sen o olmak istersin, o sen...

Bitmek bilmeyen bir çelişki.

Ulaşmaya çalıştıkça senden kaçacak ve seni dünyanın dibine götürecek tek bir kişi.

O ateş... Ateşin ta kendisi.

Ölüm.

Diğer yarımız ile karşılaştığımız andan itibaren yüreğimizde "ayrılığın verdiği acıyı" hissetmeye başlarız. En derin seviyede.

Ve ruh ikizimiz bunu istediğimiz için çıkar karşımıza.

İlahi aşk deneyimini seçtiğimiz için karşılaşırız ruh ikizimizle; bizi halen daha dünyada tutan son nokta ile... Karşı kutupla... Asla ulaşamayacağımız kişiyle...

Ayrı olduğumuz, ayrılığın ilk başladığı an ayrıldığımız parçamızla, evrenin altında yatan düşünce yapısı ile karşılaşmamız; insanlığın en derinindeki acıya, ayrılık acısına dokunmamızla sonuçlanır.

İnsan Yaradan'dan ayrıdır. Hep böyle hisseder, çünkü deneyiminde bu vardır. Evet, Yaradan ile bir, bütün, O'nun varlığını her an hissederek, O'nu her an düşünerek yaşayabilirsiniz... Ama insanın başladığı noktada tanrısallıktan, Yaradan'dan bahsedemeyiz.

"İki"nin olduğu yerde "tek" yoktur.

İnsanın başladığı yerde, ruhun ikiye ayrıldığı ve tekliğin ikilik, iki ruh olduğu yerde Yaradan sadece bir hatıradır.

Ve bununla yüzleşmek... Hakikatin kendisi ile... Büyük yürek ister.

Nefes bile almak istemezsin "acı"dan... Kalbin ateşle yanar sanki her gün ve asla iyileşmeyeceğine uyanırsın.

*O kalp yanmak içindir.*

İnsan ateşin dibindedir, cehennemin dibinde... Yaradan'ı, cenneti, hakiki yaşamı her gün özler ama O'na kavuşamaz. İçi ağlar... İçi kanar...

İşte ruh ikizin seni bununla yüzleştirir.

Ona baktıkça "ayrılık"la yüzleşirsin. Yaradan'dan ilk ayrılma fikrin ile...

O ve sen...

Tek değilsiniz.

Ruhlarınız bir ve tek hakikati hatırladıkları için aynı yerde...

Ve yine de... Hiçbirimiz, ne ruhumuz ne bedenimiz Tanrı'dır. O bizim olmadığımız yerde.

Yaradan insanın bittiği yerde başlar.

Ruh ikizimiz; hakikate uyandığımız, dünyada özgürleştiğimiz "son nokta"dır.

Ona baktıkça acı çekeriz.

Ona baktıkça kalbimiz yanar.

Çoğu kişi bu yanmayı aşk ile karıştırır. Dünyevi aşka aşk bile diyemeyiz halbuki. O ateştir.

Dünyaya âşık olmak kendini ateşe atmaktır.

Ve ruh ikizin bu dünyevi aşkın, aslında yanan ateşin dibidir.

Kendini âşık zannedersin, yüreğin alev alev yanar, ama bu yanma aslında aşk değil ateştir, cehennem ateşi, dünyanın dibi...

Oraya gidersen kavrulursun. Yalnız kalırsın. Aklın başından gider, ayakların yerden kesilir, kendini kaybedersin, kendini unutursun, hakikati unutursun...

*Âlim olan bunu yapmaz.*

*Âlim olan dünyadaki bir şeye asla âşık olmaz.*

*Âlimler dünyevi aşk ile işlerini bitirmiş olanlardır. Bu aşkın peşinde koşmayanlardır.*

Âlim olman için sana sevmekten vazgeçemeyeceğin bir kişi verilir: Ruh ikizin. O senin başını döndürür, ona gitmek istersin, onunla olmak istersin, elini tutmak, yanında olmak istersin... Eğer niyetin Allah aşkı ise bir an gelir ve uyanırsın. Tamamen. Toptan.

"O eli asla tutmayacağım" dersin. Çünkü görürsün. "Bu beni yakar."

Bilirsin.

*Altın gözün açılmıştır.*

Ben kendimi o ateşe çok kez attım. Dünyaya, dünyadaki bir şeylere çok kez âşık oldum. Saftım, çocuktum, aldandım... Önce atladım, kendimi kaybettim, sonra bıraktım, kendime geldim, sonra yine attım kendimi ateşe... Her defasında biraz daha yandım, biraz daha kavruldum... Vazgeçmedim... Yandım... Yandım... Yandım...

Kırk yaşıma kadar.

Kırk yaşıma girdiğim gün yanmaktan bitmiş, dünyaya âşık olamayacak kadar yoktum. Bir hiçtim.

Ateşe son bir kez daha el uzatmamam ile, dünyaya bir kez daha aldanmamam ile kıyamet koptu.

Ego son kozunu da kullandı. Beni aşk ile aldatmaya çalıştı, o şekilde dünyaya çekmeyi denedi.

Dünyada olma sebebim olan tek şeye, aşka hayır dedim.

İnsanlığıma hayır dedim.

Ve o gün bugündür hâlâ hayır diyorum.

İşte *son sınav* bu.

*Dünya aşkını Allah aşkı için bırakmak. Hepimizin son sınavı olacak.*

Bu sınavı elbet isteyerek veya istemeyerek vereceksin.

"Kendini bilen her şeye hayır diyebilir ama kardeşine, bir parçası olan ikizine olan bağlılığına ve onunla bir olma ihtiyacına hayır diyemez" diye düşündü ego.

Yanıldı.

*Kendini bilen! Dünya, ego, seni en son aşk ile sınayacak, bil.*

Aşkından yanıp tutuşacaksın ama bu defa yanına gitmeyeceksin. "Hayır..." diyeceksin. "Dünya aşkı beni yakar, istemiyorum."

O zaman sadece bir an değil, her an yanacak yüreğin. Dünyada seni çeken, kavuşmak isteyeceğin ne varsa hepsini bile bile, isteye isteye reddettiğinde yüreğin her an yanacak.

Bir an gelecek, ölmekte olduğunu zannedeceksin...

O an biteceksin... Yok olacaksın... Ve geriye sadece "aşk" kalacak...

Son sınavın bu; dünyayı, dünyalı kardeşini değil, Yaradan'ı seçmen gereken bir an gelecek.

Dünyanın peşinden gitmeyecek, insanlığının isteğini hiçe sayacak ve bile bile, isteye isteye kendini *hakiki ateş*'e atacaksın. O ateş senin bittiğin yer olacak.

*Allah aşkı için insan aşkını bırakacaksın. Bu senin son sınavın olacak.*

Bu sınavı da verebilirsen, kardeşine duyduğun aşk için peşinden koştuğun dünyayı bırakabilirsen, onu seçmekten vazgeçebilirsen sen *kıyametin başlangıcı* olacaksın.

***

*Benim dünyamda son sınav verildi. Ben o son sınavdan geçtim.*

*Son baştan çıkarılmaya karşı koydum. Kendimde kaldım.*

*Artık dünyada beni baştan çıkarabilecek, kendimi kaybetmemle sonuçlanabilecek hiçbir şey yok.*

*Altın göz açıldı.*

*Altın kitabın sırları yayılmaya başladı.*